Anita Prettenthaler-Ziegerhofer
Verfassungsgeschichte Europas
Vom 18. Jahrhundert bis zum Zweiten Weltkrieg

Geschichte kompakt

Herausgegeben von
Kai Brodersen, Martin Kintzinger,
Uwe Puschner, Volker Reinhardt

Herausgeber für den Bereich *19./20. Jahrhundert*:
Uwe Puschner

Beratung für den Bereich *19./20. Jahrhundert*:
Walter Demel, Merith Niehuss, Hagen Schulze

Anita Prettenthaler-Ziegerhofer

Verfassungsgeschichte Europas
Vom 18. Jahrhundert bis zum Zweiten Weltkrieg

unter Mitwirkung von Otto Fraydenegg-Monzello

In Erinnerung an Univ-Prof. DDr. Mag. Gernot Hasiba

Die Deutsche Nationalbibliothek verzeichnet diese Publikation
in der Deutschen Nationalbibliografie;
detaillierte bibliografische Daten sind im Internet über
http://dnb.d-nb.de abrufbar.

Das Werk ist in allen seinen Teilen urheberrechtlich geschützt.
Jede Verwertung ist ohne Zustimmung des Verlags unzulässig.
Das gilt insbesondere für Vervielfältigungen,
Übersetzungen, Mikroverfilmungen und die Einspeicherung in
und Verarbeitung durch elektronische Systeme.

© 2013 by WBG (Wissenschaftliche Buchgesellschaft), Darmstadt
Die Herausgabe des Werkes wurde durch
die Vereinsmitglieder der WBG ermöglicht.
Gedruckt auf säurefreiem und alterungsbeständigem Papier
Redaktion: Christina Kruschwitz, Berlin
Satz: Lichtsatz Michael Glaese GmbH, Hemsbach
Einbandgestaltung: schreiberVIS, Bickenbach
Printed in Germany

Besuchen Sie uns im Internet: www.wbg-wissenverbindet.de

ISBN 978-3-534-20484-7

Elektronisch sind folgende Ausgaben erhältlich:
eBook (PDF): 978-3-534-73720-8
eBook (epub): 978-3-534-73721-5

Inhaltsverzeichnis

Geschichte kompakt	VII
Einleitung	1
I. Was versteht man unter „Verfassung"?	6
1. Der Staat, die Staatstheoretiker und deren Rezeption	10
2. Die Entstehung des Verfassungsstaates	15
II. Die frühkonstitutionelle Phase – Von den ersten Verfassungen bis 1814	24
III. Von der Restauration bis zur Zwischenrevolution (1814 bis 1830)	50
IV. Von den Zwischenrevolutionen 1830 zu den Revolutionen 1848/49	65
V. Die Verfassungsfrage von 1866 bis zum Ausbruch des Ersten Weltkrieges 1914	81
VI. Die Verfassungsentwicklung während der Zwischenkriegszeit bis zum Zweiten Weltkrieg (1918–1939)	97
1. Die Demokratisierung Europas	98
2. Staatsgründungen und Konstitutionalisierungsprozess	101
3. Der Weg vom Rechtsstaat zum Unrechtsstaat: Totalitäre und autoritäre Staaten	121
VII. Zusammenfassung	137
Auswahlbibliographie	143
Personenregister	149

Geschichte kompakt

> *In der Geschichte, wie auch sonst,*
> *dürfen Ursachen nicht postuliert werden,*
> *man muss sie suchen.* (Marc Bloch)

Das Interesse an Geschichte wächst in der Gesellschaft unserer Zeit. Historische Themen in Literatur, Ausstellungen und Filmen finden breiten Zuspruch. Immer mehr junge Menschen entschließen sich zu einem Studium der Geschichte, und auch für Erfahrene bietet die Begegnung mit der Geschichte stets vielfältige, neue Anreize. Die Fülle dessen, was wir über die Vergangenheit wissen, wächst allerdings ebenfalls: Neue Entdeckungen kommen hinzu, veränderte Fragestellungen führen zu neuen Interpretationen bereits bekannter Sachverhalte. Geschichte wird heute nicht mehr nur als Ereignisfolge verstanden, Herrschaft und Politik stehen nicht mehr allein im Mittelpunkt, und die Konzentration auf eine Nationalgeschichte ist zugunsten offenerer, vergleichender Perspektiven überwunden.

Interessierte, Lehrende und Lernende fragen deshalb nach verlässlicher Information, die komplexe und komplizierte Inhalte konzentriert, übersichtlich konzipiert und gut lesbar darstellt. Die Bände der Reihe „Geschichte kompakt" bieten solche Information. Sie stellen Ereignisse und Zusammenhänge der historischen Epochen der Antike, des Mittelalters, der Neuzeit und der Globalgeschichte verständlich und auf dem Kenntnisstand der heutigen Forschung vor. Hauptthemen des universitären Studiums wie der schulischen Oberstufen und zentrale Themenfelder der Wissenschaft zur deutschen, europäischen und globalen Geschichte werden in Einzelbänden erschlossen. Beigefügte Erläuterungen, Register sowie Literatur- und Quellenangaben zum Weiterlesen ergänzen den Text. Die Lektüre eines Bandes erlaubt, sich mit dem behandelten Gegenstand umfassend vertraut zu machen. „Geschichte kompakt" ist daher ebenso für eine erste Begegnung mit dem Thema wie für eine Prüfungsvorbereitung geeignet, als Arbeitsgrundlage für Lehrende und Studierende ebenso wie als anregende Lektüre für historisch Interessierte.

Die Autorinnen und Autoren sind in Forschung und Lehre erfahrene Wissenschaftlerinnen und Wissenschaftler. Jeder Band ist, trotz der allen gemeinsamen Absicht, ein abgeschlossenes, eigenständiges Werk. Die Reihe „Geschichte kompakt" soll durch ihre Einzelbände insgesamt den heutigen Wissensstand zur deutschen und europäischen Geschichte repräsentieren. Sie ist in der thematischen Akzentuierung wie in der Anzahl der Bände nicht festgelegt und wird künftig um weitere Themen der aktuellen historischen Arbeit erweitert werden.

Kai Brodersen
Martin Kintzinger
Uwe Puschner
Volker Reinhardt

Einleitung

Die österreichische Staatsrechtsprofessorin Anna Gamper bezeichnet die Verfassungsvergleichung im engeren Sinne als Zwillingsschwester der Verfassungsgeschichte. Wenn Verfassungsvergleich den Vergleich im Raum meint, so beschreibt die Verfassungsgeschichte Verfassungen in unterschiedlichen historischen Perioden, es handelt sich um einen Vergleich in der Zeit. In diesem Buch werden Verfassungsvergleichung und Verfassungsgeschichte im Mittelpunkt stehen, also aus der Perspektive des Raumes und der Zeit betrachtet. Es wird hier nicht darum gehen, um mit Bernd Wieser zu sprechen, den „nackten Normenbestand des untersuchten Staates" zu untersuchen, sondern auch die „politischen, ideologischen, historischen und kulturellen Hintergründe" zu beleuchten. Der Konstitutionalisierungsprozess, das ist die schriftliche Ausgestaltung von Verfassungen, wird dargestellt, indem die Verfassungen in Tradition und System verglichen werden. Der Vergleich bietet mit seiner empirischen Ausrichtung eine wertvolle Methode, um verschiedene Phänomene von Staaten, Verfassungen und deren Ausformungen zu umreißen, um Gemeinsamkeiten oder Unterschiede herauszuarbeiten und um dergestalt Modelle und Typologien erstellen zu können.

Verfassungsvergleich

Verfassungen werden demnach als evolutionäre Errungenschaft betrachtet, aber auch als Gegenstand planmäßiger Gestaltung. Die Legitimation dafür liefert Niklas Luhmann, der Verfassung als Produkt einer Verschmelzung von Politik und Recht betrachtet. Verfassungen gelten im europäischen Bewusstsein als staatsordnende Einrichtungen des Rechtssystems oder auch des politischen Systems von Recht und Unrecht bzw. der Macht und Ohnmacht. Daher erfolgt die vergleichende Darstellung des Konstitutionalisierungsprozesses unter Berücksichtigung der politischen Staatengeschichte und liefert somit eine Verknüpfung von Recht und Politik!

Verfassungen als evolutionäre Errungenschaften

Verfassung
Quelle: Niklas Luhmann, Verfassung als evolutionäre Errungenschaft, in: Rechtshistorisches Journal 9, Frankfurt/Main 1990, 176, 193

Kaum eine der vielen Errungenschaften moderner Zivilisation ist so sehr das Ergebnis absichtlicher Planung wie die Verfassungen, mit denen sich seit dem Ende des 18. Jahrhunderts die modernen Staaten ausstatten. (...) Juristen werden Verfassungen eher als Gegenstand planmäßiger Gestaltung ansehen, auch wenn sie heute gerne zugeben, dass dies nicht ein einmaliger Vorgang sein kann, sondern durch Interpretation und gegebenenfalls durch Verfassungsänderung nachgeplant werden muss.
Im europäischen Bewusstsein gelten Verfassungen nicht nur als Einrichtungen des Rechtssystems, sondern auch, ja vor allem, als Einrichtungen des politischen Systems. Auch das hat seine Berechtigung. Rechtssystem und politisches System sind und bleiben jedoch verschiedene Systeme. Sie folgen verschiedenen Codes, nämlich dem von Recht/Unrecht auf der einen Seite und dem von Macht/Ohnmacht auf der anderen.

Einleitung

Europäistik

Der vorliegende Band ist nicht im Verständnis einer nationalen Geschichtsschreibung zu lesen, sondern im Verständnis der „Europäistik" (Wolfgang Schmale). Dieser *terminus technicus* aus der Linguistik wird seit der Mitte der 1970er verwendet. Damit versucht man jenen Vorgang zu benennen, der seit dem europäischen Integrationsprozess eingesetzt hat, nämlich den „European turn" in den Geistes- und Kulturwissenschaften. Europäistik schafft somit einen neuen Wissenschaftszweig: Es geht darum, das gemeinsame Europäische multidisziplinär darzustellen – ohne den Schwerpunkt auf die Entwicklung von und in Nationalstaaten zu legen. Wenngleich die jeweiligen Staatstheoretiker nicht das genuin Europäische vor Augen hatten, sondern ihre Staatstheorien immer aufgrund der Kenntnisse der Rechtsverhältnisse und des Rechtsverständnisses ihres Landes formulierten, entwickelte sich daraus ein europäisches Gemeingut – wurden doch ihre Staatstheorien in allen Verfassungsstaaten Europas rezipiert. Die Aufklärung etwa stellt eine typisch europäische Signatur dar. Die Feststellung von Jean-Jacques Rousseau (1712–1778) aus den *Considérations sur le gouvernement de Pologne* (1770/71) bestätigt dies anschaulich und eindrucksvoll: „Es gibt heute keine Franzosen, Deutschen, Spanier und selbst keine Engländer mehr, was man auch sagen möge, sondern nur noch Europäer." Damit bringt Rousseau nicht nur die europäische Dimension der Aufklärung zum Ausdruck, sondern verweist auch auf die europäischen, transnationalen Netzwerke der Aufklärer.

Aufklärerisches Gedankengut wird als europäisches Gemeingut verstanden. Ausgehend von den Niederlanden, über England und Frankreich überzog es Gesamteuropa und wurde im Zuge bzw. als Folge der Französischen Revolution in die entstehenden (National-)Staaten implementiert. So muss vom Europäischen auf das Nationale geschlossen werden, um dann das gemeinsame Europäische darzustellen. Diese Vorgangsweise funktioniert nur unter Berücksichtigung der politischen Nationalgeschichten, durch Verknüpfung der politischen Staatengeschichte mit dem Konstitutionalisierungsprozess.

Eine europäische Staaten- und Verfassungsgeschichte zu schreiben, stellt ein komplexes Unterfangen und eine Herausforderung an die Wissenschaft dar. Dies umso mehr, um mit Peter Cornelius Mayer-Tasch zu sprechen, als eine vergleichende Darstellung durch den weitgehend divergierenden Formalcharakter der europäischen Verfassungen erschwert wird.

Allgemeine Darstellung der gesamteuropäischen Verfassungsentwicklung, des Verfassungsvergleichs

Nationale Rechtsgeschichten beinhalten meist nur die Entwicklungsgeschichte des Konstitutionalismus des jeweiligen Landes – großteils äußerst detailliert aufbereitet oder auf einen bestimmten Schwerpunkt konzentriert, wie etwa Staatsform, Grundrechtsentwicklung, Wahlrecht und/oder basisdemokratische Mitbestimmung etc. Eine allgemeine Darstellung der gesamteuropäischen Verfassungsentwicklung in einer konzisen Form ist bisher noch nicht erfolgt.

Der oftmals konstatierte Mangel eines Vergleiches europäischer Verfassungen wird durch die jüngst erschienenen Publikationen allmählich behoben. Hier sei etwa auf das *Handbuch der europäischen Verfassungsgeschichte* verwiesen, das im Auftrag des Archivs der sozialen Demokratie der Friedrich-Ebert-Stiftung und des Dimitris-Tsatsos-Instituts für Europäische Verfassungswissenschaften der FernUniversität in Hagen unter der Federführung von Werner Daum herausgegeben wird. Mittlerweile liegen zwei

Bände vor, in denen eingehend die Verfassungsentwicklung im Europa des 18. Jahrhunderts bis in die Mitte des 19. Jahrhunderts aufbereitet wird. Darüber hinaus seien auch die wesentlichen Quellensammlungen genannt: Etwa das Standardwerk von Dieter Gosewinkel / Johannes Masing mit einer prägnanten Einleitung über die europäische Verfassungsentwicklung. Die dort abgedruckten Verfassungen dienten als Vorlage sämtlicher in diesem Band zitierten Verfassungen. Die Europäische Verfassungsgeschichte von Dietmar Willoweit / Ulrike Seift enthält nach einer konzisen Einleitung eine Sammlung von Verfassungsdokumenten in chronologischer Epochisierung. Weitere Vorarbeiten leisteten etwa Fritz Hartung oder Otto Hintze mit einigen Beiträgen; Peter Mayer-Tasch oder Adolf Kimmel / Christiane Kimmel liefern einen Überblick über die europäischen Verfassungen, gehen aber auf die jeweilige Landesgeschichte nicht explizit und tiefgehend ein. Bei Albrecht Weber findet man einen rechtshistorischen Überblick sowie den Fokus der Auseinandersetzung mit der gegenwärtigen Entwicklung im Vergleich mit der Europäischen Union.

Eine kurze und prägnante Darstellung des europäischen Konstitutionalisierungsprozesses liegt bislang noch nicht vor. Ein Grund dafür könnte in der Auffassung liegen, dass die Verfassungsentwicklung nur unter Berücksichtigung der jeweiligen Staatengeschichte sinnvoll erscheint. Dies verlangt aber, die Verfassungsentwicklung um die jeweilige Staatengeschichte zu erweitern. Bereits Georg Jellinek hat darauf hingewiesen, dass eine komparatistische Verfassungsgeschichte nur dann Sinn macht, wenn man Staaten mit geschichtlich gemeinsamem Boden miteinander vergleicht:

Politische Staatengeschichte und Verfassungsentwicklung

Komparatistische Verfassungsgeschichte
Aus: Jellinek, Staatslehre, 38–39

Alle menschlichen Institutionen, und daher auch der Staat, sind dynamischer Natur, d.h. sein Wesen ist nicht ein für alle Zeiten festes, sondern ändert sich, bildet sich um, indem es sich dem ganzen Umwandlungsprozesse anschmiegt, den die Menschheit in ihrer Geschichte durchmacht. Um daher ein reich entfaltetes typisches Bild vom Staate zu erhalten, muß man gleichzeitige oder doch zeitlich nicht weit auseinander liegende staatliche Gebilde miteinander vergleichen.

In diesem Band wird daher das Hauptaugenmerk primär auf politische Gesichtspunkte der Staatenentwicklung unter besonderer Berücksichtigung der Verfassungsentwicklung gelegt werden. Im Mittelpunkt steht das Werden der heutigen europäischen Staatenwelt ab dem Ende des 18. Jahrhunderts, nicht jedoch der einzelnen Staaten. Diese Darstellung setzt mit dem Zeitalter der Aufklärung ein.

Der Verfassungsvergleich in diesem Band dient zunächst als Leitfaden, durch den Gemeinsamkeiten und Unterschiede herausgearbeitet werden sollen, um dadurch die eigenen, aber auch fremden Rechtsordnungen zu verstehen. Darüber hinaus gilt es, das Verständnis für die Entwicklung von Verfassungen zu wecken, gekoppelt an die jeweilige politische Staatenentwicklung. Der Vergleich dient außerdem dazu, so etwas Ähnliches wie eine „Europäische Signatur" auszuarbeiten, Entwicklungsstränge freizulegen, die eindeutig „europäisch" und nicht nationalstaatlich tendiert sind – im Sinne der Europäistik.

Der Sinn des Verfassungsvergleichs

Einleitung

Aufbau

Der Anbeginn des Konstitutionalisierungsprozesses

Die Darstellung folgt einem chronologischen Aufbau, differenziert nach Zeitepochen. Den Ausgangspunkt der Betrachtungen liefert die Entwicklung in England und in den bis ins zweite Drittel des 18. Jahrhunderts zu Großbritannien gehörenden 13 Kolonien in Amerika. In Europa setzte der Konstitutionalisierungsprozess und somit die Kodifizierungswelle mit der Französischen Revolution ein. Seit diesem Zeitpunkt steht fest, dass der moderne Verfassungsstaat, wenngleich nicht sofort, doch kontinuierlich, dauerhaft etabliert worden ist. Fest steht auch, dass alle darauffolgenden Verfassungen bis heute mittels Hoheitsakt und nicht selten aufgrund eines revolutionären Aktes zustande gekommen sind. In diese frühkonstitutionelle Phase fallen die Menschenrechtserklärungen, vorrevolutionäre Verfassungsdokumente, Verfassungen der Revolutionsepoche, Verfassungen der Napoleonischen Zeit und Dokumente monarchischer Verfassungsstaaten sowie Bundesverfassungen. Alle Verfassungen beinhalten die wesentlichsten Parameter, die einen „modernen" Nationalstaat ausmachen: Bestimmungen über die Grenzen der Staatsgewalt, Gewaltenteilung über Staatsform, Struktur des Staatsverbandes, Staatsorgane, fundamentale Rechte sowie programmatische Ziele.

Die Darstellung endet mit dem Jahr 1939

Nach der allgemeinen Einleitung folgt eine kurze Darstellung der Verfassungsentwicklung in England, um dann auf die Entwicklungen in Nordamerika und Frankreich einzugehen. Diese Ereignisse sind Ausgangspunkt für die Darlegung der frühkonstitutionellen Epoche in Gesamteuropa, der die restaurative Epoche folgt. Mit der Darstellung der konstitutionellen Epoche ab dem zweiten Drittel des 19. Jahrhunderts bis zum Ausbruch des Zweiten Weltkrieges im Jahr 1939 schließt dieses Buch.

Das Jahr 1939 erscheint als sinnvolle Zäsur einer Verfassungsgeschichte Europas: Der Ausbruch des Zweiten Weltkrieges brachte den Verfassungsprozess beinahe in Gesamteuropa zu Fall. Viele europäische Staaten waren schon zuvor zu Diktaturen geworden, teilweise ohne Verfassungen. Jene Diktaturen, die über eine Verfassung verfügten, bedienten sich dieser nur zum Schein! Sie hatten lediglich formelle Bedeutung und keine materiellrechtliche. Erst nach Beendigung des Zweiten Weltkrieges folgte die Installation von Demokratien, die die Überleitung in oder Neuerarbeitung von Verfassungen vornahmen. Dies gilt allerdings für Europa nach 1945 nur für seinen westlichen Teil, mit Ausnahmen etwa von Portugal, Spanien und Griechenland.

Frankreich als „Laboratorium"

Jede Epoche umfasst die Darstellung der wesentlichen Verfassungen Europas unter Hinweis auf Gemeinsamkeiten und Besonderheiten, eingebettet in die wichtigsten staatspolitischen Ereignisse. Der Verfassungsentwicklung in Frankreich wird eine zentrale Rolle eingeräumt, nahm doch von hier aus der nachhaltige Konstitutionalisierungsprozess seinen Ausgang. Frankreich diente lange Zeit als Vorbild für die gesamteuropäische Entwicklung: Es bot geradezu ein „Laboratorium" an Verfassungen, dieser Befund gilt in erster Linie für die frühkonstitutionelle Phase. Auch England nimmt innerhalb des Konstitutionalisierungsprozesses einen wichtigen Platz als *role model* ein: Es gilt nicht nur als Wiege des Parlamentarismus, sondern hat auch Vorbildcharakter etwa für die Weiterentwicklung der Grundrechte, wie persönliche Freiheit, Eigentumsgarantie, Meinungsäußerungsfreiheit. England wird Vorbild für demokratisch legitimierte Justiz, monokratische Regierungsstruktur oder Ministerverantwortlichkeit.

Eine kurze Beschreibung der wichtigsten Verfassungstheorien wird der Darstellung der Staaten- und Verfassungsgeschichte vorangestellt; die wichtigsten Theoretiker und die Rezeption der Staats- und Verfassungstheorien werden erörtert.

I. Was versteht man unter „Verfassung"?

Nach herrschender Staatsrechtslehre versteht man unter der Verfassung eines Staates die Summe der geschriebenen und ungeschriebenen Rechtsnormen, die die staatliche Grundordnung, das sind Staats- und Gesellschaftsform, samt den wesentlichen Organisationsprinzipien festlegen. Verfassung bedeutet ganz allgemein die Grundordnung eines Staates, in der geregelt wird, wer wie Recht erzeugt, regiert, kontrolliert. Sie enthält die „Spielregeln" des staatspolitischen Prozesses und ist somit Rechtsnormerzeugungsregel.

Verfassung als Ordnung des Gemeinwesens

Allgemein wird seit Aristoteles (384–322 v. Chr.) Verfassung als Ordnung des Gemeinwesens verstanden. Diese Ordnung stellten Herrscher und Beherrschte auf. Hinsichtlich der Frage, welches Verfassungsmodell das beste sei, entschied sich Aristoteles für die *politie*, eine Mischform aus Demokratie (Volksherrschaft) und Oligarchie (die Herrschaft weniger Personen). Damit werden bereits zwei wesentliche Elemente des modernen Konstitutionalismus genannt: Aktivbürgerschaft (durch Wahlen) und Limitierung der Herrschaft.

In der Bewertung der Verfassung Spartas, die Lykurg zugeschrieben wird, wollte Aristoteles, wie übrigens auch Platon (428/427–348/347 v. Chr.), das System von *checks and balances* als Gewaltenverschränkung erkannt haben, das später ebenfalls ein Merkmal des modernen Konstitutionalismus darstellen sollte.

Die Antike kannte noch keine geschriebene „Verfassung", nicht zuletzt, weil man kaum eine Unterscheidung zwischen höherrangigen und niedrigrangigen „Gesetzen" im Sinne einer Normenhierarchie zog, bzw. kaum „erschwerte" Rechtserzeugungsregeln (etwa Zweidrittelmehrheit) kannte. Der lateinische Begriff *constitutiones* galt in der spätantiken Kaiserzeit als Sammelbegriff für alle Vorschriften des Imperators mit Gesetzescharakter. Im (späten) Mittelalter fand er nicht im rechtlich-politischen Bereich Verwendung, sondern vornehmlich in der Medizin im Sinne der Beschreibung des Zustandes eines Körpers. Wenngleich bereits im 14. Jahrhundert das Wort „Verfassung" erstmals im deutschen Sprachraum auftaucht, wurde dieses nicht im modern-rechtlichen Sinne verstanden, sondern erklärte damit nun jenen Zustand, der nach einer Vereinbarung oder Streitbeilegung erreicht worden war. Vereinzelt fand der Begriff Verfassung im deutschsprachigen Raum Anwendung etwa für Erbfolgeregelungen. Seit dem 16. Jahrhundert findet man den Begriff *leges fundamentales* häufig, in England werden *constitution* und *fundamental laws* gleichbedeutend angewandt, was belegt, dass die konstitutionelle Verfassungsbewegung in England an die alteuropäischen *leges fundamentales* anknüpfte. Diese *leges fundamentales*, *fundamental laws*, *loi fondamental* oder *Staatsgrundgesetze*, die zwischen Herrscher und **Landständen** geschlossen werden, sind „für die Ewigkeit" begründet.

> **E** **Landstände**
> Landstände sind seit dem Hochmittelalter die Vertreter gewisser Bevölkerungsgruppen (Klerus, Adel, Bürger, Bauern), die gemeinsam mit dem Landesherrn die Herrschaft über ein Land ausüben. Dieser Dualismus zwischen Landesherrn und

Was versteht man unter „Verfassung"?

Landständen findet im Landtag seine Umsetzung. In der Frühen Neuzeit verlieren sie fast überall weitgehend ihre Mitwirkungsrechte.

Von der Bedeutung der *leges fundamentales* lässt sich die spätere Höherrangigkeit der Verfassung ableiten. Die „Staatsgrundgesetze" vom späten Mittelalter bis zum Konstitutionalismus umfassen Herrschaftsverträge, Freiheitsbriefe, Nachfolgeregelungen und dynastische Hausgesetze, Friedensschlüsse, aber auch **Wahlkapitulationen.**

Wahlkapitulationen
Wahlkapitulationen gab es seit dem Mittelalter. Sie stellten ganz allgemein (teils ausverhandelte) Wahlversprechen des Bewerbers dar. Häufig betrafen sie Vereinbarungen über Herrschaftsbefugnisse eines über- oder untergeordneten Herrschaftsträgers oder mehrerer solcher untereinander. Sie betrafen außerdem Vereinbarungen vor allem zu den „Freiheiten" (= Privilegien) nachgeordneter Herrschaftsträger (Stände).

Die Verfassung im Sinne einer Gesamtregelung von Organisation und Ausübung politischer Entscheidungs- und Herrschaftsgewalt war vor dem 18. Jahrhundert noch unbekannt. Die *leges fundamentales* aber limitierten die Machtausübung des Herrschers zugunsten der Stände. Dies bezeugen etwa die englische Magna Charta Libertatum von 1215, die Goldene Bulle von Andreas II. von Ungarn (um 1177–1235) aus dem Jahr 1222 oder der Tübinger Vertrag von 1514 für das Herzogtum Württemberg. Auf ein Zuwiderhandeln eines Herrschers gegen die Fundamentalgesetze reagierten die Stände mit Widerstand.

Die Magna Charta steht am Anfang des Prozesses der Fundamentalisierung grundlegender Rechte, Freiheiten und Privilegien der Stände, in dessen Folge die zunächst als unbeschränkt verstandene Souveränität des Monarchen eingeengt wurde. Bereits am Übergang vom Mittelalter zur Neuzeit entwickelten Naturrechtstheoretiker den Gedanken, dass es ein irdisches „höherrangiges Recht" geben könnte, das den Herrscher an dieses band. Der Gedanke einer Gebundenheit des Herrschers an göttliches Recht reicht bis in die Antike zurück.

Die Magna Charta

Der Terminus Konstitutionalismus kann mehrfach definiert werden: Im weiteren Sinne beschreibt er den Prozess der Überwindung überkommener Herrschaftsformen durch die Verabschiedung von „Konstitutionen". Im engeren Sinne wird damit die spezifische deutsche Ausprägung des Staates im 19. Jahrhundert beschrieben. In Italien etwa wird *costituzionalismo* als Synonym für die Entstehung des Verfassungsstaates ab dem 18. Jahrhundert verwendet. Das spanische Wort *constitucionalismo* (Konstitutionalismus) wiederum steht für den *espiritu constitucional*, den Geist der Verfassung.

Erstmals erfolgte die **Kodifikation** einer Verfassung in den Vereinigten Staaten von Amerika mit der Verfassung von 1787.

Kodifikation
Darunter versteht man die Schaffung eines Gesetzeswerkes, mit dem Ziel der grundsätzlich erschöpfend gedachten Zusammenfassung des gesamten Stoffes eines oder mehrerer Rechtsgebiete in einem einheitlichen Gesetzbuch. Im Sinne des Vernunftrechts versuchte man Rechtssätze und Institutionen des geltenden Rechts aus Postulaten abzuleiten, diese in eine logische Beziehung zueinander zu setzen und in einer (möglichst) lückenlosen Systematik zu erfassen.

I. Was versteht man unter „Verfassung"?

Beim Verfassungsbegriff unterscheidet man Verfassungen im formellen Sinne und solche im materiellen Sinne. Im formellen Sinne bedeutet Verfassung das geschriebene Gesetz, das die Staatsgewalt legitimiert, organisiert und bindet. Der Verfassungsbegriff im formellen Sinne beschreibt in erster Linie die der Verfassung zugedachten Eigenschaften der Form nach anhand von drei Merkmalen: deklarierte (großteils einheitliche) Verfassungsurkunde, Vorrang vor einfachem Recht und erschwerte Abänderbarkeit.

Verfassungsbegriff im formellen Sinne

Das wesentliche äußere, formelle Kriterium einer Verfassung ist die schriftliche Beurkundung. Diese sollte in möglichst als solche deklarierten Verfassungsurkunden, idealerweise in einer einzigen Urkunde, erfolgen, da dies zu Stabilisierung, Rechtssicherheit und Rechtsklarheit beiträgt. Die meisten Verfassungen werden in einer Verfassungsurkunde festgeschrieben oder können auch als Staatsgrundgesetze (z. B. Österreich, Frankreich) bzw. Grundgesetze (etwa Schweden und Norwegen, BRD) oder Verfassungen mit dem Charakter einer Kompilation von Verfassungsgesetzen proklamiert werden, die bis ins Mittelalter zurückreichen (etwa Großbritannien). Letztere Form wird auch als „ungeschriebene" Verfassung bezeichnet.

Ein weiteres formelles Kennzeichen der Verfassung ist ihr Vorrang gegenüber anderen Rechtsnormen: Die politischen Revolutionen, die den Konstitutionalisierungsprozess in den 13 amerikanischen Kolonien bzw. in Frankreich einleiteten, forderten eine rechtliche Beschränkung der Handlungsfreiheit der Staatsorgane. Daraus lässt sich der Vorrang der Verfassung vor anderen Normen schlussfolgern, was erstmals nach der amerikanischen Unabhängigkeitserklärung 1776 umgesetzt wurde. Allerdings argumentierte bereits zu Beginn des 17. Jahrhunderts der englische Richter Sir Edward Coke (1552–1634) mit der Vorrangigkeit des *common law* – des richterlich aufgrund der Gleichheit entwickelten Rechts – vor dem Parlamentsgesetz Folgendes: „Und es ergibt sich aus unseren Büchern, dass das Common Law in vielen Fällen Gesetze beeinflusst und sie manchmal als gänzlich unwirksam beurteilt."

Schließlich hat der Supreme Court in den USA in der bahnbrechenden Entscheidung *Marbury versus Madison* 1803 den Geltungsvorrang der Verfassung vor dem Gesetz festgelegt. Dieses Urteil erwies sich als richtungsweisend für zahlreiche europäische Staaten. Jedenfalls kann man den Vorrang der Verfassung vor anderen Normen als gemeineuropäisches formelles Element der Verfassung bezeichnen, mit Ausnahme etwa von Großbritannien und Malta.

Mit diesem Prinzip eng verwoben, sichert die erschwerte Abänderbarkeit von Verfassungen bzw. Verfassungsbestimmungen – etwa durch erhöhte, strengere Anwesenheits- und Abstimmungsregelungen bei Parlamentsbeschlüssen – eine Umgestaltung der Grundordnung des Staates ohne entsprechend breiter, demokratisch legitimierter Basis ab.

Verfassungsbegriff im materiellen Sinne

Verfassung im materiellen Sinne beschreibt die jeweilige inhaltliche Ausgestaltung der Verfassung als einer Staatsgrundordnung, vornehmlich in organisatorischer Hinsicht (z. B. Bundes- oder Einheitsstaat, konstitutionelle Monarchie, Republik, präsidiale oder parlamentarische Demokratie). Typisch sind liberale Grundrechte, Gewaltenteilung, d.h. Begrenzung der Macht des Monarchen und Teilhabe des Volkes am Staatshandeln, also an den drei Gewalten Legislative, Exekutive und Judikative: „Die Verfassung

Was versteht man unter „Verfassung"?

des Staates umfasst demnach in der Regel die Rechtssätze, welche die obersten Organe des Staates bezeichnen, die Art ihrer Schöpfung, ihr gegenseitiges Verhältnis und ihren Wirkungskreis festsetzen, ferner die grundsätzliche Stellung des Einzelnen zur Staatsgewalt" (Georg Jellinek).

Die Legislative übte der Herrscher gemeinsam mit dem Parlament aus, wobei Letzteres meist nicht dem Monarchen gleichrangig war; im Gegenteil – (nur) der Monarch besaß das Recht der Einberufung und Absetzung des Parlaments, das absolute Vetorecht und das Gesetzesinitiativrecht, was vor allem für die frühkonstitutionelle Phase galt. In der Gesetzgebung bleibt das Parlament auch späterhin an die Mitwirkung und Zustimmung des Monarchen gebunden, etwa in Form des aufschiebenden (suspensiven) Vetos. Das Parlament wurde und wird in Europa nach britischem Vorbild größtenteils in das Zweikammersystem geteilt: Oberhaus und Unterhaus, Senat und Abgeordnetenkammer, abgeleitet aus der Trennung von Adel und Volk. Die Wahl der Volksvertreter erfolgte durch Zensus- und Bildungssystem – also Wahlberechtigung nach Steuerleistung bzw. Bildung der (männlichen!) Wähler – und auf der Basis eines Dreiklassensystems. Durch dieses Wahlrecht, z.B. in Preußen praktiziert, werden die Wähler entsprechend ihrer Steuerleistung in Klassen eingeteilt. Dies steht im Widerspruch zum Grundsatz der Stimmengleichheit, da jener Wähler mit höherem Steueraufkommen mehr politischen Einfluss besaß.

Der Einfluss des Monarchen auf die Exekutive, die er bis zur Einführung von Verfassungen alleine ausübte, blieb zunächst im Frühkonstitutionalismus weiterhin groß. In dieser Staatsfunktion wurde der Monarch durch die Gegenzeichnungspflicht durch verantwortliche Minister begrenzt, aber auch durch die Selbstverwaltung, etwa im Bereich der Gemeindeautonomie.

Den größten Einfluss büßte der Monarch im Bereich der Judikative ein: Wenngleich er kraft Verfassung verpflichtet wurde, die Richter zu ernennen, übten diese ihr Amt in vollständiger Unabhängigkeit aus. In der Justiz – besonders im Bereich der Strafgerichtsbarkeit von allgemein kontrollierender Bedeutung – hatten die Verhandlungen nunmehr öffentlich und mündlich stattzufinden. Durch die Geschworenengerichtsbarkeit nahmen Volksvertreter an der dritten Gewalt teil und sicherten so auch deren Unabhängigkeit ab.

Die Frage, warum ein Staat eine Verfassung braucht, lässt sich in erster Linie mit dem Argument der Begrenzung der staatlichen Macht des Souveräns beantworten. Bis zur Einführung der modernen Verfassungen hatten sich zunächst die Ansichten über die Gesetzgebung in Europa verändert, etwa hinsichtlich der Frage der Souveränität: Verstand man diese während des Mittelalters als Gottesgnadentum (dies kommt in Urkunden mit Verwendung der Formel „Nos (...) Dei Gratia" zum Ausdruck), so führte in England beispielsweise die Glorreiche Revolution (1688) zur Anerkennung der Souveränität des Parlaments durch den Monarchen, in Kontinentaleuropa zur Vereinheitlichung der durch das Gesetz gebundenen Rechtsprechung des Monarchen. Zur Frage der Souveränität genügte nicht mehr die Rückbesinnung und die Berufung auf das alte, unantastbare Recht, es reichte auch nicht das göttliche, natürliche und positive Recht aus, es musste eine andere „Norm" geschaffen werden, durch die der Monarch gebunden werden konnte. Die Ver-

Verfassung als Begrenzung der staatlichen Macht des absolutistischen Souveräns

fassung erfüllte diese Forderung, der Souverän ist an sie gebunden, durch sie in der Machtausübung beschränkt. Verfassung bedeutet demnach eine klare Absage an den absoluten Herrscher!

Trotz Verfassung blieb jedoch die Frage der Staatsräson ungeklärt: Es musste eine Instanz geben, die sich in Ausnahmefällen (Gefahr in Verzug) über Rechtsschranken hinwegsetzen konnte. Diese Funktion wurde dem Monarchen als Souverän zuerkannt. Er definierte, was für das Gemeinwohl erforderlich schien, und setzte sich damit politisch durch.

Eine Verfassung zielt weiters auf die Verrechtlichung und Organisation von Herrschaft hin und bekommt daher eine Ordnungsfunktion. Deren Garantien bilden Gewaltenteilung und rechtsstaatliche Sicherung einschließlich der, ja insbesondere durch die Unabhängigkeit der Gerichtsbarkeit, wodurch die Verfassung zur inneren Friedenssicherung und Stabilisierung eines Staates beiträgt.

Eine weitere wesentliche Funktion von Verfassung bilden inhaltliche Weisungen, etwa durch Nennung von Staatszielbestimmungen (z. B. Sozialstaatlichkeit, Umweltschutz) und Grundrechten (wie Freiheit der Person und des Eigentums). Staatsbürgerschaft, Wahlrecht, die Nennung von spezifischen Staatssymbolen etc. haben auch eine Integrationsfunktion, im Sinne der (auch emotionalen) Bindung der Einzelperson an „ihren" Staat.

1. Der Staat, die Staatstheoretiker und deren Rezeption

Hinsichtlich der Definition von „Staat" sei darauf hingewiesen, dass der „moderne, als Verbandseinheit erscheinende, verfassungsmäßig gegliederte Staat durch Überwindung des Dualismus von König und Volk, von weltlicher und geistlicher Gewalt" (Georg Jellinek) entstanden ist. Die ältere Absolutismus-Forschung zur Frühen Neuzeit sah im **Absolutismus** diese Staatseinheit verwirklicht; neuere Forschungsergebnisse sehen dies differenzierter.

> **E** **Absolutismus**
> Der Begriff Absolutismus bezeichnet sowohl eine Regierungsform, deren Kennzeichen die absolute Souveränität des Herrschers ist, wie auch eine Epoche in Kontinentaleuropa vom späten 16. bis zum 18. Jahrhundert. Als Signum einer Epoche ist der Begriff Absolutismus tragbar, als Herrschaftspraxis jedoch verliert er seine Erklärungskraft. In der neuesten Absolutismusforschung wird bezweifelt, dass der Begriff Absolutismus Herrschaftspraxis und Epoche in seiner Vielschichtigkeit abbildet und reflektiert. Vielmehr müssen neue Begrifflichkeiten gefunden werden. Der Absolutismus lässt sich epochalisieren in: höfischer Absolutismus, aufgeklärter Absolutismus und Neoabsolutismus.

Ursprünglich weitgehend unabhängige Territorien wurden vereint, ein einheitliches Heerwesen geschaffen, ein (zentral-)staatliches Beamtentum eingeführt und die Justiz „verstaatlicht" – dies geschah zunächst in Frankreich und Spanien. In den anderen Staaten, wo der regierende Monarch dazu nicht in der Lage war, zerfiel der Staat (z. B. Polen), oder es konnte keine Einheit gebildet werden, wie etwa im Heiligen Römischen Reich deutscher Nation.

1. Der Staat, die Staatstheoretiker und deren Rezeption

Die Drei-Elemente-Lehre nach Georg Jellinek

Der Staat ist nach Jellineks „Drei-Elementen-Lehre" ein auf Dauer berechneter Zusammenschluss von einer Anzahl an Menschen (Staatsvolk) auf einem grundsätzlich umgrenzten Gebiet (Staatsterritorium) mit einer Regierung, die auf dem Staatsgebiet die Ordnung wahrt (Staatsgewalt). Demnach bildet das Vorhandensein eines Staates eine Grundvoraussetzung für die Existenz einer Verfassung. Aus verfassungstheoretischer Sicht stellt sich die Frage, ob ein Volk notwendig ist, um eine demokratische Verfassung zu schaffen. Unbestritten ist hingegen, dass eine demokratische Verfassung ein (Staats-)Volk schafft. Nation und Nationalstaat haben sich in West- und Mitteleuropa in einem langen Prozess herausgebildet. Wesentliche Faktoren für die Bildung von Nationalstaaten waren die Ergebnisse der Französischen Revolution, die Reaktionen auf die Napoleonische Herrschaft außerhalb Frankreichs und Georg Wilhelm Friedrich Hegels (1770–1831) Lehre vom „Volk".

Wie schwierig es war, Volk und Staat zusammenzuführen bzw. eine Verfassung zu schaffen, soll anhand der südosteuropäischen Länder exemplifiziert werden: Diese Staaten, z. B. Rumänien oder Bulgarien, übernahmen im Laufe des 19. Jahrhunderts die Begriffe Volk und Staat, wobei sich der Prozess der Nationalstaatenbildung in diesem Raum wesentlich komplizierter gestaltete als in West- und Mitteleuropa. Im Gegensatz etwa zu Frankreich musste in Südosteuropa die antizipierte Nation erst geschaffen werden! Dabei sah man sich gewaltigem Druck ausgesetzt, da man die Nation benötigte, um sie im „Streit über das territoriale Erbe des ‚kranken Mannes am Bosporus'" (diese Aussage wird Zar Nikolaus I. im Zusammenhang mit der Diskussion um die „Orientfrage" zugeschrieben) einsetzen zu können.

Die südosteuropäischen Protagonisten von Nation und Nationalstaat versuchten das französische Staatsverständnis („state-into-nation", die Existenz eines Staates als Instrument der Nationsbildung wird vorausgesetzt) mit dem deutschen Nationsverständnis („nation-into-state", Nation als Voraussetzung für die Bildung eines Staates) zu verbinden. Diese Kombination erwies sich als verhängnisvoll und musste zu Spannungen, Komplikationen, ja gar zu kriegerischen Auseinandersetzungen führen, da einheitliche Nationen und Nationalgebiete am Balkan nicht vorhanden waren, als im 19. Jahrhundert dessen „Europäisierung" eingeleitet wurde. Es bestanden nicht einmal die Voraussetzungen für eine Nationsbildung bzw. für die Bildung eines Nationalstaates, zumal sich die ethnischen Siedlungsgrenzen in steter Fluktuation befanden und sich durch (teilweise erzwungene) Migrationen größte ethnische Vielfalt und Gemengelagen auf engstem Raum bildeten. Mit der Bildung von Nationen, die als Abstammungs- und Blutgemeinschaften galten, und der Durchsetzung des Nationalstaatsprinzips, das auch das Prinzip der Selbstbestimmung impliziert, setzte in Südosteuropa der Prozess einer mehr oder minder gewaltsamen Abgrenzung ein. „Historisch gewachsene Siedlungsstrukturen prallten auf ein modernes nationalstaatliches Ordnungsprinzip. Genozid und Vertreibungen in fast allen neuen südosteuropäischen Staaten waren die Reaktion auf diese Diskrepanz" (Holm Sundhaussen).

Umso mehr stellt sich die Frage, inwiefern Verfassungen als Grundordnung dieser Staaten integrative Wirkungen besaßen und/oder entfalten konnten. Aufgrund der Interdependenz zwischen Staat und Konstitution soll ein Überblick der wichtigsten Staatskonzeptionen und anschließend der Verfassungskonzeptionen gegeben werden.

I. Was versteht man unter „Verfassung"?

Jean Bodin

Ein wesentliches Charakteristikum des modernen Verfassungsstaates bildet das Verhältnis zwischen Souverän zum Staat einerseits und Souverän zum Volk andererseits; dies wird seit dem frühen 17. Jahrhundert staatstheoretisch grundgelegt. Die Frage der Souveränität, die bereits von Jean Bodin (1529/1530–1596) für den absoluten Herrscher als Dogma formuliert worden war, tritt als besonderes Merkmal des Absolutismus auf. Bodin entwickelte in seinem Werk den Begriff der Souveränität aus dem römisch-rechtlichen Begriff des *imperium* und meinte damit die höchste Gewalt im Staate. Ihren Inhaber bezeichnete er als Souverän, der als *princeps legibus solutus* – also an keine weltlichen Gesetze gebunden – verstanden wird. Allerdings blieb der Souverän den Gesetzen Gottes und der Natur unterworfen.

> **Jean Bodin, Legitimität und Souveränität**
> Aus: Brand/Hattenhauer, Rechtsstaat, 41
>
> In meiner Definition habe ich gesagt, die Untertanen sollen dem königlichen Alleinherrscher Gehorsam erweisen, womit zum Ausdruck gebracht sein soll, daß bei ihm allein die unumschränkte Souveränität liegt. Der König hat den Gesetzen der Natur zu gehorchen, d.h. die Lenkung seiner Untertanen und all sein Handeln haben sich an der natürlichen Gerechtigkeit auszurichten, deren Licht so hell und klar leuchtet, wie der Glanz der Sonne. Das wahre Wesen der königlichen Monokratie zeigt sich also darin, daß der Fürst den natürlichen Gesetzen ebenso bereitwillig Gehorsam erweist, wie er es von seinen Untertanen verlangt.

Hugo Grotius

Zu den wichtigsten Vertretern der Neuzeit im Zusammenhang mit der Ausformulierung einer neuen Staatenlehre zählt der im holländischen Delft geborene Hugo Grotius (1583–1645). In seinem letztlich das Völkerrecht begründenden Werk *De jure belli ac pacis libri tres* beschrieb er das Recht in Zeiten von Krieg und Frieden, aber auch die Rechtsverhältnisse zwischen Einzelpersonen. Er ging von einem Naturrecht aus, das dem Menschen von Gott gegeben und ewig und unveränderlich war.

> **Hugo Grotius, Naturrecht**
> Aus: Brand/Hattenbauer, Rechtsstaat, 42
>
> Das natürliche Recht ist ein Gebot der Vernunft, welches anzeigt, dass einer Handlung wegen ihrer Übereinstimmung oder Nichtübereinstimmung mit der vernünftigen Natur selbst eine moralische Häßlichkeit oder eine moralische Notwendigkeit innewohnt, weshalb Gott als der Schöpfer der Natur eine solche Handlung geboten oder verboten hat. (...) Das Naturrecht ist unveränderlich, so dass selbst Gott es nicht verändern kann. (...) So wenig Gott bewirken kann, das zwei mal zwei nicht vier ist, ebenso wenig kann er bewirken, dass das nach seiner inneren Natur Schlechte nicht schlecht sei.

Die Problematik einer „Unveränderlichkeit" des Rechts zeigt sich schließlich wiederum hinsichtlich einer Abänderbarkeit des Verfassungsrechtes, des Verfassungsvertrages – hier in der Frage, ob man Verfassungen grundsätzlich gänzlich ändern könne oder nicht. So etwa kann die amerikanische Verfassung nur durch Zusatzartikel geändert werden, sodass sie in ihrem Kern unverändert bleibt. In aller Regel können Verfassungen – (meist nur) mit Zweidrittelmehrheiten – abgeändert werden.

1. Der Staat, die Staatstheoretiker und deren Rezeption

Thomas Hobbes

Nach der Lehre von Grotius war der Staat nicht Machtmittel in der Hand der Fürsten, sondern der Staat hatte dem Staatsvolk zu dienen. Seither begannen sich immer mehr Philosophen und Staatsdenker mit dem Verhältnis von Obrigkeiten und Untertanen auseinanderzusetzen. Allen voran Thomas Hobbes (1588–1679).

Thomas Hobbes, Leviathan
Aus: Brand/Hattenhauer, Rechtsstaat, 49

Es ist eine wirkliche Einheit aller in ein und derselben Person, die durch Vertrag eines jeden mit jedem zustande kam, als hätte jeder zu jedem gesagt: Ich autorisiere diesen Menschen oder diese Versammlung von Menschen und übertrage ihnen mein Recht, mich zu regieren, unter der Bedingung, daß du ihnen ebenso dein Recht überträgst und alle ihre Handlungen autorisierst. Ist dies geschehen, so nennt man diese zu einer Person vereinigte Menge Staat auf lateinisch civitas. Dies ist die Erzeugung jenes großen Leviathan oder besser, um es ehrerbietiger auszudrücken, jenes sterblichen Gottes, dem wir unter dem unsterblichen Gott unseren Frieden und Schutz verdanken. Denn durch diese ihm von jedem einzelnen im Staate verliehene Autorität steht ihm so viel Macht und Stärke zur Verfügung, die auf ihn übertragen worden sind, daß er durch den dadurch erzeugten Schrecken in die Lage versetzt wird, den Willen aller auf den innerstaatlichen Frieden und auf gegenseitige Hilfe gegen auswärtige Feinde hinzulenken. Hierin liegt das Wesen des Staates, der, um eine Definition zu geben, eine Person ist, bei der sich jeder einzelne einer großen Menge durch gegenseitigen Vertrag eine jeden mit jedem zum Autor ihrer Handlungen gemacht hat, zu dem Zweck, daß sie die Stärke und Hilfsmittel aller so, wie sie es für zweckmäßig hält, für den Frieden und die gemeinsame Verteidigung einsetzt.
Wer diese Person verkörpert, wird Souverän genannt und besitzt, wie man sagt, höchste Gewalt, und jeder andere daneben ist sein Untertan.

John Locke

Nach Hobbes ist der Staat Träger der souveränen Macht, er ist die Seele und das Lebensprinzip des politischen Körpers. Die Individuen übertragen alle ihre Rechte auf diese Person Staat. Derjenige, der diese Person verkörpert, wird Souverän genannt, er ist Inhaber der höchsten Gewalt und alle anderen sind seine Untertanen. Staat wird als Voraussetzung für Gesellschaft definiert. Seine Vertragstheorie entwickelte John Locke (1632–1704) weiter.

Im Unterschied zu Hobbes bildet für Locke nicht Krieg, sondern Friede den Ausgangspunkt für das Abfassen eines Gesellschaftsvertrages zwischen Volk und Staat. Darüber hinaus räumt er den Individuen ein Widerstandsrecht ein: Verletzt der Herrscher die Gesetze, kann er vom Volk abgesetzt werden. Die Ausgangsbasis seiner Vertragstheorie bildete nicht der souveräne Staat, sondern der Schutz des Eigentums.

Ein weiteres Charakteristikum des modernen Verfassungsstaates stellt das Prinzip der Gewaltenteilung dar: Die Gewaltenteilungslehre wurzelt in der antiken Staatsphilosophie, bereits Aristoteles setzte sich damit auseinander. Locke greift diese Idee in der Neuzeit wieder auf. Er fordert die Trennung der gesetzgebenden von der vollziehenden Gewalt und begründet diese Trennung damit, dass die Versuchung der Personen, die die gesetzgebende Gewalt ausüben, zu groß sei, auch die exekutive Gewalt ausüben zu wollen. Als dritte Gewalt benannte Locke die föderative: Sie habe die Kompetenz, über Krieg und Frieden zu entscheiden.

I. Was versteht man unter „Verfassung"?

John Locke, Two Treatises of Government
Aus: Brand/Hattenhauer, Rechtsstaat, 57–58

Da Menschen von Natur frei, gleich und unabhängig sind, kann niemand ohne seine Einwilligung aus diesem Zustand versetzt und der politischen Macht eines anderen unterworfen werden. Der einzige Weg, auf welchem sich jemand dieser natürlichen Freiheit entkleidet und die Fesseln der politischen Gesellschaft anlegt, besteht in der Übereinkunft mit anderen, sich zu einer Gesellschaft zu verbinden und zu vereinigen, zum Zwecke des behaglichen, sicheren, friedlichen Lebens miteinander und eines größeren Schutzes gegen alle, die nicht zu dieser Gemeinschaft gehören (...) Wenn eine Anzahl von Menschen eingewilligt hat, eine einzige Gemeinschaft oder einen Staat zu bilden, so werden sie dadurch gleichzeitig eingebürgert und bilden einen einzigen politischen Körper, in dem die Mehrheit das Recht hat zu handeln und die übrigen zu verpflichten (...)

Charles de Montesquieu

Legte Locke mit seiner Theorie einen wesentlichen Grundstein für den liberalen Verfassungsstaat, so ging Montesquieu (1689–1755) einen erheblichen Schritt weiter, indem er die Lehre der Gewalten präzisierte. Er unterschied grundsätzlich zwischen der *gesetzgebenden* und der *Vollzugsgewalt*. Erstere liegt in den Händen des Volkes, Letztere in der der Regierung. Damit unterliegt die Regierung dem Souverän Volk, um dergestalt den Machtmissbrauch durch die Regierung möglichst zu begrenzen. Als dritte Gewalt nennt Montesquieu die richterliche. Eine frühe Umsetzung des Gewaltenteilungsprinzips findet sich bereits in der Verfassung der kurzlebigen Republik auf Korsika (1755–1769). Dieses Prinzip wird zu einem wesentlichen Charakteristikum moderner Verfassungen. Hervorzuheben ist, dass es keine Verfassung gibt, die den Gedanken der Gewaltenteilung in seiner strengsten Konsequenz bis zur vollständigen Trennung der drei Gewalten durchzuführen auch nur beabsichtigt hätte.

Montesquieu, Ideal der Gewaltenteilung
Aus: Brand/Hattenhauer, Rechtsstaat, 58–59

Es gibt in jedem Staat drei Arten von Vollmacht: die legislative Befugnis, die exekutive Befugnis in Sachen, die vom Völkerrecht abhängen, und die exekutive Befugnis in Sachen, die vom Zivilrecht abhängen. Auf Grund der ersteren schafft der Herrscher oder Magistrat Gesetze auf Zeit oder für die Dauer, ändert geltende Gesetze oder schafft sie ab. Auf Grund der zweiten stiftet er Frieden und Krieg, sendet oder empfängt Botschaften, stellt die Sicherheit her, sorgt gegen Einfälle vor. Auf Grund der dritten bestraft er Verbrechen oder sitzt zu Gericht über die Streitfälle der Einzelpersonen. Diese letztere soll richterliche Befugnis heißen und die andere schlechtweg exekutive Befugnis des Staates. Politische Freiheit für jeden Bürger ist jene geistige Beruhigung, die aus der Überzeugung hervorgeht, die jedermann von seiner Sicherheit hat. Damit man diese Freiheit genieße, muß die Regierung so beschaffen sein, daß kein Bürger einen anderen zu fürchten braucht (...)
Sobald in ein und derselben Person oder derselben Beamtenschaft die legislative Befugnis mit der exekutiven verbunden ist, gibt es keine Freiheit. Es wäre nämlich zu befürchten, daß derselbe Monarch oder derselbe Senat tyrannische Gesetze erließe und sie dann tyrannisch durchführte. Freiheit gibt es auch nicht, wenn die richterliche Befugnis nicht von der legislativen und von der exekutiven Befugnis geschieden wird. Die Macht über Leben und Freiheit der Bürger würde unumschränkt sein, wenn jene mit der legislativen Befugnis gekoppelt wäre, denn der

2. Die Entstehung des Verfassungsstaates

Richter wäre Gesetzgeber. Der Richter hätte die Zwangsgewalt eines Unterdrückers, wenn jene mit der exekutiven Gewalt gekoppelt wäre.
Alles wäre verloren, wenn ein und derselbe Mann beziehungsweise die gleiche Körperschaft entweder der Mächtigsten oder der Adligen oder des Volkes folgende drei Machtvollkommenheiten ausübte: Gesetze erlassen, öffentliche Beschlüsse in die Tat umsetzen, Verbrechen und private Streitfälle aburteilen.

Montesquieus Werk hat die Welt der politischen Ideen nachhaltig geprägt und beeinflusste das Verfassungsrecht der Neuzeit. In der Debatte um die amerikanische Verfassung bildete seine Schrift das zentrale Bezugswerk, ebenso beriefen sich die Revolutionäre von 1848 auf Montesquieu. Eine ähnliche Rezeption erfuhr der Genfer Uhrmachersohn Jean-Jacques Rousseau. Seine Lehre von der Volkssouveränität eignet sich für den demokratischen Verfassungsstaat – aber auch für eine Diktatur: Die Souveränität des Fürsten transferiert zur Souveränität des Volkes – darin liegt die Dialektik von Rousseaus Theorie, die Anwendbarkeit für Demokratie und Diktatur. Rousseaus Volkssouveränität legitimierte sowohl die ersten französischen Konstitutionen (1791, 1793) als auch die *Terreur* (1793/94). Zentrale Aussage des *Contrat social* ist die These von der ursprünglich unveräußerlichen Volkssouveränität und der Freiheit des Individuums. Souveräne Gewalt bedeutet die höchste und unabhängige Gewalt; nach innen im Vergleich mit den ihm eingeordneten Persönlichkeiten und nach außen im Sinne der Unabhängigkeit. Für Rousseau stellt das Volk den Souverän dar. Hier handelt es sich um die Volkssouveränität. Der Gemeinwille kann seiner Auffassung nach nicht irren, er hat immer recht. Rousseau wurde zur Ikone der französischen Revolutionäre, aber auch die Väter der amerikanischen Unabhängigkeitserklärung lehnten sich beinahe wortwörtlich an seine Theorien an.

Jean-Jacques Rousseau

Jean-Jacques Rousseau, Du contrat social
Aus: Brand/Hattenhauer, Rechtsstaat, 62

Damit der Gesellschaftsvertrag keine leere Formel bleibe, muß er stillschweigend folgende Verpflichtung beinhalten, die den anderen Verpflichtungen allein Gewicht verleiht: Wer dem Gemeinwillen den Gehorsam verweigert, muß durch den ganzen Körper dazu gezwungen werden. Das heißt nichts anderes, als daß man ihn dazu zwingt, frei zu sein. Die Hingabe eines jeden Staatsbürgers an das Vaterland ist die Bedingung, die den Bürger vor jeder persönlichen Abhängigkeit beschützt. (…) Oft besteht ein großer Unterschied zwischen dem Gesamtwillen und dem Gemeinwillen. Er zielt nur auf das Gemeininteresse, der andere auf das Einzelinteresse und ist nur die Summe der Einzelinteressen. Zieht man davon die Extreme ab, die sich gegenseitig aufheben, so bleibt als Summe der Differenzen der Gemeinwille übrig.

2. Die Entstehung des Verfassungsstaates

Die älteste Monarchie, die konstitutionelle Monarchie schlechthin, findet sich in England. Formell allerdings besitzt das Königreich (bis heute) keine (vollständig) geschriebene Verfassung, sondern setzt sich aus Einzelgesetzen

Was versteht man unter „Verfassung"?

und Gewohnheitsrecht zusammen. Erste (konstitutionsschaffende) Versuche (1782, 1789), eine Verfassung überhaupt zu kodifizieren, gehen auf den habsburgischen Großherzog Leopold I. von Toskana (1747–1792) zurück, allerdings scheiterte dieser Versuch letztlich aufgrund seines Herrschaftsantrittes als Kaiser des Heiligen Römischen Reiches deutscher Nation und Herrscher der Habsburgermonarchie im Jahr 1790.

Verfassungsstaat als logische Konsequenz der Aufklärung

Die Entstehung des Verfassungsstaates spiegelte nicht nur die juristisch-staatsphilosophische Gedankenwelt wider, sondern auch jene komplexen gesellschaftlichen Entwicklungen, die seit ca. 1700 in Europa und Nordamerika gediehen. Der Verfassungsstaat erweist sich als ein Produkt der **Aufklärung** und entstammt genuin der europäischen Gedankenwelt.

> **Aufklärung**
> Die europäische Aufklärung, *Lumières, Enlightment, Illuminismo,* ist eine der bedeutendsten geistesgeschichtlichen Bewegungen, die alle Lebensbereiche der Menschen erfasste: Religion, Ethik, Staat, Recht, Wirtschaft und Wissenschaft. Die Aufklärung ist zentraler Bestandteil der modernen europäischen Identität und ihres Wertesystems. Grundlegende Werte der europäischen Aufklärung stellen das Streben nach Wahrheit auf der Grundlage rationalen Denkens sowie nach Freiheit, nach Selbständigkeit und nach individuellem Glück dar.

Die Aufklärung entwickelte sich aus dem Absolutismus heraus zunächst als „dessen innere Konsequenz, um dann als dialektischer Widerpart und Feind dem absolutistischen Staat seinen Untergang zu bereiten" (Angela Borgstedt). Der Zeitraum des Aufklärungszeitalters wird mit dem 18. Jahrhundert bis zur Französischen Revolution angesetzt; Spuren reichen bis ins 17. Jahrhundert zurück. Durch Bücher und Zeitschriften, vermehrt ab 1700, wird aufklärerisches Gedankengut rasch verbreitet, wird jedoch in den jeweiligen Staaten unterschiedlich rezipiert. Vorläufer finden sich in den Niederlanden, ihre Vertreter sind etwa Baruch Spinoza (1632–1677) oder Hugo Grotius, gegen Ende des 17. Jahrhunderts treten die englischen Aufklärer in den Vordergrund, wie etwa John Locke.

Die Aufklärung erreichte erst im 18. Jahrhundert Deutschland. In Frankreich entlud sie sich in radikalster Form, in Gestalt der Französischen Revolution, gemäßigter in Spanien, Portugal und Italien. Allen Aufklärern gemeinsam war ihre geistig-seelische Haltung: Sie misstrauten allen gefühlsbedingten Einsichten, sie vertrauten vornehmlich der Vernunft (Rationalismus). An die Stelle von Autoritätsglauben traten Erkenntnisdrang und Wahrheitsstreben. All das, was nicht mit den Normen der Vernunft übereinstimmt, gilt als Abweichung vom ursprünglichen, richtigen Zustand. Die Aufklärer forderten ein Naturrecht, die natürliche Religion, eine natürliche Wissenschaft und einen Staat, der sich auf die natürlichen Rechte der Menschen gründet. Der Geist der Aufklärung setzte sich in unterschiedlichen Bereichen durch: Einer extremen Diesseits- und Kulturfreudigkeit entsprach ein reger Reformeifer, der sich in Staat und Wirtschaft wie auch Kirche, Erziehung oder Bildung auswirkte.

> **Aufgeklärter Absolutismus**
> Der aufgeklärte Absolutismus kann grob als gesamteuropäisches staatsgeschichtliches Phänomen (mit Ausnahme von Frankreich, England und den Niederlanden) unterschiedlicher Ausprägung zwischen 1740 und der Französischen Revolution

2. Die Entstehung des Verfassungsstaates

beschrieben werden. Friedrich II. von Preußen (1712–1786), Katharina die Große von Russland (1729–1796), Maria Theresia (1717–1780) bzw. Joseph II. (1741–1790) zählten zu den aufgeklärt absolutistisch regierenden Herrschern. Joseph II. gilt als der radikalste Reformer unter den europäischen Herrschern. Seine Regierungszeit wird als eigene Epoche – Josephinismus – bezeichnet. Gemäß seinem Leitsatz „Alles für das Volk, aber nichts durch das Volk" war er davon überzeugt, dass der Staat oberster Zweck allen politischen Handelns sei, dem sich Partikularinteressen unterzuordnen hätten. Um das Ziel der Beglückung einer großen Zahl an Untertanen zu erreichen, wurden Reformen ausschließlich aus Vernunfts- und Nützlichkeitserwägungen durchgeführt.

Zwar führte der aufgeklärte Absolutismus nicht zur Auflösung der Monarchie als Staatsführungsform, sondern zur Aufteilung der Staatsmacht zwischen dem Monarchen und einer ihm untergeordneten, aber funktionsbezogenen getrennten Staatsverwaltung, doch das Untertanenvolk begann sich ab nun – auch aus Sicht der Staatsführung – allmählich zum Staatsvolk zu entwickeln.

Der Philosoph Immanuel Kant (1724–1804) gab auf die Frage, was Aufklärung sei, die Antwort: „Aufklärung ist der Ausgang des Menschen aus seiner selbstverschuldeten Unmündigkeit. Unmündigkeit ist das Unvermögen, sich seines Verstandes ohne Leitung eines anderen zu bedienen. Selbstverschuldet ist diese Unmündigkeit, wenn die Ursache derselben nicht am Mangel des Verstandes, sondern der Entschließung und des Mutes liegt, sich seiner ohne Leitung eines anderen zu bedienen. Habe Mut, dich deines eigenen Verstandes zu bedienen!" Damit weist er darauf hin, dass das Individuum Subjekt und nicht Objekt des Staates ist.

Die Um- und Durchsetzung von Verfassungen oder verfassungsähnlichen Bestimmungen geschah vornehmlich revolutionär und bellizistisch: Es stellt geradezu ein denkwürdiges Paradoxon der europäischen Verfassungsgeschichte dar, dass die erste Verfassung aus dem Jahr 1653 stammt. Dabei handelt es sich um das *Instrument of Government* des englischen Lordprotektors Oliver Cromwell (1599–1658), der nach der Hinrichtung von König Karl I. (1649) ein – bis 1660 existentes – republikanisches Staatssystem einführte. Im *Instrument of Government* war festgelegt, dass die Regierung aus einer „Einzelperson und dem Parlament" bestehen sollte. Das Parlament war alle drei Jahre zu wählen, Cromwell gab sich den Titel „Lord Protector" und sollte das Amt lebenslang ausüben. Gesetze und Steuern durften nur mit Zustimmung des Parlaments geändert oder erlassen werden. Cromwell scheiterte mit seiner Revolution, nach seinem Tod herrschte politische Unsicherheit. Daraufhin erfolgte 1660 mit Karl II. (1660–1685) die Restauration der Stuarts. Unter seinem Nachfolger, Jakob II. (1685–1688), brach die zweite Revolution aus, die Glorious Revolution (1688), in deren Folge sich in England die erste konstitutionelle Monarchie in Europa formierte.

Weitere Revolutionen folgten. 1773 brach in den 13 englischen Kolonien in Nordamerika ein Krieg aus mit dem Ziel, die Unabhängigkeit vom englischen Mutterland zu erlangen. In Frankreich führten die Einberufung der Generalstände am 5. Mai 1789, die Gründung der Nationalversammlung am 17. Juni 1789, der Ballhaussaalschwur drei Tage später, die Konstituierung der Verfassunggebenden Nationalversammlung am 6./9. Juli und schließlich der Sturm auf die Bastille am 14. Juli 1789 zum Ausbruch der

Verfassungen werden in revolutionär-bellizistische Weise durchgesetzt

I. Was versteht man unter „Verfassung"?

Französischen Revolution. Allen genannten Revolutionen gemeinsam war die Forderung der Verabschiedung eines Fundamentalgesetzes bzw. einer Verfassung. Dergestalt erhielt der Konstitutionalisierungsakt eine besondere Bedeutung: Verfassung hieß das Schaffen einer neuen Ordnung, von der man erwartete, dass diese gut und gerecht sei und sich auf Dauer bewähre. Verfassung wurde für viele zum „Gegenstand allen Sehnens". Sie bedeutete im Sinne des angloamerikanischen Publizisten Thomas Paine (1736/37–1809) „für die Freiheit das, was die Grammatik für die Sprache war". Allerdings, so 1758 der Schweizer Völkerrechtler Emmerich von Vattel (1714–1767), wäre sie nichts als ein Stück Papier wert, wenn man ihre Inhalte nicht befolgte.

Der Durchbruch der Idee des Verfassungsstaates fand an der Jahreswende 1773/74 statt, als es zu amerikanisch-britischen Auseinandersetzungen gekommen war. In der weiteren Folge erhielten die USA die weltweit erste geschriebene Verfassung im modernen Sinne. Sie baute auf aufklärerischem Gedankengut auf. Die Entwicklung von Verfassungsstaatlichkeit beruhte maßgeblich auf den Ideen von Locke, Montesquieu und Rousseau, die sich allesamt gegen das zementierte Bild von der Allmacht des Herrschers, den machiavellistischen *Principe,* und gegen Bodins Lehre von der staatlichen Souveränität aussprachen. Ihnen setzten Montesquieu die Gewaltenteilung oder Rousseau den Gesellschaftsvertrag und die Volkssouveränitätslehre entgegen. So versuchten sie, den Monarchen an die Gesetze zu binden.

Staatstheoretiker als Motor der Emanzipation des Subjektes

Die Staatstheoretiker trieben die durch die Renaissance angestoßene Emanzipation des Subjekts voran: Nicht mehr das Kollektiv, sondern das Individuum sollte im Mittelpunkt der Staatsgewalt stehen. Nicht mehr das gottgewollte Recht sollte regieren, sondern das vernunftgeleitete. René Descartes' (1596–1650) *Cogito ergo sum* (Ich denke, also bin ich) wurde zum verlässlichen und maßgeblichen Ausgangspunkt für die Rückführung des Rechts auf das Individuum als freies Subjekt (Gosewinkel/Masing). Dieser Prozess führte schließlich zum Sturz bestehender Regime in Europa.

Der Gedanke, dass jeder Einzelne – hierbei war allerdings ausschließlich an Männer und meist nur an Besitzende gedacht – seine von Natur aus bestehenden Rechte an eine übergeordnete Instanz namens Staat übertragen müsse, um so in Frieden leben zu können, zog sich ab nun wie ein roter Faden durch die Geschichte und bewirkte im Bewusstsein der Menschen zweierlei: einerseits, dass der Staat „freiwillig" von den Menschen gebildet werde, und andererseits, dass er deshalb in die Pflicht genommen werden könne, (inneren) Frieden zu schaffen und zu bewahren. Nicht mehr der Staat alleine, sondern der einzelne Mensch war grundsätzlich als Träger von Rechten und Pflichten, von Werten und Ideen anzusehen! Verfassungen bezogen und beziehen das Individuum mit ein, da es von nun an – etwa durch Wahlen oder Geschworene – an der Ausübung der drei Gewalten mitwirkte. Das Wechselspiel zwischen der Bevölkerung eines Territoriums und dessen Beherrschung war eröffnet, allerdings ohne die Masse als Phänomen entdeckt zu haben.

Der Siegeszug des Verfassungsstaates ab dem 19. Jahrhundert

Der Verfassungsstaat trat erst ab dem 19. Jahrhundert seinen Siegeszug um die Welt an. Der rechtliche (und politische) Charakter einer Verfassung bildete sich erst im Zeitalter des Konstitutionalismus im 19. Jahrhundert aus: Verfassung sollte von nun an vor allem Beschränkung der Machtvollkommenheit der Staatsgewalt bewirken, bei gleichzeitigem Ausbau des Dualis-

2. Die Entstehung des Verfassungsstaates

mus von Staat und Gesellschaft. Als unabdingbare Voraussetzung galt einerseits die Ausgestaltung eines Nationalstaates mit einer Staatsgewalt als umfassende und einheitliche politische Entscheidungs- und Herrschaftsgewalt, andererseits die Stellung des Monarchen oder Präsidenten als Träger dieser Staatsgewalt und des diese ausübenden, ihm unterstellten Behörden- und Verwaltungsapparates. Durch die Verfassung konnte das Staatsoberhaupt verpflichtet und seine Machtfülle sowie jene der Verwaltung gegenüber der Gesellschaft, der (Staats-)Bürgerschaft (als Kollektiv, aber auch gegen die Einzelperson) begrenzt werden. Festzuhalten ist außerdem, dass nicht nur allein auf den formellen Begriff „Verfassung" (constitutio, Grundgesetz, Charta etc.), also eine feierlich verkündete Verfassungsurkunde, Bezug genommen werden muss. Vielmehr sollten auch andere verfassungsähnliche Rechtsnormen berücksichtigt werden – wie etwa „Grundgesetze" oder andere Bestimmungen (heute meist als „einfachgesetzliche" Bestimmungen verstanden), beispielsweise die Einleitung zum **Allgemeinen Landrecht für die preußischen Staaten** (1794) oder §§ 2–18 des österreichischen **Allgemeinen Bürgerlichen Gesetzbuches** (1811).

Das Allgemeine Landrecht für die preußischen Staaten (ALR), 1794
Das Allgemeine Landrecht gilt als erste umfassende naturrechtliche Kodifikation, die auf Basis eines Entwurfes von Carl Gottlieb Svarez (1746–1798) 1794 subsidiär im gesamten Staatsgebiet in Geltung gesetzt wurde. Das ALR bestand aus 20.000 Einzelbestimmungen und folgte etwa dem von Christian Wolff (1679–1754) entwickelten System der konzentrischen Kreise (gegliedert in Personenrecht, Sachenrecht, Schuldrecht usw. bis hin zum Strafrecht), beginnend mit einer Einleitung zum Gesetzesbegriff und Rechtsgrundsätzen, aber auch standesrechtliche Abschnitte (für Bauern, Bürger und Adel, jeweils mit ihren Rechten und Pflichten) ausführend, doch meist kasuistisch (fallbezogen). Es blieb bis zur Einführung des Bürgerlichen Gesetzbuches am 1. Januar 1900 in Kraft.

Einleitung
1. Von den Gesetzen überhaupt.
§. 1. Das allgemeine Gesetzbuch enthält die Vorschriften, nach welchen die Rechte und Verbindlichkeiten der Einwohner des Staats, so weit dieselben nicht durch besondere Gesetze bestimmt worden, zu beurtheilen sind.
§. 5. Die von dem Landesherrn in einzelnen Fällen, oder in Ansehung einzelner Gegenstände, getroffenen Verordnungen können in andern Fällen, oder bey andern Gegenständen, als Gesetze nicht angesehen werden.
§. 6. Auf Meinungen der Rechtslehrer, oder ältere Aussprüche der Richter, soll, bey künftigen Entscheidungen, keine Rücksicht genommen werden.
§. 22. Die Gesetze des Staats verbinden alle Mitglieder desselben, ohne Unterschied des Standes, Ranges und Geschlechts.
(Quelle: Allgemeines Landrecht für die Preußischen Staaten von 1794, 51)

Allgemeines Bürgerliches Gesetzbuch (ABGB), 1811
In Österreich sanktionierte Kaiser Franz I. am 1. Juni 1811 das Allgemeine Bürgerliche Gesetzbuch, das mit 1. Januar 1812 in Kraft gesetzt wurde. Dieser österreichischen Naturrechtskodifikation gingen mehrere Entwürfe voraus, die bereits unter Maria Theresia verfasst wurden. Das ABGB, ursprünglich 1502 Paragrafen umfassend, wurde wegen seiner einfachen, generalisierend kurzen und deutlichen, juristisch präzisen Formulierungen zum Vorbild etwa für Sachsen, Moldau, Montenegro und Liechtenstein. Es folgt dem damals modernen Institutionensystem und steht noch heute (zu mehr als einem Drittel mehrfach modifiziert) in Kraft.

I. Was versteht man unter „Verfassung"?

> § 16 ABGB
> Angeborne Rechte.
> Jeder Mensch hat angeborne, schon durch die Vernunft einleuchtende Rechte, und ist daher als eine Person zu betrachten. Sclaverei oder Leibeigenschaft, und die Ausübung einer darauf sich beziehenden Macht wird in diesen Ländern nicht gestattet.

Vom deskriptiven zum präskriptiven Charakter der Verfassung

Der Charakter einer Verfassung wandelte sich vom rein deskriptiven zum präskriptiven: In ihr war schriftlich und normativ festgelegt, unter welchen Bedingungen Herrschaft legitimiert wird. Unmittelbar damit verbunden war der Anspruch, Herrschaftsgewalt umfassend zu regeln. Mit der Verfassung erfolgte die Transformation vom (liberalen) Rechtsbewahrerstaat hin zum Rechtssetzungsstaat: Recht wurde politisch gesetzt – Recht war das, was die Mehrheit für Recht erklärte und als Recht wollte. Eine Verfassung im modernen Sinn wird schriftlich niedergelegt und feierlich proklamiert, um so für Transparenz und Nachvollziehbarkeit zu sorgen.

Bis auf wenige Ausnahmen, wie etwa die Schweiz, die Niederlande oder die Stadtrepubliken Venedig und Genua, verfügten fast alle Staaten in Europa vor dem Anbruch des Zeitalters der Revolutionen in den 1770er Jahren über eine monarchische Struktur. Monarchien, die nachfolgend eine Verfassung erhielten, gestalteten konstitutionelle Strukturen. Frühkonstitutionelle Verfassungen waren zunächst in erster Linie einseitig dahingehend ausgerichtet, die Staatsgewalt, also die Herrschaftsgewalt des Monarchen zu begrenzen. Speziell Grundrechte sollten die monarchische Exekutive beschränken. Leitideen der Grundrechte waren und sind die Gleichheit aller vor dem Gesetz, die Unverletzlichkeit und Freiheit der Person und des Eigentums und die Freiheit des Geistes im Besonderen, Zurückdrängung und/ oder Aufhebung der ständischen Ordnung, Freiheit der Meinung in Wort, Schrift und Druck, Pressefreiheit, Glaubens- und Gewissensfreiheit, Freiheit von Wissenschaft und Lehre, Unverletzlichkeit des Eigentums inklusive Schutz des geistigen Eigentums, Aufhebung der Untertänigkeit. Grundrechte ersetzten die gottgewollte Ordnung. Die Volksvertretung sollte nunmehr jenes Organ sein, das die Freiheitsrechte wahrte. Allerdings sah die Verfassungswirklichkeit anders aus.

Die Wurzeln des modernen Verfassungsstaates im England des 17. Jahrhunderts

Wenngleich man dazu neigt, die USA und Frankreich als Vorbilder für den europäischen modernen Verfassungsstaat zu benennen, so liegen dessen Wurzeln im England des 17. Jahrhunderts. Die politische Entwicklung der Insel unterschied sich wesentlich von der auf dem Kontinent – die Machtbestrebungen der Stuartkönige scheiterten an den Ständen, die ihre Freiheitsrechte durchsetzen konnten: Die *Petition of Rights* (1628), die *Habeas Corpus Akte* (1679) sowie die *Bill of Rights* (1689) dokumentieren diese Auseinandersetzung. Sie stellen bahnbrechende Gesetze dar, die den Schutz des Individuums vor monarchischer Willkür beinhalten. Die Glorious Revolution von 1688 brachte *de iure* den Sieg über den Absolutismus zugunsten einer konstitutionellen Monarchie: Ober- und Unterhaus wurden nunmehr dem König im Wesentlichen gleichgestellt, die „königlichen Prärogativen" stark eingeschränkt. Bereits Ende des 17. Jahrhunderts verfügte England über ein parlamentarisches Regierungssystem, von dem Kontinentaleuropa weit entfernt war. Es fand zuerst Nachahmung in Nordamerika, und der Parla-

2. Die Entstehung des Verfassungsstaates

mentarismus entwickelte sich alsbald zum Vorbild für den bevorstehenden weltweiten Konstitutionalisierungsprozess. Großbritannien galt um 1700 als das fortschrittlichste Land, wo das Licht der Aufklärung entzündet wurde, während des 18. Jahrhunderts pries man die britische Regierungsform als die vollkommenste unter allen europäischen. Dies wohl auch deshalb, weil sie das herausragendste und unverzichtbarste Merkmal des abendländischen Konstitutionalismus aufwies: den Schutz des Individuums vor der Staatsgewalt! Wesentliche Gesetze regeln dieses Prinzip:

Petition of Rights, 1628
Aus: Brand/Hattenhauer, Rechtsstaat, 45

(…) dass kein freier Mann verhaftet, eingesperrt oder seiner persönlichen Freiheit, seiner Rechte oder seiner freien Bewegung beraubt werden oder geächtet oder verbannt oder in irgendeiner Weise geschädigt werden dürfe, außer nach gesetzlichem Urteil von seinesgleichen oder nach dem Landesgesetz (…), dass niemand, wes Standes oder Ranges er auch sei, aus seinem Eigentum oder aus seiner Pachtung vertrieben oder verhaftet oder enterbt oder hingerichtet werden dürfe, ohne die Gelegenheit erhalten zu haben, sich in einem gesetzlichen Verfahren zu verantworten.

Habeas Corpus Akte, 1679
Aus: Brand/Hattenhauer, Rechtsstaat, 55–56

Wann immer eine Person einen Habeas-corpus-Befehl bringt, welcher an einen Sheriff, Kerkermeister oder Beamten oder an irgendeine andere Person gerichtet ist, zugunsten irgendeiner Person in seinem oder ihrem Gewahrsam, soll das erwähnte Schreiben dem vorgenannten Beamten übergeben oder in dem Kerker oder Gefängnis bei einem der Unterbeamten, Unterwachtmeister oder Beauftragten der genannten Beamten oder des Gefängnisaufsehers hinterlegt werden. Die Gefangenen sollen innerhalb von drei Tagen nach Überbringung des Schriftstücks […] zur Untersuchung durch den Richter oder den Gerichtshof, welcher den Befehl ausgestellt und seine Zustimmung zu dem oben erwähnten Schreiben erteilt hat, herbeigeschafft werden. […] Die so in Zwangshaft gehaltene Person soll man vor den Lordkanzler oder vorläufig vor den Lordsiegelbewahrer bringen oder vor die Richter und Barone des Gerichtshofs, von dem dieses Schreiben ausgehen wird, oder vor andere Personen, die nach ihrer Amtsgewalt das genannte Schreiben beantworten können. Diese sollen dann die wahren Gründe seiner Inhaftierung ermitteln (…)

Bill of Rights, 1689
Aus: Brand/Hattenhauer, Rechtsstaat, 56–57

Die angemaßte Befugnis, Gesetze oder die Ausführung von Gesetzen durch königliche Autorität ohne Zustimmung des Parlaments aufzuheben, ist rechtswidrig. Die angemaßte Befugnis, von Gesetzen oder der Ausführung von Gesetzen durch königliche Autorität zu dispensieren, wie sie kürzlich beansprucht und ausgeübt wurde, ist rechtswidrig. Die Errichtung des früheren außerordentlichen Gerichtshofes für kirchliche Rechtsfälle sowie alle anderen Kommissionen und Gerichtshö-

I. Was versteht man unter „Verfassung"?

fe ähnlicher Natur sind rechtswidrig und gefährlich. Steuern für die Krone oder zum Nutzen der Krone unter dem Vorwand einer Prärogative ohne Erlaubnis des Parlaments für längere Zeit oder in anderer Weise, als erlaubt und bewilligt wurde, zu erheben, ist rechtswidrig. Es ist das Recht der Untertanen, dem König Bittschriften einzureichen, und jede Inhaftierung oder Verfolgung wegen solcher Petition ist rechtswidrig. Es ist gegen das Gesetz, es sei denn mit Zustimmung des Parlaments, eine stehende Armee im Königreich in Friedenszeiten aufzustellen oder zu halten. (…) Die Wahl der Parlamentsmitglieder soll frei sein. Die Freiheit der Rede und der Debatten und Verhandlungen im Parlament darf von keinem Gerichtshof oder sonst außerhalb des Parlaments bestritten oder in Frage gestellt werden.

Die Französische Revolution veränderte die politische Wirklichkeit Europas

Die Französische Revolution (1789) veränderte die politische Wirklichkeit Europas. Sie war – im Gegensatz zu den Reformationen des Mittelalters und der Neuzeit – nicht darauf fokussiert, eine (an- oder vorgeblich) alte Ordnung wiederherzustellen, sondern sagte den Missständen der Zeit den Kampf an und wollte eine neue Ordnung schaffen. Die Französische Revolution wollte das besorgen, was man bisher von Gott erwartet hatte: (diesseitiges) Menschenglück (Hans Hattenhauer)! Daher lag es auf der Hand, zunächst Menschenrechte zu formulieren, und erst in einem weiteren Schritt eine Verfassung. „Menschenglück" und „Glückseligkeit" fand man bereits in der *Virginia Bill of Rights* (1776): „§ 1: Alle Menschen [dies galt allerdings nur für weiße Männer] sind von Natur frei und unabhängig und haben gewisse angeborene Rechte, deren sie, wenn sie in den gesellschaftlichen Zustand zusammentreten, durch keinen Vertrag ihre Nachkommen berauben oder verlustig erklären können; namentlich sind es die Rechte auf den Genuss des Lebens und der Freiheit, mit den Mitteln Eigentum zu erwerben und zu besitzen, und Glückseligkeit und Sicherheit zu verfolgen und zu erlangen."

Seit dem Zeitalter des Konstitutionalismus wurde eine Verfassung nur dann als vollständig erachtet, wenn diese über einen Grundrechtekatalog verfügte. Dies wird zu einem wesentlichen Merkmal von Verfassungen. Die Begriffe „Nation" und „Bürger" hatten bereits Locke, Montesquieu oder Rousseau theoretisch abgehandelt, jetzt galt es, diesen Begriffen politisches und rechtliches Leben einzuhauchen. Die Französische Revolution machte aus weißen Untertanen politische Bürger (allerdings noch keine Bürgerinnen), deren Rechte, als Bürgerrechte verankert, seitdem einen unverzichtbaren Teil der Verfassung darstellen.

Die Unabhängigkeitserklärung der nordamerikanischen Staaten aus dem Jahr 1776 und die Französische Revolution bildeten die wesentlichen Marksteine jenes Prozesses, der zum Durchbruch des Konzeptes der Verfassungsstaatlichkeit führte. Zu Recht gilt die noch heute gültige Verfassung der USA als Mutter aller geschriebenen Verfassungen. Sie stellt eine Kompilation aus englischem **common law** und aufklärerischem Gedankengut dar.

Common law
Common law bezeichnet den Rechtskreis des anglo-amerikanischen Raumes. In England wurde das römische Recht, das Klerikerjuristen neben dem kanonischen Recht lehrten, ab dem 13. Jahrhundert von weltlichen Juristen zurückgedrängt. Das common law ist ein Produkt der Gerichte und daher Fallrecht (case law). Die vom Parlament beschlossenen Gesetze (statutes) ergänzen das case law. Das

Case-law-System geht von einzelnen Fällen aus und wendet Vorentscheidungen (precedents) auf ähnlich gelagerte Fälle an. Den Gerichten kommt daher maßgebliche Bedeutung für die Rechtsentwicklung zu. Der Gedanke, Recht in eine förmliche Kodifikation zu gießen, blieb dem englischen Rechtsdenken fremd.

Zuerst in England, dann in den USA und schließlich durch die Französische Revolution bzw. durch die Rezeption dieser Verfassungsbestrebungen sollten sich moderne Verfassungsstaaten dauerhaft etablieren.

II. Die frühkonstitutionelle Phase – Von den ersten Verfassungen bis 1814

1754	Plan of Union
1756–1763	Siebenjähriger Krieg
1773	16. Dezember Boston Tea Party
1774	Erster Kontinentalkongress
1775	19. April Ausbruch des Amerikanischen Unabhängigkeitskrieges
	10. Mai Zweiter Kontinentalkongress
1776	12. Juni *Virginia Bill of Rights*
	4. Juli Unabhängigkeitserklärung
1781	1. März Inkrafttreten der *Articles of Confederation*
1783	Ende des Unabhängigkeitskrieges durch Unterzeichnung des Friedensvertrages von Paris
1787	Mai Einberufung eines Verfassungskonvents
	11. September Annahme der Verfassung durch die Konventsmitglieder
1788	Bundesverfassung der Vereinigten Staaten von Amerika tritt in Kraft
1789	5. Mai Zusammentreten der Generalstände in Paris
	17. Juni der Dritte Stand erklärt sich zur Nationalversammlung
	20. Juni Ballhausschwur
	9. Juli Beschluss der Nationalversammlung, nur dann auseinandergehen zu wollen, wenn sie eine Verfassung verabschiedet haben (Ballhausschwur)
	14. Juli Sturm auf die Bastille
	4./5. August Abschaffung der Privilegien und eines Teiles der Feudalrechte
	26. August Erklärung der Menschen- und Bürgerrechte
1791	3. Mai Verkündigung der polnischen Verfassung
	3. September Verkündigung der französischen Verfassung
1792	21. September Abschaffung der Monarchie durch den Nationalkonvent
	22. September Proklamation des Beginns des Jahres I der Republik
1793–1794	*Terreur* in Frankreich
1793	21. Januar Hinrichtung von Ludwig XVI.
	24. Juni Erste republikanische Verfassung, nie in Kraft getreten
1795	16. Mai Verfassung der Batavischen Republik
	22. August Verkündigung der Direktorialverfassung
1798	12. April Verfassung für die Helvetische Republik
1799	9./10. November Staatsstreich durch Napoleon Bonaparte (18. Brumaire)
	13. Dezember Verkündigung der Konsulatsverfassung
1802	4. August Napoleon Bonaparte wird durch Senatsbeschluss Konsul auf Lebenszeit

Die frühkonstitutionelle Phase – Von den ersten Verfassungen bis 1814 II.

1803	Marybury vs. Madison; Supreme Court wird als Verfassungsgerichtshof bestätigt
	19. Februar Mediationsverfassung für die Schweiz
	25. Februar Reichsdeputationshauptschluss
1804	18. Mai Napoleon Bonaparte errichtet per Senatsbeschluss das Erste Kaiserreich
	11. August Erhebung Österreichs zum Kaiserreich
	2. Dezember Krönung von Napoleon Bonaparte zum Kaiser der Franzosen
1806	12. Juli Bildung des Rheinbundes
	6. August Ende des Heiligen Römischen Reiches deutscher Nation
1807	22. Juli Verfassung für das Großherzogtum Warschau bis 13. Mai 1813
	15. November Verfassung des Königreiches Westphalen
1808	1. Mai Verfassung des Königreiches Bayern
	6. Juli Verfassung von Bayonne (Spanien)
1809	Verfassung des Königreiches Sachsen-Weimar
	6. Juni Verfassung „Regierungsform" für Schweden
1812	19. März Verfassung von Cádiz (Spanien)

Die Realisierung des modernen Verfassungsstaates nahm nicht in Europa, sondern in den 13 britischen Kolonien in Amerika ihren Ausgang. Bereits seit dem Ende des 17. Jahrhunderts verfolgte man in der englischen Regierung den Plan, mehrere nordamerikanische Kolonien zu vereinen, um dergestalt den Grenzstreitigkeiten mit den französischen Kolonisten Einhalt gebieten zu können. In diesem Sinne präsentierte der Delegierte aus Pennsylvania, Benjamin Franklin (1706–1790), zu Beginn des britisch-französischen Kolonialkrieges im Jahr 1754 den Delegierten New Yorks und Marylands auf der Konferenz von Albany einen *Plan of Union*. Darin war die Bildung einer Union aller englischen Festlandkolonien außer Nova Scotia und Georgia vorgesehen. Die britische Krone verwarf den Plan, weil darin dem Parlament zu viele Kompetenzen eingeräumt wurden; das Kolonialparlament hingegen, weil er den Prärogativen des britischen Königs zu viel Gewicht zukommen ließ. Dennoch stellte dieser Plan den ersten Schritt in Richtung Schaffung eines amerikanischen Bundesstaates dar.

Der Ausbruch und der weitere Verlauf des Siebenjährigen Krieges (1756–1763) in Europa erbrachte für das englische Mutterland die Anhäufung eines enormen Schuldenberges, weshalb man letzten Endes in der zusätzlichen Besteuerung der amerikanischen Kolonien den einzigen Ausweg sah. So erließ man neue Steuern, etwa durch den *Sugar Act* (1764), *Stamp Act* (1765) und durch neue Einfuhrzollgesetze (*Townshend Act*, 1767–1770). Das Fass zum Überlaufen brachte allerdings 1773 der *Tea Act* (Teegesetz): Um den drohenden Konkurs der East India Trading Company abzuwehren, gestattete ihr das britische Parlament, den Tee in den nordamerikanischen Kolonien billiger zu verkaufen. Dies bedeutete jedoch für die amerikanischen Teehändler, auf Dauer nicht mehr konkurrenzfähig zu sein. Daraufhin erreichte der Widerstand in der *Boston Tea Party* am 16. Dezember 1773 und in weiteren Aktionen Anfang 1774 seinen Höhepunkt. Die Ko-

Ursachen und Ausbruch des US-amerikanischen Unabhängigkeitskrieges

II. Die frühkonstitutionelle Phase – Von den ersten Verfassungen bis 1814

lonisten brachten ihre Beschwerden vor und banden sie an das Junktim, nur dann Steuerleistungen erbringen zu wollen, wenn sie im englischen Parlament politische Mitsprache erhielten: *No taxation without representation* lautete die Parole.

Im September 1774 trat der Erste Kontinentalkongress in Philadelphia zusammen, der den Boykott englischer Waren beschloss. Dass es sich dabei um einen folgenreichen Akt handeln werde, war dem späteren zweiten Präsidenten der USA, John Adams (1735–1826), bewusst, denn er notierte bereits am 20. Juli 1774 in sein Tagebuch: „Eine neue und großartige Szene erwartet mich – ein Kongress. Es wird eine Versammlung der klügsten und weisesten Männer dieses Kontinents sein, die im Grundsatz Amerikaner sind, d.h. die Besteuerung der Amerikaner durch das [britische] Parlament ablehnen."

Des Weiteren verfassten die Kongressteilnehmer eine Petition an die britische Krone, in der die Anerkennung der Kolonialparlamente als Gesetzgeber seitens der Krone gefordert wurde, bei gleichzeitiger Einräumung eines Vetorechtes für den König. Darüber hinaus appellierte man an den Monarchen, die Rechte der Kolonisten zu wahren. König Georg III. (1738–1820) ging darauf nicht ein, Vermittlungsausschüsse, wie auch ein Aufruf von Edmund Burke (1729–1797) im britischen Unterhaus, die Probleme nicht mit Waffengewalt lösen zu wollen, fruchteten nicht. Schließlich brach am 19. April 1775 der Amerikanische Unabhängigkeitskrieg aus. Infolgedessen wurde am 10. Mai 1775 ein Zweiter Kontinentalkongress nach Philadelphia einberufen. Dieser beschloss nach den ersten kriegerischen Zusammenstößen, weitere Truppen auszuheben und ernannte George Washington (1732–1799) zum Oberbefehlshaber der Kontinentalarmee. In jener Zeit gewann die amerikanische Unabhängigkeitsbewegung an Boden. So etwa gab John Adams für den Krieg die Parole aus: „Entweder wir halten zusammen oder hängen einzeln." Die Verbreitung des Pamphlets *Common sense* von Thomas Paine (1737–1809) während der Tagung des Zweiten Kontinentalkongresses eröffnete eine weitere Dimension des Unabhängigkeitskampfes: Das Erwachen eines amerikanischen Zusammengehörigkeitsgefühls, ja sogar Nationalgefühls! Paine rief zur republikanischen Staatsform auf und bezichtigte den *royal brute of London* – gemeint war König Georg III. – der Tyrannei. Aufgrund dieser Stimmungen erfolgte Mitte März 1776 der Durchbruch zur Unabhängigkeitserklärung im Kongress. Am 4. Juli 1776 verkündete Thomas Jefferson (1743–1826), der spätere 3. US-Präsident, diese „Erklärung durch die Repräsentanten der Vereinigten Staaten von Amerika im General-Congress versammelt".

Die britische Krone anerkannte allerdings erst 1782 im Präliminarfrieden von Versailles die Unabhängigkeit der 13 Kolonien. Basierend auf dem Zweiten Kontinentalkongress, der den einzelnen Kolonien nahelegte, Verfassungen zu erarbeiten, geschah dies zunächst in elf Kolonien im Zeitraum von 1776 bis 1780. New Hampshire war der erste Staat, der eine provisorische Verfassung erließ, nämlich im Januar 1776, gefolgt von South Carolina im März. Alle Einzelstaaten führten republikanische Verfassungen ein, was nicht nur auf das populäre Pamphlet von Paine, sondern auch auf den Mangel einer Alternative zurückzuführen war: Es fehlte ein Adel, die Monarchie war verpönt und die Volkssouveränität bildete die Basis des neuen Gemeinwesens.

Die erste Verfassung eines US-amerikanischen Bundesstaates erließ 1776 New Hampshire

Die frühkonstitutionelle Phase – Von den ersten Verfassungen bis 1814

Die einzelstaatlichen Verfassungen lehnten sich großteils an das Vorbild „englisches Parlament" an: Alle einzelstaatlichen Parlamente bestanden aus einem Senat und einem Abgeordnetenhaus. Gewählt wurde nach einem Zensuswahlrecht, das nur weißen, freien und besitzenden Männern zugestanden wurde. Neben dem Zweikammersystem beinhalteten die Einzelverfassungen das Prinzip der Gewaltenteilung und die Volkssouveränität (anstelle der Parlamentssouveränität). Gleichzeitig mit der Verabschiedung einer Verfassung erfolgte in sechs Staaten die Publikation eines Grundrechtekatalogs. Der berühmteste unter ihnen war jener des Bundesstaates Virginia vom 12. Juni 1776 (*Bill of Rights*) basierend auf einem Entwurf von George Mason (1725–1792).

Grundrechtekatalog von Virgina, Bill of Rights, 12. Juni 1776
Aus: Franz, Staatsverfassungen, 7

Eine Erklärung der Rechte, verkündet von den Vertretern der rechtschaffenen Bevölkerung von Virginia, die sich in vollzähliger und freier Versammlung zusammengefunden haben, welche Rechte für sie und ihre Nachkommenschaft als Grundlage und Rechtsquelle ihrer Regierung Geltung besitzen.
Art. 1. Alle Menschen sind von Natur gleichermaßen frei und unabhängig und besitzen gewisse angeborene Rechte, deren sie ihre Nachkommenschaft bei der Begründung einer politischen Gemeinschaft durch keinerlei Abmachungen berauben oder zwingen lassen können, sich ihrer zu begeben; nämlich das Recht auf Leben und Freiheit und dazu die Möglichkeit, Eigentum zu erwerben und zu behalten und Glück und Sicherheit zu erstreben und zu erlangen.
Art. 2. Alle Macht ruht im Volke und leitet sich daher von ihm ab.
Art. 3. Die Regierung ist eingesetzt oder soll eingesetzt werden um des gemeinsamen Wohles, Schutzes und der Sicherheit des Volkes, der Nation oder des Gemeinwesens willen; von all den verschiedenen Regierungen und Regierungsformen ist diejenige die beste, die ein Höchstmaß an Glück und Sicherheit zu bieten vermag und die, die am wirksamsten gegen die Gefahr des Machtmißbrauchs gesichert ist; und wenn irgendeine Regierung sich als dieser Aufgabe nicht gewachsen erweist oder ihr zuwiderhandelt, so soll die Mehrheit der Gemeinschaft ein unleugbares, unveräußerliches und unverletzliches Recht haben, sie zu reformieren, umzugestalten oder zu beseitigen, so wie es für das allgemeine Wohl für am zweckmäßigsten erachtet wird.

Auf Basis des englischen Erbes verwirklichten die damaligen Einzelstaaten der späteren USA den modernen Verfassungsstaat und wurden somit zum Vorbild für die amerikanische Bundesverfassung und danach für die europäischen Verfassungen.

Da mittlerweile alle 13 Staaten davon überzeugt waren, einen politischen Verband gründen zu wollen, schlug der New Yorker Politiker Alexander Hamilton (1755/57–1804) vor, einen Verfassungskonvent einzuberufen. Es schien, als würden sich nun alle nordamerikanischen Staaten der Verfassungsfrage annehmen: Artikel in Tageszeitungen, Flugschriften, Plakate und diverse Debatten in Versammlungen dokumentierten das entstandene nordamerikanische National- und Wir-Gefühl. Dieser *common sense* überhöhte die Schaffung einer Verfassung und wurde quasi in ein rechtliches Konstrukt gegossen. „Verfassung" stand somit nicht nur für eine normative Grundordnung eines Staates, sondern bildete als höchste Norm eine Klammer für das

Einberufung des Verfassungskonvents

II. Die frühkonstitutionelle Phase – Von den ersten Verfassungen bis 1814

Verkündigung der ersten provisorischen Verfassung, der Articles of Confederation 1781

Die Verfassung der Vereinigten Staaten von Amerika

„amerikanische", das nationale Bewusstsein. Dieses Phänomen kann im Zuge des Konstitutionalisierungsprozesses vielfach beobachtet werden, etwa später für Frankreich genauso wie für Italien.

Am 1. September 1779 trat ein eigener Konvent zusammen, der sich ausschließlich mit der Verfassungsfrage beschäftigen sollte und dementsprechende Entwürfe diskutierte. Nach langen und zähen Verhandlungen konnte schließlich im Jahr der letzten größeren Kämpfe (1781) die erste provisorische Verfassung der Vereinigten Staaten von Amerika, die *Articles of Confederation,* verabschiedet werden. Die 13 Staaten schlossen sich zu den *United States of America* zusammen, unter Beibehaltung der einzelnen nationalen Souveränitäten; die USA war zunächst als Staatenbund verfasst. Langwierige Verhandlungen verzögerten ein rasches Inkrafttreten der Konföderationsartikel, dies erfolgte erst am 1. März 1781.

Relativ bald erkannte man die Schwächen dieses Verfassungsprovisoriums, vor allem in wirtschaftlichen Belangen. Daher forderten, allen voran Alexander Hamilton und James Madison (1751–1836), eine Reform der Konföderationsartikel. Man berief im Mai 1787 einen Verfassungskonvent nach Philadelphia ein, an dem Rhode Island nicht teilnahm. Dieser Verfassungskonvent orientierte sich bei der Ausarbeitung der Verfassung wiederum an britischen Verfassungsprinzipien, wie etwa demokratisch legitimierte Justiz, Parlament mit Zweikammersystem und im Bereich der Grundrechte an persönlicher Freiheit, Meinungsäußerungsfreiheit, Eigentumsgarantie etc. Diese Prinzipien verband man mit dem Gedankengut von Montesquieu, Rousseau und Paine. Daraus entstand schließlich die Unionsverfassung, die von elf Staaten am 17. September 1787 angenommen wurde; Rhode Island und New York lehnten den Entwurf vorerst ab. Da die Zustimmung spezieller Ratifizierungsversammlungen von neun Staaten genügte und New Hampshire als neunter Staat am 21. Juni 1788 die Verfassung ratifizierte, konnte diese ab 1789 durch die Berufung der ersten Regierung (4. März) Wirksamkeit entfalten. New York und Rhode Island ratifizierten diese Verfassung nachfolgend 1790, als ihnen unmittelbar nach dem Inkrafttreten der Verfassung der Grundrechtekatalog (Zusatzartikel 1–9, 1791) und das Grundrecht des Schutzes der Einzelstaatenkompetenzen (Zusatzartikel 10, 1791) zugesichert wurden.

Die Verfassung der USA mit den ersten 10 Amendments 1791
Art. 1 Gesetzgebende Gewalt
Art. 2 Ausführende Gewalt
Art. 3 Rechtsprechende Gewalt
Art. 4 Föderales System
Art. 5 Verfassungsänderung
Art. 6 Rechtsstruktur
Art. 7 Ratifikation

Die Grundrechte umfassen:
1. Verbot der Einrichtung einer Staatsreligion, Religionsfreiheit, Rede-, Presse- und Versammlungsfreiheit, Petitionsrecht
2. Recht auf Waffenbesitz
3. Beschränkung der Einquartierung
4. Schutz vor willkürlicher Verhaftung
5. Prinzip des *„ne bis in idem"*; Schutz vor Zwang zur Selbstbezichtigung

Die frühkonstitutionelle Phase – Von den ersten Verfassungen bis 1814

6. Recht auf ein ordentliches Gerichtsverfahren
7. Recht auf Verhandlung vor einem Geschworenengericht
8. Schutz vor grausamen und ungewöhnlichen Strafen
9. Grundrechtskatalog der Bill of Rights ist nicht abschließend
10. Bundesstaatsprinzip

Die bis heute gültige Konstitution der Vereinigten Staaten beginnt mit einer kurzen Präambel, in welcher der Sinn der Verfassung beschrieben wird:

Präambel der Verfassung der Vereinigten Staaten von Amerika
Aus: Günther Franz, Staatsverfassungen, 11

Wir, das Volk der Vereinigten Staaten, von der Absicht geleitet, unseren Bund zu vervollkommnen, Gerechtigkeit zu verwirklichen, die Ruhe im Innern zu sichern, für die Landesverteidigung zu sorgen, die allgemeine Wohlfahrt zu fördern und das Glück der Freiheit uns selbst und unseren Nachkommen zu bewahren, setzen diese Verfassung für die Vereinigten Staaten von Amerika in Geltung.

Das Volk ist der Souverän, es setzt nun durch die Volksvertretungen die Kompetenzen des amerikanischen Bundesstaates fest: Entscheidungen über Krieg und Frieden, Außen- und Außenhandelspolitik, Währungswesen, Armee, Flotte, Bundesgericht, Zölle, Steuern, Aufnahme von Krediten, Errichtung von Postanstalten, Vereinheitlichung des Einbürgerungs-, Urheber- und Konkursrechts, Gesetzgebung. Das Prinzip der Montesquieu'schen Gewaltenteilung verwirklichend, erscheinen die drei Gewalten dahingehend voneinander getrennt und unabhängig, dass ihnen durch die Verfassung Kompetenzen und Aufgaben zugewiesen werden, die einander unübertragbar sind.

Der erste Artikel mit 10 Paragrafen enthält Bestimmungen der Legislative: Der Kongress besteht aus Senat und Repräsentantenhaus, beide Häuser können nicht aufgelöst werden. Damit die kleinen Staaten gleich vertreten sind wie die großen, einigte man sich hinsichtlich der Aufteilung der Mandate auf folgenden Kompromiss: Das Repräsentantenhaus wird proportional zur Einwohnerzahl beschickt (je 30.000 Einwohner ein Abgeordneter), der Senat besteht aus je zwei Vertretern jedes Einzelstaates, die seit 1913 direkt (ursprünglich nach Zensuswahlrecht) vom Volk auf sechs Jahre gewählt werden – alle zwei Jahre wird ein Drittel des Senats neu gewählt. Die Mitglieder des Repräsentantenhauses werden dagegen alle zwei Jahre in unmittelbarer Wahl nach relativem Mehrheitssystem bestellt. Das Wahlalter lag bei 25 Jahren, man musste mindestens seit sieben Jahren amerikanischer Staatsbürger sein und seinen Aufenthalt im betreffenden Staat nachweisen. Beiden Häusern steht u.a. die dem englischen Recht entnommene *power to impeach* (Amtsenthebungsverfahren alle Amtsträger Art II, § 4) zu. Der Kongress ist befugt, völkerrechtliche Verträge abzuschließen, er kann das Veto des Präsidenten mit Zweidrittelmehrheit aufheben. Dem Kongress steht auch das Recht gem. Abschnitt 8. (1) zu, „Steuern, Zölle, Abgaben und Akzisen aufzuerlegen und einzuziehen, um die Schulden der Vereinigten Staaten zu bezahlen und für die Landesverteidigung und allgemeine Wohlfahrt zu sorgen, alle Zölle, Abgaben und Akzisen sollen aber im gesamten Bereich der Vereinigten Staaten gleichförmig sein".

Die Legislative

II. Die frühkonstitutionelle Phase – Von den ersten Verfassungen bis 1814

Die Exekutive

Der Präsident ist Staatsoberhaupt und Regierungschef in einer Person und dementsprechend für die Außenpolitik zuständig. In außerordentlichen Fällen kann er beide Häuser oder eines einberufen, darüber hinaus besitzt er das suspensive Veto bei Beschwerden gegen Beschlüsse des Kongresses. Im Sinne der Gewaltenteilung kann der Präsident keine legislativen Tätigkeiten übernehmen, seine Rechte werden im zweiten Artikel beschrieben. Er wird auf vier Jahre in einer indirekten Wahl (durch Wahlmänner aus den Einzelstaaten) gewählt, wählbar in dieses Amt ist nur ein mindestens 35 Jahre alter, in den Staaten geborener Mann. Mit dem 22. Verfassungszusatz (Amendment) aus dem Jahr 1951 wurde die Amtsperiode auf maximal zwei Amtsperioden reduziert. Die Exekutive befindet sich allein in den Händen des Präsidenten. Seine dominante Position geht auf einen Kompromiss zwischen den (im heutigen Sinne eher zentralistischen) *Federalists* und den *(Democratic) Republicans* zurück.

Der Präsident hat den Oberbefehl über Armee und Flotte der Vereinigten Staaten und über die Milizen der Einzelstaaten. Weiters steht ihm das Begnadigungsrecht zu, und er kann mit Zweidrittelmehrheit des Senats Bündnisse schließen. Er ernennt die Minister, die Richter und alle anderen Beamten, allerdings unter Beratung des Senats (Art. 2). Die Staatssekretäre (Minister) fungieren als persönliche Organe des Präsidenten, sind nicht dem Kongress unterstellt. Nur durch eine Staatsanklage wegen Amtsvergehen (impeachment) kann der US-Präsident – und andere Staatsorgane (z. B. Richter des Supreme Courts) – abgesetzt werden.

Impeachment
Aus: Gosewinkel/Masing, Verfassungen in Europa, 151

Das Amtsenthebungsverfahren, impeachment, ist in der Verfassung im zweiten Artikel, § 4 geregelt: Der Präsident, der Vicepräsident und alle Civil-Beamte der vereinigten Staaten sollen auf Anklage und Ueberführung der Verrätherei, Bestechung, oder anderer großer Verbrechen, ihres Amtes entsetzt werden.

Der Präsident unterliegt der Kontrolle durch den Kongress und dem Obersten Bundesgericht. Seine starke Exekutivposition führte im Weiteren zur Ausbildung einer präsidentiellen Regierung.

Judikative

Der dritte Artikel der Verfassung enthält in drei Paragrafen Bestimmungen über die Judikative: Die richterliche Gewalt hat für einheitliche Rechtsprechung und Beachtung der konstitutionellen Grenzen in der Union Sorge zu tragen. Im Zuge seiner Rechtsprechung erhielt der Supreme Court die Kompetenz des *judicial review*, also den Status eines Verfassungsgerichtshofes. Der Supreme Court kann also über Handlungen der Exekutive und Legislative entscheiden. Das Oberste Bundesgericht besteht aus neun unabhängigen Richtern, die vom Präsidenten mit Zustimmung des Senats auf Lebenszeit ernannt werden. Das Prinzip der *checks and balances* wird einerseits durch die Kontrolle des Obersten Gerichtshofes verwirklicht, andererseits durch den Präsidenten mittels aufschiebenden Vetorechts im Gesetzgebungsverfahren.

Das Verfassungsrevisionsverfahren

Ein Verfassungsrevisionsverfahren ist äußerst kompliziert, es bedarf einer Zweidrittelmehrheit in beiden Kammern sowie gesonderter Zustimmung

Die frühkonstitutionelle Phase – Von den ersten Verfassungen bis 1814

von mindestens 38 Bundesstaaten, wobei der Grundtext nicht geändert werden darf. Daher erfolgt eine Revision durch Zusatzartikel (*amendments*). Der Verfassung von 1787 wurden bis dato 27 Amendments hinzugefügt, wobei Zusatzartikel 1 bis 10 die Grundrechte bilden.

Die Positivierung der Herrschaftsstruktur auf der Grundlage einer Verfassung ist unlöslich mit der Emanzipation des einzelnen Subjekts verbunden. Dies erklärt wohl, warum man zunächst sowohl in Amerika wie etwa auch in Frankreich den Weg zur Verfassung über die Verkündigung eines Menschenrechtskataloges beschritt. Die Bürger wurden nun zu Garanten der ersehnten Freiheiten und des Glücks, sie erhielten Rechte, aber auch Pflichten.

Menschenrechtskatalog

Die Verfassung formte die USA zu einem demokratischen Bundesstaat, basierend auf einem Kompromiss zwischen föderalistischem und zentralistischem Prinzip. Durch sie wurde die USA die erste Republik im modernen Sinne.

Noch bevor in Frankreich die Revolution ausbrach, fanden erstmals US-Kongress- und Präsidentschaftswahlen (1788/89) statt: George Washington, der erste Präsident (1789–1797), als *pater patriae* verehrt, verstand sich als Politiker im Dienste des Volkes und nicht so sehr von Parteien abhängig. Doch schon zu seiner Regierungszeit bildeten sich die Föderalisten und Republikaner als zwei ideologisch konträre Parteien. Die Föderalisten aus den Neu-England-Staaten vertraten eine sozial konservative, zugleich wirtschaftlich liberale Meinung, während die Republikaner aus dem Süden eher egalitär-agrarische Vorstellungen hatten. Die Föderalisten galten als strikte Befürworter der Verfassung, die Republikaner als deren Gegner.

Verfassungswirklichkeit und Politik

Dieses Zweiparteiensystem erlangte insofern integrierende und konsolidierende Bedeutung, als dadurch die hemmende Wirkung der Gewaltentrennung abgeschwächt wurde, und man setzte sich aufgrund der beiden Parteien auch auf regionaler Ebene mit der Bundespolitik auseinander. Allerdings wirkte sich die Französische Revolution auf die beiden Parteien erheblich aus, denn sie führte nach Andreas Kley zu einer ideologisierenden Polarisierung.

Im Jahr 1791 traten die Verfassungszusätze, die *Bill of Rights*, von 1789/90 in Kraft, und 1800 wurde die Stadt Washington D.C. Bundeshauptstadt. Die wirtschaftliche Prosperität der USA bewirkte einen Expansionsdrang, so etwa erwarb man von Frankreich 1803 den Bundesstaat Louisiana, was eine beträchtliche territoriale Erweiterung bedeutete. Dies schürte die bestehenden Spannungen mit Großbritannien, dem der Kongress 1811 den Krieg erklärte. Im Zuge der militärischen Auseinandersetzungen gelangte die britische Flotte bis nach Washington, wo der Präsidentenpalast teilweise durch Feuer zerstört wurde und später unter neuem Außenanstrich als „Weißes Haus" wiedererstand. Die ab 1815 vorerst erreichte innen- und außenpolitische Konsolidierung stoppte jedoch keineswegs die territoriale Expansion.

Zum politischen Alltag gehörten die Umsetzung des Prinzips der Volkssouveränität, des Föderalismus und der Grundrechte, die allerdings nur für weiße und freie Männer galten. Die Verfassung bot die Klammer einer amerikanischen Identität, dazu kamen weitere identitätsstiftende Symbole wie etwa die Nationalfahne (das Sternenbanner), die Nationalhymne, der Unabhängigkeitstag (4. Juli), der Geburtstag der Integrationspersönlichkeit George Washington (22. Februar 1732) und die Inauguration der Präsidenten.

II. Die frühkonstitutionelle Phase – Von den ersten Verfassungen bis 1814

Amtseinführung
Aus: Gosewinkel/Masing, Verfassungen in Europa, 151

Die Amtseinführung ist in der Verfassung im zweiten Artikel, § 1 festgelegt: (...) Ehe der Präsident sein Amt antritt, muss er folgenden Eid schwören oder bekräftigen: Ich schwöre (oder bekräftige) feierlich, daß ich das Amt des Präsidenten der vereinigten Staaten treu verwalten und die Constitution der vereinigten Staaten nach meinen Kräften aufrecht erhalten, beschützen und vertheidigen will.

Ursachen und Ausbruch der Französischen Revolution

Frankreich ging aus dem britisch-französischen Kolonialkrieg (1754/55–1763), der zeitgleich zum europäischen „Siebenjährigen Krieg" tobte, als Verlierer hervor, es hatte fast alle Kolonien in Amerika verloren. Die neue politische Situation in den USA verstärkte die Kritik am Ancien Régime, was bald zur innenpolitischen Explosion mit weltweiter Reichweite führen sollte. Goethes Ausspruch „Amerika, du hast es besser" sollte erst einige Jahrzehnte später auch für Europa Gültigkeit bekommen. Zunächst aber erfolgte unter dem Eindruck der Ereignisse der Import amerikanischen Verfassungsdenkens nach Europa. Dies kann anhand der Person von Marie-Joseph du Motier, Marquis de La Fayette (1757–1834) veranschaulicht werden: Als (ehemals französischer) Offizier nahm er am amerikanischen Unabhängigkeitskrieg teil, war später in Frankreich u. a. Deputierter des Zweiten Standes der Generalstände und bei der Abfassung der Menschenrechte mitverantwortlich. In Frankreich waren sich die Aufklärer schon lange darüber einig, dass eine Staatsordnung, die gerecht und gut sei, Neuerung und Veränderung bringen müsse. Aufgrund des nordamerikanischen Vorbilds und der eigenen Finanzkrise brachen in Frankreich die lang schwelenden schwerwiegenden Konflikte um eine Steuerreform offen zutage. Der Aufforderung, die Generalstände (*états généraux*) einzuberufen, leistete Ludwig XVI. (1754–1793) Folge und berief sie am 5. Mai 1789 ein. Dieser Akt leitete das Ende des Absolutismus in Frankreich ein.

Der Abbé de Sieyès: Was ist der Dritte Stand?

Der Widerstand gegen das vorherrschende System erreichte durch die im Januar 1789 formulierte Schrift des Abbé Emmanuel Joseph Sieyès (1748–1836) über den Dritten Stand einen Höhepunkt:

Flugschrift des Abbé Emmanuel Joseph Sieyès
Aus: Schulze/Paul, Europäische Geschichte, 528–531

Der Plan dieser Schrift ist ganz einfach. Wir haben uns drei Fragen vorzulegen.
1. Was ist der dritte Stand? Alles.
2. Was ist er bis jetzt in der politischen Ordnung gewesen? Nichts.
3. Was verlangt er? Etwas zu sein.
Man wird sehen, ob die Antworten richtig sind. (...)
Was ist eine Nation? Eine Körperschaft von Gesellschaftern, die unter einem gemeinschaftlichen Gesetz leben und durch dieselbe gesetzgebende Versammlung repräsentiert werden usw.
Ist es nicht nur zu gewiss, dass der adlige Stand Vorrechte und Befreiungen genießt, die er sogar sein Recht zu nennen wagt und die von den Rechten der großen Körperschaft der Bürger gesondert sind? Dadurch stellt er sich außerhalb der gemeinschaftlichen Ordnung und des gemeinschaftlichen Gesetzes. Also schon seine bürgerlichen Rechte machen aus ihm ein eigenes Volk in der großen Nation. Das ist wahrhaftig imperium in imperio.

Die frühkonstitutionelle Phase – Von den ersten Verfassungen bis 1814

II.

Was seine politischen Rechte betrifft, so übt er sie gleichfalls abgesondert aus. Er hat seine eigenen Repräsentanten, die in keiner Weise mit der Vollmacht der Bevölkerung betraut sind. Die Körperschaft seiner Abgeordneten hält ihre Sitzungen abgesondert; und sollte sie sich einmal in demselben Saal mit den Abgeordneten der einfachen Bürger versammeln, dann wäre ebenso gewiss seine Vertretung dem Wesen nach von ihnen geschieden und getrennt; sie ist der Nation fremd, zum einen durch ihr Prinzip, da ja ihr Auftrag nicht vom Volk ausgeht; und zum anderen durch ihr Ziel, das ja darin besteht, nicht das Gemeininteresse, sondern das Eigeninteresse zu verteidigen.
Der dritte Stand umfasst also alles, was zur Nation gehört; und alles, was nicht der dritte Stand ist, kann sich nicht als Bestandteil der Nation ansehen. Was also ist der dritte Stand? ALLES.

Sieyès erklärte den Dritten Stand für identisch mit der Nation – er allein sollte mit der Ausarbeitung einer Verfassung betraut werden.
Als die Generalstände zusammentraten, konnte in der Frage des Abstimmungsmodus nach „Ständen" bzw. „Köpfen" – letzteren favorisierte der Dritte Stand (*tiers état*) – keine Einigkeit erzielt werden. Daraufhin erklärte sich der Dritte Stand zur Generalversammlung (*Assemblée générale*) und schließlich erfolgte am 17. Juni 1789 der erste revolutionäre Akt: Der um einige Geistliche und Adelige erweiterte Dritte Stand erklärte sich zur Nationalversammlung (*Assemblée nationale*) und zum alleinigen Vertreter des Willens der Nation. Diese bekundete mit dem Ballhausschwur, erst dann auseinandergehen zu wollen, wenn eine Verfassung verkündet sei. Am 6./9. Juli konstituierte sich die Nationalversammlung als verfassungsgebend: *Assemblée nationale constituante*. Aber erst nach dem Sturm auf die Bastille (14. Juli 1789) durch die Pariser Bevölkerung akzeptierte der König den Schwur. Bald danach riefen die Revolutionäre unter dem Eindruck landesweiter Unruhen die Annullierung der Feudalrechte und Privilegien aus. Noch vor dem Beginn der eigentlichen Verfassungsarbeiten publizierte die Nationalversammlung, analog zur Entwicklung in Amerika, am 26. August 1789 die Deklaration der Rechte der Menschen und Bürger, *Déclaration des droits de l'homme et du citoyen*, die natürlichen, unveräußerlichen und heiligen Menschenrechte. An der Menschenrechtserklärung hatten La Fayette, Charles-Maurice de Talleyrand (1754–1838), Jean-Joseph Mounier (1758–1806) und Sieyès bedeutenden Anteil:

Deklaration der Rechte der Menschen und Bürger, 1789
Aus: Gosewinkel/Masing, Verfassungen in Europa, 165

Art. 1: Die Menschen werden frei und gleich an Rechten geboren, und bleiben es. Die gesellschaftlichen Distinctionen können blos auf die gemeine Nützlichkeit gegründet seyn.
Art. 2: Der Endzweck aller politischen Gesellschaft ist die Erhaltung der natürlichen und unverjährbaren Menschenrechte. Diese Rechte sind die Freiheit, das Eigenthum, die Sicherheit, der Widerstand gegen Unterdrückung.

Im Gegensatz zum Ancien Régime rückte nun die Freiheit des Einzelnen in den Mittelpunkt. Das Prinzip der nationalen Souveränität übertrug man nicht wie seit Bodin dem Monarchen oder im Sinne von Rousseau dem Indi-

Q

Geburt der Volkssouveränität

33

II. Die frühkonstitutionelle Phase – Von den ersten Verfassungen bis 1814

viduum, das dann einen Gesellschaftsvertrag (*Contrat social*) mit dem Staat schließt, sondern der Nation: „Der Ursprung aller Souveränität befindet sich wesentlich in der Nation. Kein Körper, kein einzelner Bürger kann eine Gewalt ausüben, die nicht ausdrücklich davon ausgeht (Art. 3)."

Das Recht auf Eigentum wird als ein geheiligtes und unverletzliches Recht angesehen: „Da das Eigenthum ein geheiligtes und unverletzliches Recht ist; so kann Niemand dessen beraubt werden: es wäre denn, dass die öffentliche, gesetzmäßig bescheinigte, Noth es klar erforderte, und unter der Bedingung einer billigen und vorläufigen Schadloshaltung (Art. 17)."

Die Verfassung vom 3. September 1791

Darüber hinaus legte Art. 16 zwei wesentliche Merkmale weiterer Verfassungen zugrunde: Rechtsgarantie und Gewaltenteilung: „Eine jede Gesellschaft, worin die Garantie der Rechte nicht gesichert, noch die Trennung der Gewalten (*séparation des pouvoirs*) bestimmt ist, hat keine Constitution." Die in der Menschenrechtserklärung gewährleisteten Rechte und Freiheiten werden zum Maßstab für die weiteren Grundrechtserklärungen auf europäischem Boden. Erst nachdem sich die Lage in Frankreich einigermaßen stabilisiert hatte, legte die Konstituante am 3. September 1791 dem König eine Verfassung vor. Am 13. September 1791 akzeptierte er diese und am 14. September leistete er seinen Eid auf sie: „Der Nation und dem Gesetze treu zu seyn; alle ihm übertragene Macht zur Aufrechterhaltung der von der Nationalversammlung in den Jahren 1789, 1790 und 1791 decretirten Constitution anzuwenden, und die Gesetze in Ausübung bringen zu lassen (Art. 4)."

Abgesehen von dem der Verfassung vorangestellten Menschenrechtskatalog, war diese Verfassung umfangreicher als die amerikanische: Sie umfasste zusätzlich zu den 17 Artikeln der Menschenrechtserklärung sieben Titel und 206 Artikel. Dem ersten Titel ist eine Präambel vorangestellt:

Verfassung 1791
Aus: Gosewinkel/Masing, Verfassungen in Europa, 167

Da die Nationalversammlung die Constitution auf die Basis errichten will, die sie eben anerkannt und erklärt hat; so schafft sie unwiderruflich diejenigen Einrichtungen ab, welche die Freiheit und Gleichheit der Rechte verletzen würden.
Es gibt keinen Adel mehr, keine Pairschaften, keine erblichen Auszeichnungen und Unterscheidungen von Ständen, keine Lehnseinrichtungen, keine Patrimonialjustiz, keine anderen Rechte, Benennungen und Vorzüge, die davon herrühren; keine Ritterorden, Corporationen oder Decorationen, welche Adelsproben oder Geburtsunterschiede erfordern, keine Superiorität, als die der öffentlichen Beamten in der Ausübung ihrer Geschäfte.
Kein öffentliches Amt kann mehr gekauft oder geerbt werden.
Es gibt für keinen Theil der Nation, noch für irgend ein Individuum, irgend ein Privilegium oder eine Ausnahme vom gemeinschaftlichen Rechte aller Franzosen.
Es gibt keine Juranden mehr, keine Corporationen von Professionen, Künsten und Metiers.
Das Gesetz anerkennt keine geistlichen Gelübde mehr, noch irgend eine andere Verbindlichkeit, die den natürlichen Rechten oder der Constitution zuwider seyn sollte.

Darauf folgt der erste Titel der Verfassung, in dem nochmals die natürlichen und bürgerlichen Rechte aller Staatsbürger durch die Verfassung garantiert werden und darüber hinaus der Wohlfahrtsstaat begründet wird:

Die frühkonstitutionelle Phase – Von den ersten Verfassungen bis 1814

Verfassung 1791, Erster Teil, Grundeinrichtungen, welche die Constitution verbürgt
Aus: Gosewinkel/Masing, Verfassungen in Europa, 168

Es soll ein allgemeines Etablissement öffentlicher Unterstützungen zur Erziehung verlassener Kinder, zur Erleichterung der armen Kranken, und zur Beschäftigung von verarmten Gesunden, die ohne Arbeit sind, errichtet und organisirt werden.
Es soll eine öffentliche Erziehung errichtet und organisirt werden, die für alle Bürger gemeinschaftlich und umsonst, und ohne Kosten für denjenigen Lehrunterricht ist, den alle Menschen nothwendig haben müssen. Die Anlegungen desselben sollen stufenweise erfolgen, und die Institute um Verhältnisse zu der Eintheilung des Königreiches vertheilt werden.

Abschließend bekräftigte man, die Revolution feiern zu wollen, und hob die (emotionale) Bindung an die Verfassung, das Vaterland und das Gesetz hervor: „Es sollen Nationalfeste eingeführt werden, um das Andenken an die französische Revolution zu erhalten, die Bürger unter sich brüderlich zu verbinden, und ihre Anhänglichkeit an die Verfassung, an das Vaterland und an das Gesetz zu sichern" (Erster Teil, Grundeinrichtungen, welche die Constitution verbürgt).

Wichtig erscheint es für einen Nationalstaat, die Einteilung des Territoriums verfassungsrechtlich zu garantieren, ebenso die Rechte der Staatsbürger, was durch den zweiten Teil der Verfassung erfolgte. Im dritten Teil werden die drei Gewalten beschrieben. Art. 1 bezeichnet die Souveränität (*la souveraineté*) als einzig, unteilbar, unveräußerlich und unaufhebbar. Sie steht der Nation zu, und keine Sektion des Volkes, keine Einzelperson kann sich die Ausübung derselben zueignen. Darauf folgt die Aufzählung der jeweiligen Gewalten, wobei die Legislative zuerst genannt wird. Diese besteht aus einer Kammer, der Nationalversammlung, die „immerwährend" sein sollte. Ihre Mitglieder wählte man aufgrund eines Zensuswahlrechts, das nur Männern zustand, die älter als 25 Jahre waren. Der König besaß kein Gesetzesinitiativrecht, konnte nicht an der Ausarbeitung von Gesetzen teilhaben und die Nationalversammlung weder vertagen noch auflösen. Er besaß lediglich ein aufschiebendes Vetorecht. Die monarchische Nachfolge basierte auf dem Prinzip der Erb- und Primogenitur nach „Salischem Erbrecht", also Erstgeburtsrecht bei Ausschluss der weiblichen Thronfolge. Bewusst änderte man den Titel des Königs in „König der Franzosen", was implizierte, dass er König einer Nation und nicht eines Territoriums („König von Frankreich") sein sollte und seine Autorität von der Nation herleitete. Der Monarch war mittels Eid an die Verfassung gebunden, und seine Autorität unterlag dem Gesetz: „In Frankreich gibt es keine Autorität, die über das Gesetz erhaben wäre. Der König regiert bloß durch das Gesetz" (Tit. 3, Kap. 2, Abschn. 1, Art.).

Ebenso enthielt die Verfassung das Prinzip der Ministerverantwortlichkeit, verankert in der Gegenzeichnungspflicht für Verwaltungsakte des Monarchen. Titel 5 ist der richterlichen Gewalt gewidmet: „Die Richter werden vom Volk auf eine gewisse Zeit gewählt, sie sind unabsetzbar!"

Die Verfassung blieb kein ganzes Jahr in Kraft: Sie scheiterte mit den beginnenden militärischen Auseinandersetzungen (1. Koalitionskrieg 1792–1797) und daran, dass der König mit seinem Veto viele Entscheidungen blockierte.

II. Die frühkonstitutionelle Phase – Von den ersten Verfassungen bis 1814

Olympe de Gouges

Im selben Jahr der Verkündigung der Französischen Verfassung (1791) wagte erstmals eine Frau einen öffentlichen Vorstoß, um auf die Ungleichbehandlung der Frauen im öffentlichen und privaten (Rechts-)Leben aufmerksam zu machen.

E **Olympe de Gouges**
1748 wurde Marie Gouze, Tochter einer Wäscherin, geboren, am 3. November 1793 wegen Vaterlandsverrat guillotiniert. Sie heiratete einen um Jahre älteren Mann und gebar ihm einen Sohn. Früh verwitwet zog sie mit dem Kind nach Paris. Sie brachte sich wahrscheinlich autodidaktisch Lesen und Schreiben bei und verfasste seit 1774 Schriften, worin sie sich gegen die Sklaverei aussprach und die ungleiche Stellung der Frau anprangerte. Sie war Schriftstellerin und zählt zu den ersten Frauenrechtlerinnen. Berühmt wurde sie durch die Frage: „Mann, bist du fähig, gerecht zu sein? Es ist eine Frau, die dich danach fragt; wenigstens dieses Recht wirst du ihr nicht nehmen. Sag mir – wer hat dir die unumschränkte Macht gegeben, mein Geschlecht zu unterdrücken?"

Olympe de Gouges verfasste 1791 die *Deklaration der Rechte der Frau und Bürgerin, Déclaration des droits de la femme et de la citoyenne*. Diese verstand sie jedoch nicht als Gegenentwurf zur 1789 verkündeten Deklaration der Menschenrechte, sondern vielmehr als eine Radikalisierung der Menschenrechtserklärung. De Gouges prangerte darüber hinaus die Herrschaft und Gewalt der Männer vor allem im Privatbereich an, aber auch die Rechtsstellung der unehelichen Kinder, deren Besserstellung in Frankreich erst im Zuge der Familienreform in den siebziger Jahren des 20. Jahrhunderts geregelt wurde.

Präambel
Aus: Olympe de Gouges, Deklaration der Rechte der Frau und Bürgerin, München 1979

Wir, Mütter, Töchter, Schwestern, Vertreterinnen der Nation, verlangen, in die Nationalversammlung aufgenommen zu werden. In Anbetracht dessen, dass Unkenntnis, Vergessen oder Missachtung der Rechte der Frauen die alleinigen Ursachen öffentlichen Elends und der Korruptheit der Regierungen sind, haben wir uns entschlossen, in einer feierlichen Erklärung die natürlichen, unveräußerlichen und heiligen Rechte der Frau darzulegen, damit diese Erklärung allen Mitgliedern der Gesellschaft ständig vor Augen ist und sie unablässig an ihre Rechte und Pflichten erinnert: damit die Machtausübung von Frauen ebenso wie jene von Männern jederzeit am Zweck der politischen Einrichtung gemessen und somit auch mehr geachtet werden kann; damit die Beschwerden von Bürgerinnen, nunmehr gestützt auf einfache und unangreifbare Grundsätze, sich immer zur Erhaltung der Verfassung, der guten Sitten und zum Wohl aller auswirken mögen.
Das an Schönheit wie Mut im Ertragen der Mutterschaft überlegene Geschlecht anerkennt und erklärt somit, in Gegenwart und mit dem Beistand des Allmächtigen, die folgenden Rechte der Frau und Bürgerin.

Olympe de Gouges, die ihre *Declaration* der damals höchsten Frau im Staate, Königin Marie Antoinette (1755–1793) widmete, wurde vor dem Revolutionstribunal wegen Missachtung der Volkssouveränität und Verleumdung seiner Vertreter angeklagt und am 3. November 1793 hingerichtet. De Gouges zählte zur Avantgarde jener Frauen, die sich erstmals in der Ge-

Die frühkonstitutionelle Phase – Von den ersten Verfassungen bis 1814

schichte Europas für die politischen Rechte der Frauen einsetzten. Bereits in der Amerikanischen Revolution begannen sich Frauen für die Frauenrechte zu engagieren. So etwa die Ehefrau des späteren zweiten Präsidenten der Vereinigten Staaten, Abigail Smith Adams (1744–1818), die 1776 ihren Mann, damals Abgeordneter am zweiten Kontinentalkongress, bat, im „neuen Gesetzbuch" an die „Frauen [zu] denken und sie großzügiger und günstiger [zu] behandeln (…). Wenn den Frauen keine besondere Berücksichtigung zuteil wird, sind wir entschlossen, einen Aufruhr zu schüren". Der Versuch, das Frauenwahlrecht auf Bundesebene einzuführen, schlug fehl, es sollte erst 1920 mittels Amendment 19 verwirklicht werden. Allein in New Jersey waren Frauen aufgrund eines verfassungsrechtlichen Irrtums bis 1809 wahlberechtigt. Die Französische Revolution hatte auch hinsichtlich der verfassungsrechtlichen Verankerung der Gleichberechtigung von Männern und Frauen erste Ansätze geboten: Die Idee war in der Theorie geboren, wenngleich am Ende der Revolution alle Hoffnungen der Frauen auf Gleichberechtigung niedergeschlagen wurden.

Im Vergleich zur föderalen US-Verfassung zeigte sich, dass eine Verfassung das zentralistische Prinzip enthalten konnte. Der Verfassung der USA lag zunächst die politische Intention zugrunde, sich vom britischen Mutterland zu lösen. Erst in einem weiteren Schritt sollte eine territoriale Einheit gebildet werden, um daraus die Nation zu entwickeln. Anders die Situation in Frankreich, wo man das Ziel der Zerschlagung bisheriger Herrschaftsstrukturen des absolutistisch regierten Landes verfolgte, um damit dem Monarchen die Bindung an das Gesetz aufzuerlegen. Die Französische Revolution, die der junge Georg Wilhelm Friedrich Hegel (1770–1831) als „herrlichen Sonnenaufgang und als welthistorische Wende" bezeichnete, war eine gesellschaftliche Revolution. Sie hat später die Verwirklichung der Idee der Volkssouveränität und des Grundrechtsschutzes wesentlich beeinflusst.

Vergleich zwischen US-Verfassung und Französischer Verfassung

Während in dem amerikanischen System von *checks and balances* das *common law* durch die Auslegung der Verfassungsrichter weiterentwickelt wurde, verstand man in Frankreich Recht als ein durch das Parlament gesetztes Recht auf der Basis einer demokratischen Entscheidung. Die Gewaltenteilung im Verständnis der Väter der französischen Verfassung war nicht im Sinne von Montesquieu und nach britischem Vorbild ein Gleichgewicht der Kräfte, sondern vielmehr eine rationale Funktionengliederung mit einer kollektiven allgemeinen Willensbildung im Parlament und dessen Kontrolle über die Exekutive.

Amerikanisches Rechtssystem – französisches Rechtssystem

Wenngleich die französische Verfassung aus dem Jahr 1791 als Motor des weiteren Konstitutionalisierungsprozesses verstanden werden kann, so war sie nicht die erste Verfassung in Europa: Abgesehen von Schweden, das mit seiner ständischen Verfassung von 1719 die sogenannte Freiheitszeit einläutete oder Finnland (1772), gilt Polen als erster europäischer Staat mit einer zumindest semi-modernen Verfassung. Einigen polnischen Adeligen war es schon lange bewusst, dass Reformen eine Möglichkeit darstellten, die staatliche Souveränität gegen die stark zunehmende Einflussnahme vor allem durch Russland zu bewahren. Mit dem neugewählten polnischen König Stanislaus II. August Poniatowski (1732–1798) kam Bewegung in die Politik, und unter seiner Regentschaft fand die sogenannte stanislawsche Aufklärung

Die polnische Verfassung vom 3. Mai 1791 als erste Verfassung Europas

statt. Der König trug sich bereits seit Jahrzehnten mit dem Gedanken, die Verfassung des Landes in einer „glücklichen" Revolution enden zu lassen. Die Reform sollte nach englischem Vorbild erfolgen, doch hinderten ihn zunächst innen- und außenpolitische Umstände daran, sodass erst 1788 ein Reformlandtag (*Sejm*) eröffnet werden konnte. Der Grund für dessen lange Dauer (bis 1791) lag darin, dass Preußen, Russland und Österreich als Garantiemächte – die erste Teilung Polens war bereits 1772 erfolgt – jede Änderung des Verfassungszustandes billigen mussten, was bei der Ausarbeitung der Verfassung zu berücksichtigen war. Die ins Stocken geratenen Verhandlungen erhielten aufgrund der Meldung über die siegreiche Revolution in Frankreich einen gewaltigen Auftrieb. So legten die aufgeklärten Politiker dem König ein umfangreiches Gesetz vor, das unter geschickter Umgehung des **liberum veto** mit Stimmenmehrheit angenommen wurde.

Das liberum veto
Das liberum veto (*nie pozwalam* – ich erlaube es nicht) war das Recht des Einspruches jedes einzelnen Landboten (Abgeordneten) gegenüber Reichstagsbeschlüssen im Sejm und wurde seit dem „Exekutionsreichstag" 1652 ausgeübt.

Man verabschiedete die Verfassung taktisch klug, als nur 182 von 500 Reichstagsmitgliedern im *Sejm* vom 3. Mai 1791 zugegen waren. Nicht „Wir, das Volk", sondern „Stanislaus Augustus von Gottes Gnaden (…) mit den in verdoppelter Zahl die polnische Nation repräsentirenden konföderierten Ständen verabschiedeten die Verfassung in der Überzeugung, dass unser aller gemeinschaftliches Schicksal einzig und allein von der Gründung und Vervollkommnung der Nationalverfassung abhängt, und durch eine lange Erfahrung die verjährten Fehler unserer Regierungsverfassung kennen gelernt haben".

Obwohl der als fortschrittlich bezeichnete König die US-Verfassung kannte, und auch die mit der Ausarbeitung der Verfassung betrauten Fachmänner daran Anleihe nahmen, gelang die Überwindung der feudal-ständischen Gesellschaft nicht, sondern man kombinierte deren Grundsätze mit den Ideen von Rousseau und Montesquieu. Das Instrument der Gegenzeichnung, wie sie in Großbritannien unter Verwirklichung der Ideen Blackstones festgelegt war, kombinierte man zudem mit den polnischen Traditionen der Mitbestimmung. Der bisherige adelsrepublikanische *Sejm* wurde durch eine konstitutionelle Versammlung ersetzt, das *liberum veto* abgeschafft. Nation bedeutete nun nicht mehr Adelsnation, sondern schloss auch Stadtbürger und Bauern ein. Anstelle des Wahlkönigtums sollte eine erbliche Monarchie (der sächsischen Wettiner) treten.

Das Schicksal der polnischen Verfassung

In der Folgezeit protestierte der konservative Adel gegen die Verfassung, auf die der König noch am 3. Mai 1791 seinen feierlichen Eid geleistet hatte, und welche die einzelnen Landtage anerkannten. Dieser Verfassung, der ein Grundrechtekatalog fehlte, war keine lange Dauer beschieden: Nicht nur die Widerstände der konservativen Opposition und des polnischen Adels waren groß, sondern vor allem Katharina II. von Russland (1729–1796) setzte schließlich dieser Verfassung ein Ende. Mitte 1792 wurde sie abgeschafft, woraufhin Teile des Adels Katharina zur *Schutzgöttin Polens* erklärte, was sich alsbald als fataler Irrtum herausstellen sollte: 1793 beschlossen Russland und Preußen die zweite Teilung Polens, 1795 erfolgte die dritte

Die frühkonstitutionelle Phase – Von den ersten Verfassungen bis 1814

Teilung durch Russland, Preußen und Österreich, damit war das Ende des eigenständigen polnischen Staates bis 1918 besiegelt. Der Reichstag von Grodno bestätigte am 23. September 1795 sowohl die Gebietsabtretungen als auch die Aufhebung der Verfassung. Unter der Aufsicht des russischen Gesandten stellte man den neuen alten Verfassungszustand wieder her, allein die Aufhebung des *liberum veto* und die Stadtverfassung nahm man aus der Verfassung mit.

Das von Napoleon 1807 geschaffene Großherzogtum Warschau erhielt wider Erwarten nicht eine modifizierte Fassung der polnischen Maiverfassung, sondern ein in wenigen Stunden erstelltes Diktat von Napoleon als Verfassung: Nach französischem Vorbild erließ er ein Grundgesetz, *Statut constitutionel du duché de Varsovie* (22. Juli 1807). Dem Charakter nach war es ein Dokument des aufgeklärten Absolutismus, für dessen Schaffung Napoleon die alleinige Legislativgewalt an sich zog. Der Herzog (König Friedrich August von Sachsen) besaß die Gesetzesinitiative, regelte die Exekutive und ernannte die Mitglieder des Senats auf Lebenszeit. Er allein konnte die Verfassung ändern. Der *Sejm* besaß nur bei Steuerfragen die eigenständige Legislativmacht und übte die Kontrollfunktion in Hinblick auf die Verfassungsmäßigkeit der Gesetze aus. Die Verfassung wurde infolge der vollständigen Besetzung des Herzogtums am 13. Mai 1813 faktisch aufgehoben, formal am 27. November 1815 mit der Einführung der Verfassung des Königreiches Polen.

Im Vergleich zur ersten französischen konnte die polnische Verfassung keine nachhaltige Wirkung für Europa erzielen, dennoch erfuhr sie eine positive Anerkennung: Paine lobte sie, und auch in Frankreich erhielt sie viel Zuspruch. Sie hat bis in die Gegenwart ein Nachleben entfaltet, seit 1990 feiert Polen den 3. Mai als Staatsfeiertag.

So glatt und beinahe reibungslos wie in den USA, wo der Konstitutionalisierungsprozess mit der Unabhängigkeitserklärung 1776 einsetzte und verhältnismäßig rasch seinen vorläufigen Abschluss im Jahr 1803 fand, vollzog sich in Europa die Umsetzung des Konzeptes eines Verfassungsstaates nicht. Frankreich sollte sich in weiterer Folge als „Laboratorium" von Verfassungen erweisen. Der 1792 – erstmals in Europa nach allgemeinem, aber nicht geheimem Wahlrecht für Männer gewählte – Nationalkonvent, der vorwiegend aus antimonarchistischen Abgeordneten bestand, schuf bereits in der ersten Sitzung am 21. September 1792 das Königtum ab. Einen Tag später folgte die Ausrufung der (Ersten) Republik. Diese verstand man ab nun als diametralen Gegenbegriff zu „Monarchie". Gleichzeitig wurde mit dem Französischen Revolutionskalender eine neue Zeitrechnung eingeführt. Er blieb bis zum 31. Dezember 1805 gültig.

Frankreich entwickelte sich zum Laboratorium von Verfassungen

Die Arbeiten des Verfassungsausschusses setzten nach der Hinrichtung von Ludwig XVI. am 21. Januar 1793 ein. Dies bedeutete – wie seinerzeit in England, als man 1649 Karl I. hinrichtete – den radikalsten Bruch mit dem Ancien Régime. Aus den über 300 Verfassungsentwürfen wählte man jenen von Marie Jean Antoine Marquis de Condorcet (1743–1794) als Grundlage zur Diskussion im Konvent.

Die Konventsverfassung (1793)

Gemäß dieser sogenannten Konventsverfassung gehörte die *Souveränität* nicht mehr wie 1791 der Nation, sondern dem Volk (*Volkssouveränität*): „Die Souveränität liegt im Volk, sie ist eins, unteilbar, unwandelbar und un-

II. Die frühkonstitutionelle Phase – Von den ersten Verfassungen bis 1814

veräußerlich" (Art. 25). Erstmals wurde in einer Verfassung von der Volkssouveränität gesprochen. Die Exekutive war relativ schwach ausgeprägt und bestand aus einem Exekutivrat von 24 Ministern. Die Gesetzgebung lag in den Händen der Nationalversammlung. Erstmalig wies diese Verfassung ein Element direkter Demokratie auf, die Gesetze mussten jeweils nach der Abstimmung der Kammer dem Volk als „vorgeschlagenes Gesetz" vorgelegt werden: Art. 58 bestimmte die Bekanntgabe des Gesetzes in allen Gemeinden mit der Aufschrift „Vorgeschlagenes Gesetz", und Art. 59 regelte diese Volksabstimmung: „Wenn in der, um eins größeren Hälfte der Departements, 40 Tage nach Einsendung des vorgeschlagenen Gesetzes, das Zehntheil aller regelmäßig von ihnen (den Departements) gebildeten Urversammlungen nicht reclamirt hat; so ist der Entwurf acceptirt und wird Gesetz!"

Zum ersten Mal in der Verfassungsgeschichte Frankreichs wurde in dieser Verfassung das Prinzip des Volksheeres proklamiert: Unter dem Titel „Von der Kriegsmacht der Republik" (Art. 107 bis 114) besteht die allgemeine Kriegsmacht der Republik aus dem ganzen Volke (Art. 107), alle Franzosen sind Soldaten (Art. 109), und die allgemeine Kriegsmacht wird auch zur Erhaltung der Ordnung im Inneren verwendet (Art. 112). Die Verfassung wurde im Zeitraum von 4. bis 11. August 1793 einer Art „Volksabstimmung" unterzogen. Diese erste über eine Verfassung auf europäischem Boden abgehaltene Volksabstimmung fand jedoch nicht geheim oder schriftlich, sondern öffentlich und mündlich statt: von sieben Millionen Wahlberechtigten stimmten 1,8 Millionen Franzosen mit „Ja", fünf Millionen enthielten sich der Stimme und 11.000 Franzosen votierten mit „Nein". Dennoch trat diese Verfassung nicht in Kraft, sondern wurde noch am Abend des „erfolgreichen" Referendums in eine Arche aus Zedernholz gelegt – man wollte sie erst nach dem Krieg in Kraft treten lassen.

Hinsichtlich der am Beginn der Verfassung stehenden Erklärung der Menschenrechte ging man einen Schritt weiter, man formulierte ein Recht auf Arbeit, Unterhalt und Bildung sowie das Recht auf Widerstand:

Die Verfassung von 1793
Quelle: Gosewinkel/Masing, Verfassungen in Europa, 195–196

Art. 21: Die öffentliche Unterstützung der Bedürftigen ist eine heilige Schuld. Die Gesellschaft übernimmt den Unterhalt der in Verfall geratenen Bürger, sey es nun, dass sie ihnen Arbeit giebt, oder denjenigen, welche arbeitsunfähig sind, die mittel ihrer Subsistenz versichert.
Art. 22: Unterricht ist Bedürfniß für Alle. Die Gesellschaft soll mit ihrer ganzen Macht die Fortschritte der öffentlichen Wohlfahrt befördern, um den Unterricht nach den Bedürfnissen aller Bürger anzuordnen.
Art. 33: Der Widerstand gegen Unterdrückung ist die Folge der übrigen Menschenrechte.
Art. 34: Unterdrückung der Gesammtheit der Gesellschaft ist es, wenn auch nur eines ihrer Glieder unterdrückt wird. Unterdrückung jedes einzelnen Gliedes tritt ein, wenn die ganze Gesellschaft unterdrückt wird.
Art: 35: Wenn die Regierung die Rechte des Volkes verletzt, dann ist die Revolte für das Volk und für jeden Teil des Volkes das heiligste Recht und die notwendigste Pflicht.

Die frühkonstitutionelle Phase – Von den ersten Verfassungen bis 1814

Die zunehmende Radikalisierung, auch Ausdruck des 1792 erklärten Revolutionskrieges und sozialer Missstände, entwickelte sich gegen Ende des Jahres 1793 zur *Terreur*, der Schreckensherrschaft der Jakobiner, die per Dekret vom 10. Oktober 1793 endgültig etabliert wurde: „Die provisorische Regierung Frankreichs bleibt bis zu einem Friedensschluss revolutionär" (Art. 1). Die Regierungsgewalt ging jedoch nicht vom Konvent aus, sondern vom Wohlfahrtsausschuss unter der Leitung von Maximilien de Robespierre (1758–1794).

Die Phase der *Grande Terreur* (Juni 1793–Juli 1794) versetzte der Verfassungsentwicklung einen Rückschlag. Sie kann verfassungsgeschichtlich als Diktatur bezeichnet werden, alle nun gesetzten Maßnahmen des Wohlfahrtsausschusses zielten auf die Durchsetzung einer uneingeschränkten Herrschaftsgewalt hin. Nach Niederschlagung des Terrorregimes und Hinrichtung von Robespierre kamen gemäßigtere Kräfte an die Macht.

Um den Gefahren der Wiederkehr des *Terreur*-Regimes und der Bildung einer möglichen Militärdiktatur entgegenzuwirken, erließen die gemäßigten Abgeordneten 1795 die sogenannte Direktorialverfassung. Die Legislative bestand aus zwei Kammern, dem *Rat der 500* und dem *Rat der Alten*. Die erste Kammer, deren Mitglieder mindestens 25 Jahre alt sein mussten, besaß das Recht der Gesetzesinitiative, der *Rat der Alten* (das Mindestalter lag bei 40 Jahren) hingegen das Recht, Gesetzesvorschläge zustimmen oder diese verwerfen zu können. Nur dem *Rat der Alten* kam das Recht zu, den Versammlungsort zu verlegen, was im Jahr 1799 Bedeutung haben sollte.

Die Direktorialverfassung (1795)

Die Exekutive oblag dem vom Ältestenrat gewählten fünfköpfigen Direktorium, dessen Vorsitz alle drei Monate turnusgemäß wechselte.

Erstmals in einer Verfassung legte man nicht nur die Rechte der Menschen und Bürger, sondern auch deren Pflichten fest: Diese lagen etwa in der Beachtung der Gesetze oder der Respektierung des Eigentums. Zum obersten Souverän bestimmte man den französischen Bürger. Damit wurde das (Staats-)Bürgertum auch verfassungsrechtlich verankert – und es blieb weiterhin ausschließlich männlich.

Mit der Konstitution wollte man einen Meilenstein in der Verfassungsgeschichte Frankreichs errichten, doch realiter verhinderte man mit dieser das Regieren, anstatt eine Regierung zu schaffen. Die Instabilität der jungen Republik war vorhersehbar: Paul-François Vicomte de Barras (1755–1828) und Sieyès, beide Mitglieder des Direktoriums, suchten nach einem Weg, eine neue Verfassung durchzusetzen. Damit wollten sie die Errungenschaften der Revolution dauerhaft für das besitzende Bauern- und Bürgertum schützen. Sie planten einen Staatsstreich, wozu sie einen geeigneten Militärführer benötigten. Diesen fanden sie in Napoleon Bonaparte! Vom 9. auf den 10. November 1799 (18. Brumaire) putschte der charismatische 30-jährige Korse. Die Ausarbeitung einer neuen Verfassung übertrug man erstmals in der Geschichte des französischen Konstitutionalismus keiner verfassungsgebenden Nationalversammlung, sondern dies bewerkstelligte jene kleine Gruppe an Politikern, die im Zuge des Staatsstreiches an die Macht gelangt war.

Instabilität der Republik führte zum Putsch 1799

Wenige Wochen später präsentierte man die Konsulatsverfassung, die am 24. Dezember 1799 als „Verfassung des Jahres VIII" in Kraft trat. Durch eine Volksabstimmung im Jahr 1800 erfuhr sie ihre Bestätigung. Frankreich blieb Republik, doch der oberste Souverän war nicht mehr das Volk, sondern der

Die Konsulatsverfassung (1799)

41

II. Die frühkonstitutionelle Phase – Von den ersten Verfassungen bis 1814

erste Konsul: Napoleon Bonaparte! Er instrumentalisierte die Verfassung, um seine Macht zu legitimieren und auszubauen. Kaum hatte der Gedanke des Konstitutionalismus in Europa Fuß gefasst, kam es zu deren Dekonstruktion durch Etablierung eines Scheinkonstitutionalismus.

Die neue Verfassung war auf Napoleon Bonaparte zugeschnitten, und so beschritt er den Weg hin zu einer bonapartistischen Diktatur. Die Regierung bestand aus drei Konsuln, wobei der erste Konsul die Macht auf sich konzentrierte: Ihm allein stand die Entscheidungsgewalt von Exekutive und Legislative zu. Neu und einzigartig im französischen Konstitutionalisierungsprozess war das Dreikammersystem der **Legislative**: *Tribunat*, *Corps législatif* und *Sénat conservateur*.

> **E** **Die Legislative**
> Die erste Kammer, das *Tribunat,* bestand aus 100 Mitgliedern, die für fünf Jahre vom Senat gewählt wurden. Sie diskutierten die Gesetzesprojekte, die ausschließlich vom Konsulat vorgeschlagen wurden. Das *Tribunat* besaß ein beschränktes Recht, erlassende oder zu erlassende Gesetze zu kommentieren, dies bot eine geringe Möglichkeit der Gesetzesinitiative.
> Die zweite Kammer bildete das *Corps législatif,* die ebenfalls vom Senat ernannte, gesetzgebende Versammlung aus 300 Mitgliedern mit der ausschließlichen Aufgabe, die von den Konsuln vorgeschlagenen und vom *Tribunat* besprochenen Gesetze – ohne Diskussion – anzunehmen oder abzulehnen.
> Die Mitglieder der dritten Kammer, *Sénat conservateur,* wurden auf Lebenszeit bestimmt. Zunächst sollten 60 Senatoren ernannt werden, die wiederum die weiteren Mitglieder unter den Kandidaten aussuchen sollten, die vom Ersten Konsul und den beiden Kammern präsentiert wurden. Die Senatoren wachten über die Verfassung und über die Verfassungsmäßigkeit der Gesetzesprojekte. Sie konnten die Verfassung durch einen Senatsbeschluss abändern. Ihre Mitglieder waren mehr oder minder „Marionetten" Napoleon Bonapartes, die er sich im Laufe der Zeit gefügig machte.

Der unaufhaltsame Aufstieg Napoleon Bonapartes

Zum weiteren Ausbau der Herrschaft Napoleon Bonapartes bot sich bald eine Gelegenheit, da es ihm gelang, innenpolitische Spannungen abzubauen und außenpolitische Erfolge im Zuge der Koalitionskriege zu erzielen. Seine Popularität wuchs. So ließ er sich 1802 durch Verfassungsänderung vom Senat zum Ersten Konsul auf Lebenszeit proklamieren. Das Volk ließ er über die Fragen abstimmen: 1. Soll Napoleon Bonaparte Konsul auf Lebenszeit sein? und 2. Soll er das Recht erhalten, seinen Nachfolger zu bestimmen? Wie nicht anders zu erwarten, ging die Abstimmung mit Ja aus. Dementsprechend lautet die Präambel des Organischen Senatsbeschlusses: „Das französische Volk ernennt, und der Senat proclamirt Napoleon Bonaparte zum lebenslänglichen ersten Consul" (Art. 1). Im Vergleich mit den vorhergehenden Verfassungen stellte dies jedoch einen Rückschritt dar, denn nun wurde Bonaparte zu einem Monarchen im Zuschnitt des Ancien Régime. Napoleon Bonaparte sah sich bald derart gestärkt, dass er mit einem weiteren Senatsbeschluss vom 18. Mai 1804 die Verfassung abermals änderte. Wie schon 1799 und 1802 setzte er die Ratifizierung der Verfassung mittels einer im November durchgeführten und manipulierten Volksabstimmung durch. Kraft eines zweiten Senatsbeschlusses wurde Frankreich zu einem Erbkaisertum erhoben: „Die Regierung der Republik wird einem Kaiser anvertraut, der den Titel: Kaiser der Franzosen annimmt" (Art. 1). Und:

Die frühkonstitutionelle Phase – Von den ersten Verfassungen bis 1814

„Napoleon Bonaparte, gegenwärtiger erster Consul der Republik, ist Kaiser der Franzosen" (Art. 2).

Die feierliche Selbstkrönung erfolgte – in erzwungener Anwesenheit des Papstes – am 2. Dezember 1804 in Paris. Gleichzeitig mit den Kriegserfolgen und der Erweiterung Frankreichs auf Kosten anderer europäischer Staaten trug Napoleon Bonaparte zu einer raschen Verbreitung seines Verfassungskonzeptes bei. Seitdem erfuhr der Begriff *Constitution* unterschiedliche Interpretationen und die nun publizierten Verfassungen standen teilweise konträr zu den ersten französischen Verfassungen.

Napoleon als Motor des Konstitutionalisierungsprozesses in Europa

Fast allen Territorien, die der unmittelbaren und mittelbaren Herrschaft Napoleon Bonapartes unterstanden, oktroyierte er nun Verfassungen. Dies galt zunächst für die Schweiz, die am 12. April 1798 als Helvetische Republik eine von Frankreich diktierte Verfassung erhielt.

Verfassung der Helvetischen Republik (1798)

Durch die Helvetische Verfassung wurde die Umwandlung zu einem Einheitsstaat vollzogen, gebildet von 22 Kantonen mit zentralistischer Verwaltung, nach dem Vorbild der französischen Direktorialverfassung von 1795. Ein *Großer Rat* und der *Senat* bildeten die Legislative. Die Gerichtsbarkeit war dreistufig hierarchisch strukturiert: Distriktsgerichte, Kantonsgerichte und Oberster Gerichtshof. Die Verfassung verfügte über einen unvollständigen und unsystematischen Freiheitskatalog.

Da der Bruch zwischen Tradition und Moderne radikal erfolgte – der Umbau in einen demokratischen und repräsentativen Einheitsstaat geschah ohne Rücksichtnahme auf die Bewohnerinnen und Bewohner und die Geschichte des Landes –, hatte diese Direktorialverfassung nur kurzen Bestand: Die Schweizer empfanden sie als Diktat der französischen Besatzer und begannen sich dagegen aufzulehnen. Aufgrund dessen verfasste – nach vier Staatsstreichen und zwei kurzlebigen Verfassungen – Bonaparte, gemeinsam mit Schweizer Gesandten, 1803 die Mediationsakte (*Acte de médiation*). Dadurch wurde die Schweiz zu einem Staatenbund aus 19 Kantonen, der allerdings in vollständiger Abhängigkeit zu Frankreich stand. Die Tagsatzung, die in etwa den Reichstagen im Heiligen Römischen Reich deutscher Nation entsprach, in der periodisch bevollmächtigte Gesandte aus den einzelnen Orten Landesfragen diskutierten, wurde wieder eingeführt.

Die Mediationsakte (1803)

Diese Akte spiegelte das Nebeneinander von Ancien Régime und Moderne wider und blieb nach anfänglichen Akzeptanzschwierigkeiten innerhalb der Schweizer Bevölkerung bis 1813/14 gültig.

Nicht so sehr die Französische Revolution, denn vielmehr der erste Koalitionskrieg (1792–1797) bedeuteten den Anfang vom Ende des Heiligen Römischen Reiches deutscher Nation. Das Alte Reich präsentierte sich am Vorabend seiner Auflösung als Flickenteppich, es war ein Verbund einer Vielzahl zum Teil äußerst heterogener Territorien. Staatsrechtlich gesehen bildete es weder einen Bundesstaat noch einen Staatenbund. Das Alte Reich war eine auf der Ungleichheit der Glieder beruhende, hierarchisch bestimmte Privilegienordnung. Als Folge des ersten Koalitionskrieges hatten französische Truppen die linksrheinischen Gebiete besetzt, deren Annexion in den Friedensverträgen mit Frankreich, dem Sonderfrieden von Basel mit Preußen (1795) und dem Frieden von Campo Formio mit Kaiser Franz II. als Landesherr der habsburgischen Erbländer (1797), bestätigt wurde. 1799 brach der zweite Koalitionskrieg aus, der mit dem Frieden von Lunéville 1801 endete. Als

Das Ende des Heiligen Römischen Reiches Deutscher Nation

II. Die frühkonstitutionelle Phase – Von den ersten Verfassungen bis 1814

Folge des Friedensschlusses kam es zum Reichsdeputationshauptschluss vom 25. Februar 1803, mit dem Zweck tiefgreifender territorialer Änderungen innerhalb des Reiches: Gemäß Art. 7 musste eine Entschädigung an Fürsten für linksrheinische Verluste durch rechtsrheinisches Gebiet erfolgen, was schließlich zur Neustrukturierung des Reiches führte. Als Entschädigungsgut säkularisierte man geistliche und mediatisierte weltliche (Reichs-)Herrschaften. Durch **Mediatisierung** und **Säkularisation** ergaben sich erhebliche Änderungen in völker-, staats- und kirchenrechtlicher Hinsicht.

> **E** **Säkularisation, Mediatisierung**
> Säkularisation bedeutete die „Verweltlichung" geistlicher Reichsfürstentümer und von Kirchengut, z. B. von Abteien und Klöstern (Vermögenssäkularisation); Mediatisierung die Mittelbarmachung (Unterordnung) bisher reichsunmittelbarer (immediater) Reichsglieder bzw. deren Territorien in (Landes-)Fürstentümer.

Durch den Reichsdeputationshauptschluss schritt der Zerfall des Reiches weiter voran. Nachdem Napoleon Bonaparte 1804 Frankreich zum Kaiserreich ausgerufen hatte und er selbst den erblichen Titel eines Kaisers der Franzosen angenommen hatte, wurde sein umfassender Hegemonialanspruch in Europa deutlich. Aufgrund des seit 1803 durch Erhöhung der Stimmenanzahl mehrheitlich protestantisch besetzten Kurfürstenkollegiums erwuchs den Habsburgern die Gefahr, bei der nächsten Kaiserwahl nicht mehr gewählt zu werden. Deshalb nahm Kaiser Franz II. am 11. August 1804 als Franz I. den Titel eines Kaisers von Österreich an – für alle seine innerhalb und außerhalb des Heiligen Römischen Reiches gelegenen Erbländer. Dies tat er auch, um die „vollkommene Gleichheit des Titels und der erblichen Würde mit den vorzüglichsten Europäischen Regenten und Mächten" (Patent betreffend die Beilegung des Kaisertitels für das Haus Österreich, Hoke/Reiter) aufrechtzuerhalten.

Das Ende des Heiligen Römischen Reiches Deutscher Nation

1805 brach der dritte Koalitionskrieg aus, der nach der Niederlage Österreichs mit dem Frieden von Preßburg/Bratislava (26. Dezember 1805) endete. Bayern und Württemberg wurden eigenständige Königreiche, Baden Großherzogtum. Ihnen wurde die volle Souveränität zuerkannt, obwohl sie weiterhin im Heiligen Römischen Reich deutscher Nation verblieben, das in Art. VII. des Preßburger Friedens nur *Conféderation Germanique* genannt wurde. Schließlich errichteten die 16 Rheinbundstaaten unter dem Protektorat von Napoleon (12. Juli 1806) den Rheinbund. Die „Verfassung" dieses Bundes stellte die Rheinbundakte (*D'États conféderés du Rhin*) dar, ein – französisch verfasster – völkerrechtlicher Vertrag zwischen Frankreich und den 16 Rheinbundstaaten. Als Bundesorgan war, nach Vorbild des bisherigen Reichstages, ein Bundestag vorgesehen, der seinen Sitz in Frankfurt/Main haben sollte. Ein Bundesoberhaupt war nicht geplant, Napoleon sollte als „Protektor" für die politischen Geschicke allein verantwortlich sein. Lediglich einmal trat dieser Bundestag zusammen. In der Rheinbundakte wurden die deutschen Vertragspartner von den Reichsgesetzen entbunden und Art. 3 sah ihren Austritt aus dem Reich mit 1. August 1806 vor. Als der Austritt tatsächlich erfolgte, forderte Napoleon Kaiser Franz II. ultimativ auf, die römisch-deutsche Kaiserkrone niederzulegen. Am 6. August 1806 trat dieser als Reichsoberhaupt zurück, doch bei gleichzeitiger Auflösung des Heiligen Römischen Reiches deutscher Nation.

Die frühkonstitutionelle Phase – Von den ersten Verfassungen bis 1814

Für die Rheinbundstaaten hatte Napoleon ähnliche verfassungsrechtliche Strukturen vorgesehen wie für Frankreich. Während die mittel- und norddeutschen Staaten des Rheinbundes an ihren bestehenden Verfassungsstrukturen festhielten, kann man für die süddeutschen Staaten einen konstitutionellen Modernisierungsschub feststellen. Darüber hinaus errichtete Napoleon Modellstaaten wie Berg, Westphalen und Frankfurt. So erhielt das u.a. aus dem größten Teil des ehemaligen westelbischen Preußen, den Gebieten des ehemaligen Herzogtums Braunschweig-Wolfenbüttel sowie den süd- und südwestlichen Teilen Hannovers gebildete Königreich Westphalen die erste Verfassung auf deutschem Boden. Das Verfassungsoktroi wurde am 15. November 1807 verlautbart und stand gänzlich im Bann der französisch-napoleonischen Verfassung. Dies galt jedoch nicht für die Verfassungen von Bayern (1808) oder Sachsen-Weimar-Eisenach (1809). Auch jene Verfassungen mit altständischem Charakter blieben erhalten, und die altpatrizischen Städteverfassungen etwa von Lübeck oder Hamburg wurden wieder eingeführt. Im Jahr 1811 gehörten mit Ausnahme von Preußen und Österreich alle deutschen Staaten dem Rheinbund an. Während der Niederringung des Napoleonischen Frankreichs (1813/15) endete auch der Rheinbund im November 1813.

Erste Verfassungen auf (ehemaligen) deutschen Boden

In Italien erließ Napoleon eine Reihe von Verfassungen. Dies jedoch – wie auch in allen anderen von Napoleon eroberten Gebieten –, ohne auf historische Gegebenheiten Rücksicht zu nehmen. In Italien herrschten über Mailand, Neapel, Sizilien und Sardinien bis 1701 die spanischen Habsburger; 1713 gelangten diese Territorien mit Ausnahme von Sizilien an die (österreichischen) Habsburger; Sizilien ging mit dem Piemont an das Haus Savoyen. Im Jahr 1720 wurde Sizilien gegen Sardinien getauscht, wodurch das Haus Savoyen die Königswürde erlangte; im Tausch mit Lothringen 1737 erhielten die Habsburger nach dem Aussterben der Medici in der Toskana eine Sekundogenitur. Es verwundert nicht, dass bereits vor Ausbruch der Französischen Revolution Bestrebungen zur Schaffung eines italienischen Gesamtstaates existierten.

Der Konstitutionalisierungsprozess in Italien

Als österreichische Truppen 1796 aus Mailand abzogen, begannen Mailänder Patrioten die Umgestaltung von einem fremdbeherrschten Kleinstaat zu einer eigenständigen Republik, der Cisalpinischen Republik (Mailand), vorzubereiten. Dieser Prozess wurde jedoch von der französischen Besatzungsmacht durchkreuzt und eine Verfassung von Frankreich oktroyiert. Dasselbe galt auch für Gründung der Cispadanischen Republik (bestehend aus den Städten Modena, Reggio, Ferrara, Bologna und Umland), der Römischen Republik (Rom und Umland), der Ligurischen (Genua) und der Parthenopäischen (Neapel) Republik. Die Franzosen fanden in Italien kaum Akzeptanz, bald kam es, vor allem in Neapel, Rom und Genua, zu Aufständen.

In den Vereinigten Niederlanden wurde am 16. Mai 1795 die Batavische Republik proklamiert, deren Verfassung der Direktorialverfassung Frankreichs entsprach. Die Batavische Republik wurde wie alle anderen Schwesterrepubliken zu Kontributionszahlungen gezwungen. Unter seinem Bruder Louis Bonaparte (1778–1846) erhob Napoleon die Republik zu einem Königtum (1806–1810), das nachfolgend in das französische Reich eingegliedert wurde. Auf dem Wiener Kongress (1814/15) erfolgte die Erklärung der Unabhängigkeit der Niederlande.

II. Die frühkonstitutionelle Phase – Von den ersten Verfassungen bis 1814

Erster Widerstand gegen Napoleon erfolgte in Spanien

Von Lübeck bis Barcelona und Rom, von Brest bis Dubrovnik reichte das Grand Empire, doch erhob sich bereits im Jahr 1808 in Spanien erster Widerstand gegen die französischen Invasoren. 1808 markierte einerseits den Anfang vom Ende des spanischen Ancien Régimes und andererseits den Beginn eines revolutionären Prozesses, der erst 1833/37 abgeschlossen werden sollte. Gleichzeitig mit der Ablösung der Bourbonen durch Napoleon entwickelte sich eine spanische Nationalbewegung. Nachdem Karl IV. (1748–1819) und sein Sohn Ferdinand VII. (1784–1833) zum Thronverzicht gezwungen worden waren, diktierte Napoleon 1808 die Verfassung von Bayonne (*Estatuto de Bayona*). Sie beinhaltete die Forderung eines zentralistischen Staates mit bonapartischer Erbmonarchie; die Cortes (Stände) besaßen im Gesetzgebungsverfahren lediglich ein Zustimmungsrecht. Die Verfassung diente Napoleon in erster Linie dazu, seinen Bruder, Joseph I. Bonaparte (1768–1844), als König von Spanien einzusetzen. Dementsprechend wurde auch die Verfassung in erster Linie auf die Festlegung der Position des Monarchen ausgerichtet. Wenngleich die Verfassung von Bayonne keinen Grundrechtekatalog besaß, so waren doch einige Bürgerrechte in ihr verankert. Zeitgleich mit der Proklamation der Verfassung war der Unabhängigkeitskrieg ausgebrochen, der ein Inkrafttreten der Verfassung vereitelte. Im Zuge des Unabhängigkeitskrieges erließen die gegen Napoleon agierenden Cortes am 19. März 1812 die Verfassung von Cádiz nach dem Vorbild der französischen Verfassung von 1791.

Die Verfassung von Cádiz (1812) der spanischen Cortes

Verfassung von Cádiz 1812
Aus: Gosewinkel/Masing, Verfassungen in Europa, 503

Wir Ferdinand VII., von Gottes Gnaden und kraft der Constitution der spanischen Monarchie König von Spanien, und in seiner Abwesenheit und rücksichtlich seiner Gefangenschaft, die von der außerordentlichen Generalversammlung der Cortes ernannte Regentschaft des Reichs, thun Allen und Jeden, die Gegenwärtiges sehen oder hören, kund und zu wissen, daß die besagten Cortes nachstehende politische Constitution der spanischen Monarchie decretirt und sanctionirt haben.
Im Namen des allmächtigen Gottes, Vaters, Sohnes und heiligen Geistes, des Urhebers und höchsten Gesetzgebers der menschlichen Gesellschaft.
Die außerordentliche Generalversammlung der Cortes der spanischen Nation, nach dem sie sich nach der sorgfältigsten Untersuchung und reiflichsten Überlegungen überzeugt hat, daß die alten Grundgesetze dieses Reichs, nebst den auf die feste und dauerhafte Sicherstellung der Vollziehung derselben abzweckenden Verfügungen und Vorsichtsmaasregeln, den großen Zweck, die Ruhe, das Glück und den Wohlstand der ganzen Nation zu befördern, nicht gehörig erfüllen können, decretirt nachstehende politische Constitution für die gute Regierung und gerechte Verwaltung des Staats.

Erster Titel
Von der spanischen Nation und den Spaniern
Erster Abschnitt
Von der spanischen Nation
Art. 1 Die spanische Nation besteht aus allen Spaniern beider Halbkugeln.
Art. 2 Das spanische Volk ist frei und unabhängig, und ist und kann nicht das Erbtheil irgend einer Familie noch irgend eines Menschen sein.
Art. 3 Die Souveränität wohnt ihrem Wesen nach im Volke; eben deshalb steht ihm ausschließlich das Recht zu, seine Grundgesetze aufzustellen.

Die frühkonstitutionelle Phase – Von den ersten Verfassungen bis 1814

Art. 4 Das Volk ist verpflichtet, die bürgerliche Freiheit, das Eigenthum und die andern gesetzmäßigen Rechte aller Individuen, aus welchen es besteht, mittels weiser und gerechter Gesetze zu erhalten und zu beschützen.

In dem als „Magna Charta" des spanischen Liberalismus bezeichneten Dokument verlieh man Ferdinand VII. (der in französischer Gefangenschaft lebte) bewusst den Titel „König von Spanien"; ihm sollte eine starke Legislative gegenüberstehen. Das spanische Volk konnte kraft seiner Souveränität Grundgesetze erlassen, der König besaß nur das aufschiebende Vetorecht. Dieses erlaubte dem König, bei (maximal) zweimaliger Anwendung, ein Gesetz bis zu zwei Jahre hinauszuzögern. Diese Verfassung hätte die Basis eines modernen Spanien werden können, hätte nicht Ferdinand VII. nach seiner Rückkehr im Jahr 1814 den Absolutismus vorübergehend wieder etabliert. Mit Hilfe der konservativen Kräfte im Land setzte er die Verfassung per Dekret vom 4. Mai 1814 außer Kraft und leitete das Zeitalter der Restauration in Spanien ein. Innenpolitisch wuchs allerdings eine von Liberalen, Bauern und Militär getragene Opposition. Das Bürgertum unterstützte die schlecht ausgerüsteten und unregelmäßig entlohnten Soldaten der Armee und ab 1814 kam es immer wieder zu Militärrevolten. Nichtsdestotrotz wurde die Verfassung von Cádiz, die nicht in Kraft getreten ist, zum Symbol der bürgerlich-liberalen Opposition im Kampf gegen Ferdinand VII. Die Verfassung wurde nach dem Datum des Beschlusses (19. März: Festtag des Hl. Josef) als *Pepa* bezeichnet und die Parole ausgegeben: *Viva la Pepa!*

Das Schicksal der Verfassung von Cádiz teilten beinahe alle Verfassungen, die von Napoleon in eroberten Gebieten erlassen wurden, sie alle wurden mehr oder weniger Opfer der Restauration. Allerdings lebte die Verfassung in den spanischen Kolonien weiter, in Neapel-Sizilien und Piemont wurde sie für kurze Zeit 1820/21 realisiert und diente den weiteren Verfassungen Spaniens als Basis.

Es waren wohl die Auswirkungen der französischen Entwicklungen und nicht so sehr der Export der Verfassungen im Zuge der Napoleonischen Kriege, die den Konstitutionalisierungsprozess im modernen Sinne in den nordischen Staaten Europas einleiteten. So etwa charakterisierten langwährende Auseinandersetzungen zwischen Krone und Ständen die schwedische Verfassungsgeschichte. Das frühe 18. Jahrhundert beendete vorerst die Vorherrschaft des absolut regierenden Königs: 1719 nahm der Reichstag eine neue Verfassung an, in der die Kompetenzen der Exekutive zugunsten der Stände stark eingeschränkt wurden. Die Stände erklärten sich gleichzeitig zum Träger der Volkssouveränität. Der Reichstag (*Riksdag*) erhielt mittels Reichstagsordnung von 1723 umfassende Rechte zur Steuerbewilligung und die Kontrolle der Staatsfinanzen. Den Reichstag bildeten 16 Adelige, dem König billigte man zwei Stimmen zu; trotzdem war sein Einfluss äußerst gering. Die Epoche der sogenannten Freiheitszeit (*frihetstid*), also der Ständeherrschaft, war angebrochen und endete mit der „wunderbaren Revolution" im Jahr 1772. Dieser Staatsstreich von König Gustav III. (1746–1792) bedeutete einen Rückfall in eine absolutistische Phase; der Reichstag wurde beinahe in sämtlichen Rechten beschnitten und zu einem reinen Beratungsorgan degradiert.

Spanische Restauration

Die Verfassungsentwicklung in Schweden

II. Die frühkonstitutionelle Phase – Von den ersten Verfassungen bis 1814

Gustav III. entschied sich in Kenntnis der nordamerikanischen Revolution, die er als Gefahr für die Monarchie sah, und noch vor der Französischen Revolution, im Februar 1789 zu einem weiteren Staatsstreich von oben: Mittels der Vereinigungs- und Sicherheitsakte stärkte er seine Autorität auf Kosten des Adels. Den Ständen blieben lediglich das Steuerbewilligungsrecht und das Recht, Kriegserklärungen mitzubestimmen.

Die ständische Verfassung (1809) von Schweden

Die Verfassungsentwicklung in Schweden war eng verbunden mit dem Napoleon-Hass von König Gustav IV. Adolf (1778–1837) und den damit einhergehenden (erfolglosen) Kriegen gegen Frankreich. Gleichzeitig wurde Schweden von einem russischen Angriff auf Finnland (1808) überrascht und verlor dieses Land 1809 (Frieden von Fredrikshamm) an Russland. Diese Entwicklung mündete in einen Staatsstreich, infolgedessen der König abgesetzt wurde. Die Stände gaben sich nun ihre eigene Verfassung und verstanden sich als souveräne Vertreter des schwedischen Volkes. Sie wollten durch Einführung einer neuen Staatsverfassung die Zukunft des Landes selbst in die Hand nehmen. Nach einigen Unruhen nahmen alle vier Stände die neue Verfassung („Regeringsform" vom 6. Juni 1809) an und wählten den Onkel des abgesetzten Königs, Karl XIII. (1748–1818), zum Nachfolger. In seine Regentschaft fiel der Friedensschluss von Kiel (14. Januar 1814) zwischen Dänemark und Schweden. Infolgedessen musste Schweden seine letzten deutschen Besitzungen (Schwedisch-Pommern und Rügen) abtreten, erhielt dafür als Kompensation Norwegen, während Dänemark im Gegenzug die seit 1514 bestandene Personalunion mit Norwegen aufgeben musste.

Karl XIII. hatte 1809 die „moderne" Verfassung für seine Stände eingeleitet, „indem Wir mit unumschränktem Vertrauen den Reichsständen die Ausübung einer neuen Regierungsform unbeschränkt überlassen haben". Schweden war eine konstitutionelle Monarchie geworden. Mit der Einführung einer neuen Staatsverfassung war der Wunsch oder vielmehr die Hoffnung aller verbunden, die „zukünftige Lage des Vaterlandes zu verbessern".

Die „moderne" Verfassung von Schweden aus dem Jahr 1810

Die bis 1975 – wenngleich in veränderten Fassungen – gültige Verfassung beschnitt die Macht des absoluten Herrschers zugunsten der Stände, hielt aber eine Balance zwischen beiden aufrecht. Basierend auf der Gewaltenteilung, enthielt sie einen Kompromiss zwischen Adel und Besitzbürgertum. Obwohl zwanzig Jahre zuvor in Frankreich im Zuge der Revolution die Stände abgeschafft worden waren, bestand der schwedische Reichstag weiterhin aus den vier getrennt tagenden Ständen: Adel, Klerus, Bürger und – wohl einzigartig für europäische Verhältnisse und für das Zeitalter des beginnenden Konstitutionalismus – freien Bauern. Dennoch wurden gewisse Privilegien der Stände abgeschafft, wie etwa deren Vorrecht auf Ämter oder das Adelsprivileg, Adelsland zu besitzen und dort Steuerfreiheit zu genießen. Erst im Jahr 1866 erfolgte durch Verfassungsreform die Umwandlung des Reichstages nach modernem Zweikammersystem. Im Vergleich mit den französischen Verfassungen erscheint die Verfassung Schwedens von 1809 rückschrittlich, besaß sie doch keinen eigenen Grundrechtekatalog, sondern nur vereinzelte Grundrechte. Dies galt etwa für die seit 1766 garantierte, 1949 reformierte Pressefreiheit.

Da Karl XIII. kinderlos war, fiel die Wahl auf den dänischen Prinzen Christian August von Augustenburg (1768–1810) als Thronfolger. Nach dessen frühem Tod im Jahr 1810 adoptierte Karl XIII. den bürgerlich geborenen, na-

Die frühkonstitutionelle Phase – Von den ersten Verfassungen bis 1814

poleonischen Marschall Jean Baptiste Bernadotte (1763–1844). Er folgte 1818 seinem Adoptivvater als Karl XIV. Johann auf dem Thron. Die Thronfolgeregelungen für das Haus Bernadotte gelten noch heute, seit 1980 auch für weibliche Nachkommen.

Finnland gelang es nach seiner Abtretung von Schweden an Russland (1809), Zar Alexander I. (1777–1825) die Anerkennung des (eigentlich schwedischen) Fundamentalgesetzes von 1772 abzutrotzen. Die finnischen Stände hatten sich am Reichstag von Borga (25. März–19. Juli 1809) dem Zaren unterstellt, der ihnen – nur in Personalunion verbunden – den Status eines weitgehend autonomen Großfürstentums zusicherte: In einer feierlichen Erklärung (28. März 1808) bestätigte dieser, unter anderem die Gesetze und die Religion des Landes unangetastet lassen zu wollen.

Das Fundamentalgesetz (1772)

Der Zugewinn westlicher Randgebiete für Russland gab für Zar Alexander I. den Anstoß, über die Abfassung einer gesamtrussischen Konstitution nachzudenken. Anfang des 19. Jahrhunderts stellte Russland ein Imperium dar, das auf der Alleinherrschaft des Zaren beruhte. Mit einer Verfassung wollte man eine stabile innere Ordnung erreichen und die Macht des Herrschers stärken. Der von Michail Michailowitsch (Graf) Speranskij (1772–1839) vorgelegte Verfassungsentwurf von 1809 lehnte sich stark an die französische Konsulatsverfassung an: Demnach sollte an der Spitze des Staates der Zar und ein diesem direkt unterstellter Reichsrat stehen. Ein Senat sollte die Gerichtsgewalt ausüben und die Gesetzgebung einem gewählten Parlament (Reichsduma) übertragen werden. Die Abgeordneten hätten in einem vierstufigen Wahlmodus gewählt werden sollen. Alexander I. bestätigte diese Verfassung nicht, einzig der Reichsrat wurde verwirklicht. Im Jahr 1819 legte Novossilzev einen zweiten Verfassungsentwurf vor. Vorbild war das Grundgesetz von Polen aus dem Jahr 1815. Der Entwurf enthielt einige Grundrechte wie etwa die Gleichheit aller vor dem Gesetz. Die gesetzgebende Gewalt lag beim Parlament (*Seim*), das aus einem Ober- und Unterhaus bestehen sollte. Darüber hinaus charakterisierte diese Verfassung ein föderalistischer Zug: Russland wurde gemeinsam mit den autonomen Teilen von Polen und Finnland in große Gebiete, Statthalterschaften, mit lokalen Parlamenten eingeteilt. Auch dieser Verfassungsentwurf blieb auf dem Papier. Allein der Versuch, den Randgebieten Russlands eine Sonderstellungen einzuräumen, konnte durch die finnische Verfassung realisiert werden.

Verfassung à la Russland

Für diese frühkonstitutionelle Phase ist festzuhalten, dass sich der Konstitutionalisierungsprozess vorerst auf Nordamerika, Teile von Mitteleuropa und Skandinavien erstreckte. Durch die Französische Revolution vollzog sich der Durchbruch der Verfassungsidee zunächst in jenen Gebieten, die unter französischer Herrschaft standen. Allerdings war man vor allem in Frankreich spätestens unter der Herrschaft von Napoleon von dem modernen Verfassungsmodell hin zu einem „Scheinkonstitutionalismus" abgewichen: Verfassungen wurden nun zur Bildung eines Herrschaftsgebietes, zur Abgrenzung, Festigung und zum Widerstand instrumentalisiert. Sowohl die Sicherung der bürgerlichen Gesellschaft wie auch die Gewährung von Freiheit und Sicherheit des Individuums blieben zweitrangig. Erst in der Mitte des 19. Jahrhunderts sollte deren schrittweise Verwirklichung erfolgen.

III. Von der Restauration bis zur Zwischenrevolution (1814 bis 1830)

1814   17. Mai Eidsvoller Verfassung (Norwegen)
1815   Juni–September Wiener Kongress
        2. April Absetzung von Napoleon
        4. Juni Verkündigung der *Charte constitutionelle*
        4. November „Grundgesetz" (Norwegen)
1815   22. April Verkündigung der „Zusatzartikel" durch Napoleon
        3. Mai Verfassung von Krakau, endgültige vom 11. September 1818
        8. Juni Deutsche Bundesakte
        7. August Verfassung „Bundesvertrag" für die Schweiz
        14./26. September Gründung der Heiligen Allianz zwischen Russland, Preußen und Österreich
        27. November Verfassung des Königreiches Polen (Kongresspolen)
1817   18. Oktober Wartburgfest
1818   Zollgesetz Preußen
1819   20. September Karlsbader Beschlüsse
1820   15. Mai Wiener Schlussakte
1821   März–1829 griechischer Unabhängigkeitskrieg
1822   Januar Vorläufige Verfassung für Griechenland
        29. März Verfassung „Gesetz von Epidaurus" für Griechenland
1826   19. April Verkündigung der Verfassung *Carta Constitucional* für Portugal
1827   Mai Verfassung für Griechenland
1828   Gründung des Süddeutschen Zollvereins bzw. Mitteldeutschen Handelsvereins

Der Wiener Kongress (1814) leitet die Restauration ein

Der desaströse Russlandfeldzug 1812 und die Völkerschlacht bei Leipzig 1813 leiteten das Ende der Napoleonischen Herrschaft ein. Die Mitglieder der beiden einst vom Kaiser berufenen Kammern, *Senat* und *Corps législatif*, nahmen die bisher nie gerügten Verfassungsbrüche des Kaisers zum Vorwand, ihn am 2. April 1814 für abgesetzt zu erklären. Der Bruder von Ludwig XVI., Ludwig XVIII. (1755–1824), kehrte auf Drängen seiner Anhänger als – nach vorrevolutionärem Erbrecht berufener – „legitimer Herrscher" aus dem englischen Exil zurück. Damit demonstrierte man augenscheinlich den Bruch mit der revolutionären und Napoleonischen Zeit. Ludwig XVIII. unterzeichnete am 30. Mai 1814 den ersten Frieden von Paris, der auf die politische Neuordnung Europas abzielte, wozu sich die Siegermächte, allen voran Großbritannien, Russland, Österreich und Preußen, zum Wiener Kongress einfanden. Dieser Kongress leitete das Zeitalter der Restauration ein, in dem nun monarchische Legitimität und Abwehr revolutionärer Strömungen in direktem Gegensatz zu den Kräften der Aufklärung, der Moderne standen. Dieser Widerspruch wurde zum Wesensmerkmal der Epoche von 1815 bis 1848.

Von der Restauration bis zur Zwischenrevolution (1814 bis 1830)

Restauration
Den Begriff Restauration als politischer Leitbegriff und das Staatsdenken der Zeit von 1815 bis 1830 prägte der Schweizer Staatsrechtler Karl Ludwig von Haller (1768–1854). Er verfasste ein sechsbändiges Werk (1816–1834) mit dem Titel „Restauration der Staatswissenschaft, oder Theorie des natürlich-gesellig-Zustandes, der Chimäre des künstlich-bürgerlichen entgegengesetzt". Eine zentrale Aussage dieses Werkes lautet, dass die öffentliche Gewalt auf Eigentum beruhe und der Landesherr Eigentümer des Staates sei. Er sei niemanden außer Gott verantwortlich, aber seine Gewalt werde durch Vertrag und Recht sowie Eigentum und die Autonomie der Untertanen in Grenzen gehalten.

Diese Einstellung und zwei weitere Komponenten bestimmten die nachfolgende Verfassungsentwicklung: die liberale und die nationale. Vertreter der ersten Komponente setzten sich für die konstitutionelle Verfassungsbewegung in Verbindung mit demokratischen Strömungen ein, die Vertreter der zweiten forderten einen Nationalstaat, verbunden mit liberalem und demokratischem Gedankengut. Dies galt in erster Linie für die später entstandenen Staaten Griechenland, Belgien, Italien oder auch Deutschland. Erstmals seit der Französischen Revolution kamen die Vertreter der vier europäischen Großmächte zusammen, um die Ordnung in Europa wieder herzustellen. Anstelle des Prinzips der Volkssouveränität trat im Sinne einer wieder herzustellenden Staatsordnung wiederum – so etwa in Frankreich – das Legitimitätsprinzip als Grundlage der politischen Ordnung. Nach außen hin machte man diese Transformation in der Heiligen Allianz sichtbar.

Die Heilige Allianz
Die Heilige Allianz bildeten am 14./26. September 1815 Zar Alexander I., Kaiser Franz I. von Österreich und Friedrich Wilhelm III. von Preußen als Bündnis, worin sich die Partner zur christlichen Religion bekannten, die Heilige Schrift als Grundlage für die politischen Handlungen im Inneren, aber auch in politischen Beziehungen zueinander anerkannten und ein gegenseitiges Beistandsversprechen ablegten. Die drei Gründungsmitglieder instrumentalisierten die Allianz zur Durchsetzung ihrer restaurativen außenpolitischen Interventionspolitik und gegenseitigen innenpolitischen Einflussnahme. Die Heilige Allianz bildete ein Instrument gegen die nationalen und liberalen Strömungen in Europa. Sukzessive trat die Mehrheit der europäischen Staaten der Allianz bei, so z. B. Frankreich am 19. November 1815. Großbritannien, die Hohe Pforte und der Heilige Stuhl vermieden dagegen einen formellen Anschluss.

Rivalitäten untereinander und schließlich konkurrierende Ziele der Großmächte – vor allem in der Frage der Anerkennung Griechenlands im Jahr 1830 – führten zum Zusammenbruch des Bündnisses. Die damalige Einstellung zum Thema Staatsverfassung und „Heilige Allianz" kann anhand der nachfolgenden Beschreibung veranschaulicht werden:

Verfassungsdenken, 1814
Aus: Adam Müller, Von der besten Staatsverfassung, in: Ders.: Von der Nothwendigkeit einer theologischen Grundlage der gesammten Staatswissenschaften und der Staatswirthschaft insbesondere, Leipzig 1819, 70.

Wenn alle Wunden dieses Jahrhunderts verblutet und alle Leidenschaften, welche die Urteile verwirren, zur Ruhe gebracht sein werden, dann wird die spätere

III. Von der Restauration bis zur Zwischenrevolution (1814 bis 1830)

Nachwelt in den krampfhaften Bewegungen dieser Zeit nur das Erwachen der Religion wahrnehmen: Sie wird das dumpfe Geschrei nach Verfassungen, welches alle ruhige politische Untersuchung übertäubt, verstehen: erkennen wird sie, dass es allerdings eine Konstitution, eine Verfassung gegolten hat, ein Hintanstreben zu jener ersten und einzigen politischen Verfassung, welche auf der Erde bestanden hat, der christlichen nämlich; ein dringendes, unwiderstehliches Verlangen nach jenem natürlichen, aber von einem gehorsamen Herzen für das unmittelbare Werk Gottes anerkannten Stande oder Staate der Menschheit, welchen die eitle Vernunft, eben weil sie überhaupt ihrer innersten Natur nach zu keiner Anerkennung irgend einer Verfassung gelangen kann, niemals erschwingen wird.

Staaten- und Systemrestauration

Das Hauptthema des Kongresses stellte die territoriale Neuordnung Europas dar, neben der Schaffung einer dauernden Friedensordnung für Europa und der Herstellung eines Kräftegleichgewichts der europäischen Großmächte. Als Gewinner des Kongresses gingen Russland (mit den Gebietszuwächsen Finnland sowie Teilen von Polen und Moldawien) und Großbritannien hervor. Seit 1801 als United Kingdom of Great Britain and Ireland zusammengeschlossen, konnte es die See- und Kolonialmacht weiter ausbauen. Der am Kongress neubegründete Deutsche Bund umfasste im Wesentlichen die Grenzen des vormaligen Heiligen Reiches, das Kaisertum Österreich hingegen konnte u. a. Kärnten, Tirol, Vorarlberg zurück-, sowie Salzburg und Lombardo-Venetien dazugewinnen. Spanien und Frankreich erhielten ihren territorialen *Status quo ante* 1789, Italien blieb wie vor Napoleon in Mittel- und Kleinstaaten mit großteils habsburgischen und bourbonischen Monarchen aufgeteilt; der Kirchenstaat wurde wieder errichtet. Schweden erhielt 1814 Norwegen als Entschädigung für das Abtreten von Finnland an Russland. Dänemark musste Norwegen abtreten, Island und Grönland verblieben bei Dänemark.

Heftig diskutierte man die polnische Frage. Der Wiener Kongress hatte die Teilungen Polens von 1772, 1793 und 1795 bestätigt. Seither existierte kein unabhängiger Staat Polen. Vielmehr erstreckte er sich auf sechs Gebiete: das Königtum Polen, das man Kongresspolen nannte, wurde in Personalunion mit Russland verbunden. Die ehemaligen ostpolnischen Gebiete Litauen, Weißrussland und Teile der Ukraine fielen (unmittelbar) an Russland, West- und Ostpreußen, das Ermland und Danzig wurden Preußen inkorporiert, die übrigen Teile zum Großherzogtum Posen, das unter preußische Verwaltung kam. Österreich behielt das Königreich Galizien-Lodomerien, Krakau wurde Freistadt. Das napoleonische Großherzogtum Warschau wurde somit von der Landkarte Europas getilgt.

Das Königreich Polen und die Freie Stadt Krakau erhielten eigenständige Verfassungen: Im Königreich Polen (Kongresspolen) wurde am 27. November 1815 eine Verfassung verkündet, welche die Verfassung des Großherzogtums Polen ersetzte, wenngleich Letztere teilweise als Grundlage der neuen Verfassung diente. Durch diese neue Verfassung wurde Kongresspolen eine konstitutionelle Monarchie, die Exekutive lag mit großer Machtfülle ausschließlich beim König. Das Parlament bestand aus zwei Kammern, Senat und Landbotenkammer, es beriet und verabschiedete Haushalts- und Steuergesetze.

Von der Restauration bis zur Zwischenrevolution (1814 bis 1830)

Die Freie Stadt Krakau unterstand den drei Großmächten Russland, Preußen und Österreich. Sie erhielt bereits auf dem Wiener Kongress eine Verfassung (3. Mai 1815). Die endgültige Verfassung stammt hingegen vom 11. September 1818. Durch diese wurde die Freistadt Krakau eine Republik, wodurch erstmals in der Geschichte Polens ein Staatsaufbau ohne Monarch konstituiert wurde (Martina Thomsen). Diese Verfassung lehnte sich an die Maiverfassung aus dem Jahr 1791 an. Die Exekutive übte ein Senat aus, dem zwölf Senatoren und ein Präsident angehörten. Die Legislative lag in der Hand der Repräsentantenkammer, gemeinsam mit dem Senat beteiligte sich diese am Gesetzgebungsverfahren. Der Senat arbeitete Gesetzesvorlagen aus, die von der Kammer beraten und beschlossen wurden.

Die Restauration bedeutete einen wesentlichen Einbruch im Konstitutionalisierungsprozess: Viele Verfassungen wurden ersatzlos aufgehoben, dennoch konnte das restaurative Europa auf Verfassungen nicht völlig verzichten. Die nun erlassenen Verfassungen hatten großteils ein Charakteristikum gemeinsam, sie waren nach rückwärts und nicht nach vorne ausgerichtet. Das galt in besonderer Weise für die am 4. Juni 1814 erlassene französische *Charte constitutionelle*, die Vorbild für weitere Verfassungen in Europa wurde. Sie verfügte über eine lange, archaische Präambel, in der man nicht nur die Distanz zur Napoleonischen Zeit ausdrückte, sondern deren Inhalt richtungsweisend für die gesamte Epoche wurde:

Restauration und Konstitutionalisierungsprozess

Präambel Charte constitutionelle vom 4. Juni 1814
Aus: Gosewinkel/Masing, Verfassungen in Europa, 281–282

Wir Ludwig von Gottes Gnaden König von Frankreich und Navarra, Allen denen, welchen Gegenwärtiges zu Gesicht kommt, Unsern Gruß zuvor.
(…) Wir glauben nun auch, nach dem Beispiele der Könige Unserer Vorfahren, die Wirkungen der immer zunehmenden Aufklärung, die neuen Verhältnisse, welche diese Fortschritte in der bürgerlichen Gesellschaft hervorgebracht haben, die dem menschlichen Geiste seit einem halben Jahrhundert dadurch gegebene Richtung, und die tief greifenden Veränderungen, welche daraus hervorgegangen sind, würdigen zu müssen. Wir erblickten in dem Wunsche Unserer Unterthanen nach einer neuen Constitutionsurkunde den Ausdruck eines wesentlichen Bedürfnisses; allein, indem Wir diesem Wunsche nachgeben, haben Wir zugleich alle Maasregeln ergriffen, diese Constitution sowohl Unserer als des Volks würdig zu machen, auf dessen Beherrschung Wir stolz sind. Mit Commissarien Unsers Conseils haben sich weise Männer aus den ersten Staatskörpern vereinigt, um an diesem wichtigen Werke zu arbeiten.
Indem Wir den Grundsatz anerkannten, daß eine freie und monarchische Constitution den Erwartungen des aufgeklärten Europa's entsprechen müsse, durften Wir zugleich nicht vergessen, daß Unsere erste Pflicht gegen Unsere Völker darin bestand, die Rechte und Vorzüge Unserer Krone in ihrer ganzen Reinheit aufrecht zu erhalten. Wir hoffen, daß Unsere Völker, von der Erfahrung belehrt, sich davon überzeugt haben werden, daß die höchste Staatsgewalt allein den von ihr getroffenen Einrichtungen jene Kraft, jene Dauer und jene Majestät verleihen kann, womit sie selbst bekleidet ist; daß daher nur dann, wenn die Weisheit der Könige mit den Wünschen ihrer Völker im zwanglosen Einklange steht, eine solche Constitutionsurkunde von langer Dauer seyn kann, und daß dagegen dort, wo Trotz und Gewaltthätigkeit einer schwachen Regierung Bewilligungen abzwingen, die öffentliche Freiheit in eben so großer Gefahr schwebt, als der Thron selbst. Wir suchten endlich die Grundlagen Unserer neuen Constitutionsurkunde in dem französi-

III. Von der Restauration bis zur Zwischenrevolution (1814 bis 1830)

schen Charakter, und in den ehrwürdigen Denkmälern der vergangenen Jahrhunderte auf. Daher erblickten Wir in der Wiederherstellung der Pairswürde eine wahrhafte Nationaleinrichtung, wodurch jede Erinnerung der Vergangenheit mit allen Hoffnungen verknüpft und die alte und neue Zeit mit Einem Bande umschlossen wird. […]

Unserer guten Absichten gewiß, und stark durch die Reinheit Unsers Gewissens, verpflichten Wir Uns hiermit im Angesicht der gegenwärtigen Versammlung, dieser neuen Constitutionsurkunde getreu zu seyn, und behalten Uns vor, deren Aufrechthaltung bei einer neuen feierlichen Handlung vor dem Altare desjenigen zu beschwören, welcher die Könige und die Nationen in der nämlichen Wagschale abwiegt.

Aus diesen Gründen haben Wir freiwillig und in freier Ausübung Unserer königlichen Gewalt sowohl für Uns, als für Unsere Nachfolger, auf ewige Zeiten Unsern Unterthanen diese Constitutionsurkunde, so wie sie hier folgt, zugestanden, übergeben und bewilligt.

Derart dokumentierte man, dass eine Verfassung einseitig vom Herrscher – und dies keinesfalls gemeinsam mit, oder gar nur von dem Volk – erlassen wurde. Das monarchistische Prinzip löste, vorerst, die Volkssouveränität ab. Somit knüpfte die Charte – bewusst, geradezu in Verleugnung der Revolution – an die alten, vorrevolutionären Staatsgrundsätze und Herrschaftsverträge an. Die Verfassung war nicht wie etwa die Revolutionsverfassungen herrschaftsbegründend, sondern herrschaftslegitimierend, teilweise aber auch herrschaftsbegrenzend. Wenn auch der Herrscher gemeinsam mit den Kammern die Gesetzgebung ausübte, so stand ihm allein die vollziehende Gewalt zu, ebenso die Gerichtsbarkeit („Alle Justiz geht vom König aus!") und er besaß das alleinige Gesetzesinitiativrecht: „Le roi est le chef suprême de l'État!" Er allein sanktionierte und promulgierte die Gesetze und er allein konnte die Kammern einberufen bzw. auflösen. Grundsätzlich regierte der Monarch nach Belieben, er war nur ausnahmsweise durch die Verfassung beschränkt, die Legislative wurde in diesem Fall durch die Krone gemeinsam mit dem Parlament ausgeübt. Dieses bestand aus zwei Kammern, der Pairs- und der Deputierten-Kammer. Erstere war die Nachfolgerin des kaiserlichen Senats. Die Pairs (Geistliche und weltliche Adelige) ernannte der König, und die Deputierten wurden alle fünf Jahre von Männern, die mindestens 30 Jahre alt waren, nach Zensuswahlrecht gewählt. Die „Staatsrechte der Franzosen" umschrieben einen relativ engen Bereich der Menschenrechte wie Gleichheit vor dem Gesetz, Meinungsfreiheit, unverletzliches Eigentum und Religionsfreiheit bei gleichzeitiger Nennung der römisch-katholischen Religion als Staatsreligion! Sie beinhalteten weder Versammlungs- noch Vereinsfreiheit und gewährten Pressefreiheit nur unter Vorbehalten. Dieter Gosewinkel / Johannes Masing bewerten die Verfassung als Reflexion einer Kräftebalance, wonach der Absolutismus nicht mehr und die Volkssouveränität (noch) nicht durchsetzungsfähig waren.

Napoleons Rückkehr von Elba (März 1815), die François-René Vicomte de Chateaubriand (1768–1848) als „Invasion eines Landes durch einen Mann" bezeichnete, und die Herrschaft der Hundert Tage bewirkten eine Unterbrechung dieses Verfassungslebens durch Verkündigung eines Zusatz-

Von der Restauration bis zur Zwischenrevolution (1814 bis 1830)

artikels zu den Konstitutionen des Kaiserreichs am 22. April (*Acte addititonnel aux constitutions de l'Empire de 1815*). Napoleon versuchte an seine Tradition anzuknüpfen, konnte jedoch die liberalere Charte nicht einfach negieren, indem er die Verfassung des Empire restituierte. Daher entschied sich Napoleon für einen *Acte addititonnel*, wonach Frankreich wieder Kaiserreich werden sollte – gemeinsam mit den beiden Kammern, Pairs und Repräsentanten, sollte die gesetzgebende Gewalt ausgeübt werden. Minister waren in der Ausübung ihrer Tätigkeit verantwortlich. Im sechsten Teil der Verfassung wurden die Rechte der Bürger festgesetzt. Grundsätzlich wurde dieser *Acte additionnel* in Anlehnung an die Charte erlassen. Trotz einer Volksabstimmung währte sie nur 14 Tage, da nach Napoleons Niederlage bei Waterloo am 18. Juni 1815 dessen lebenslängliche Verbannung auf die Atlantik-Insel St. Helena erfolgte. König Ludwig XVIII. restituierte nach seiner Rückkehr die Verfassung von 1814.

Herrschaft der Hundert Tage und der Acte additionnel aux constitutions de l'Empire (1815)

Im Gegensatz zur *Charte constitutionelle* wurde die Verfassung von Norwegen nicht einseitig erlassen, sondern paktiert. Norwegen wurde 1814 Schweden angegliedert, wogegen die Norweger protestierten und aus Widerstand – ähnlich wie die spanischen Cortes – am 17. Mai 1814 die Verfassung von Eidsvoll erließen. Dieses Jahr gilt als Geburtsjahr der eigenstaatlichen Souveränität, da gleichzeitig mit der Verkündigung der Verfassung die Unabhängigkeit (gegenüber Dänemark und Schweden) ausgerufen wurde: „Das Königreich Norwegen ist ein freies, unabhängiges und untheilbares Reich. Seine Regierungsform ist eingeschränkt und erblich monarchisch (§ 1)."

Eidsvoller Verfassung (1814) von Norwegen

Diese Unabhängigkeitserklärung führte zur militärischen Intervention von Schweden und schließlich zur Vereinbarung der **Personalunion** zwischen Norwegen und Schweden. Diese fand in der – noch heute gültigen – Verfassung vom 4. November 1814 ihren Niederschlag. Der erste Paragraf lautete nun wie folgt: „Das Königreich Norwegen ist ein freies, unabhängiges und untheilbares Reich, mit Schweden unter einem König vereint. Seine Regierungsform ist eingeschränkt und erblich monarchisch."

> **Personalunion**
> Eine Personalunion ist eine rechtlich zufällige politische Verbindung von Staaten durch einen gemeinsamen Herrscher; die Staaten behalten ihre Unabhängigkeit und sind eigene Völkerrechtssubjekte. Anders die Realunion, die aufgrund übereinstimmender, normativer Grundlagen entstanden ist und die gemeinsame Organe kennzeichnen.

Die norwegische Verfassung galt zu jener Zeit als die demokratischste und modernste Verfassung Europas. In Anlehnung an die US-Verfassung war die Exekutive mit relativ starken Kompetenzen ausgestattet. Der König ernannte nicht nur die Minister, Staatsräte genannt, sondern auch die Richter und die Beamten. Er war Oberbefehlshaber der Streitkräfte und Oberhaupt der lutherischen Staatskirche; ausschließlich in seinen Kompetenzen lagen Außenpolitik und die Entscheidung über Krieg und Frieden. Die Legislative oblag dem Parlament (*Storting*), das, etwa um Gesetze zu verabschieden oder Ministeranklage zu erheben, in das *Lagting* und das *Odelsting* geteilt war. Der König konnte das *Storting* nur dann auflösen, wenn es länger als drei Monate ohne seine Einwilligung tagte.

III. Von der Restauration bis zur Zwischenrevolution (1814 bis 1830)

Grundgesetz vom 4. November 1814
Aus: Gosewinkel/Masing, Verfassungen in Europa, 714

Wir, Repräsentanten des Norwegischen Reichs bei dem den 7. October 1814 in Folge der Bekanntmachung vom letztverflossenen 16. August in Christiana versammelten außerordentlichen Storthing, thun kund:
Nach dem wir, wie unsere Bekanntmachung vom 21. vorigen Monats ergiebt, am Tage zuvor, nach reifer Ueberlegung beschlossen hatten, dass das Königreich Norwegen in Zukunft, wie ein selbständiges Reich, mit dem Königreiche Schweden unter einem Könige vereinigt seyn solle, jedoch unter Beibehaltung seines Grundgesetzes, mit den zum Glück des Reichs, und in Gemäßheit dieser Vereinigung nothwendigen Veränderungen, haben wir diese in nähere Erwägung gezogen, und deshalb zugleich mit den zu dem Ende zu Folge der zu Moß [heut: Moss] geschlossenen Constitution von letztverflossenem 14. August ernannten Königlichen Commissarien unterhandelt. Demnach haben wir beschlossen, gleichwie wir hierdurch beschließen und festsetzen, dass anstatt der von der Reichsversammlung von Eidsvold den letztverflossenen 17. Mai gegebenen Consitution, folgende, theils auf dieselbe gebauten, theils in Gemäßheit der Vereinigung getroffenen Bestimmungen inskünftige gelten und von allen und jeden Beikommenden beobachtet und unverbrüchlich befolgt werden sollen.

Das *Storting* anerkannte die Verbindung mit dem König von Schweden. Der in Stockholm residierende gemeinsame Monarch berief seinen Vizekönig oder Statthalter in Christiana/Oslo, am Stockholmer Hof waren drei norwegische Staatsräte vertreten. Der Monarch war mit umfassenden Kompetenzen jeweils für Schweden und Norwegen ausgestattet. Er musste lediglich bei Entscheidungen über Krieg und Frieden die Stellungnahmen der norwegischen Regierung einholen. Die Personalunion rief unter den Norwegern große Unzufriedenheit hervor, der „Unionsstreit" prägte weitgehend die sogenannte Unionszeit. Vor allem die Tatsache, dass die Norweger den König nicht als gemeinsamen Interessensvertreter ansahen, sondern lediglich als Interessensvertreter der schwedischen Angelegenheiten, führte zur Stärkung des *Stortings*: Norwegen erhielt 1884 eine parlamentarische Regierungsform. Die schwedisch-norwegische Personalunion endete friedlich im Jahr 1905, was in Norwegen verfassungsrechtlich keine Neuerungen brachte, wohl aber zur Einführung des allgemeinen Wahlrechtes in Schweden 1907 führte.

Der Wiener Kongress und die Gründung des Deutschen Bundes

Ein zentraler Verhandlungspunkt am Wiener Kongress war die Frage der Neuordnung der deutschen Staatenwelt, die schon zuvor mehrfach diskutiert wurde. Einige Verfassungsentwürfe hatten eine nationale Einigung zum Inhalt, andere wiederum die Restauration des Heiligen Römischen Reiches deutscher Nation. Nach langen Verhandlungen stellte sich heraus, dass weder das eine noch das andere Modell realisierbar war, hingegen der Etablierung eines Gleichgewichts der Mächte in Europa und Deutschland oberste Priorität zukam. So entschied man sich nicht für einen Bundesstaat, sondern für eine lockere Föderation, wie sie der Deutsche Bund darstellte. Er wurde als Nachfolgeorganisation des Heiligen Römischen Reiches deutscher Nation am Wiener Kongress geboren, unter dem Vorsitz von Österreich. Seine „Verfassung" bildete die **Deutsche Bundesakte**, die als Teil der Wiener Kon-

Von der Restauration bis zur Zwischenrevolution (1814 bis 1830)

gressakte am 8. Juni 1815 in Kraft trat, aber keine Verfassung im herkömmlichen Sinn war.

> **Die Deutsche Bundesakte**
> Die Deutsche Bundesakte stellt einen völkerrechtlichen Vertrag dar und das erste Bundes-Verfassungsgesetz über die Gründung des Deutschen Bundes. Nach deren Verabschiedung wurde sie am 10. Juni 1815 von 39 Staaten unterzeichnet. Die Auflösung des Deutschen Bundes im Jahr 1866 setzte die Deutsche Bundesakte außer Kraft. Mitglieder waren: das Kaiserreich Österreich, die Königreiche Preußen, Bayern, Sachsen, Hannover, Württemberg, das Kurfürstentum Hessen-Kassel, die Großherzogtümer Baden, Hessen-Darmstadt, Holstein und Lauenburg, Luxemburg und Sachsen-Weimar sowie Mecklenburg-Schwerin, Mecklenburg-Strelitz und Oldenburg, die Herzogtümer Sachsen-Coburg-Gotha, Sachsen-Meiningen, Sachsen-Altenburg, Braunschweig, Nassau, Anhalt-Dessau, Anhalt-Bernburg, Anhalt-Köthen; die Fürstentümer Schwarzburg-Sondershausen, Schwarzburg-Rudolstadt, Hohenzollern-Hechingen, Hohenzollern-Sigmaringen, Liechtenstein, Reuß ältere Linie, Reuß jüngere Linie, Lippe-Detmold, Schaumburg-Lippe, Waldeck und die Landgrafschaft Hessen-Homburg sowie die Freien Städte Lübeck, Frankfurt am Main, Bremen und Hamburg.

Der Deutschen Bund umfasste alle innerhalb des ehemaligen Heiligen Römischen Reiches gelegenen Staaten, also auch Preußen und Österreich, allerdings nur mit ihren ehemaligen Reichsgebieten. Demnach gehörten Ost- und Westpreußen und Posen sowie Ungarn, die polnischen und italienischen Gebiete Österreichs nicht zum Bund. Weitere „externe" Mitglieder waren u.a. der König von Großbritannien als König von Hannover, der König des Vereinigten Königreiches der Niederlande als Großherzog von Luxemburg sowie der König von Dänemark als Herzog von Holstein und Lauenburg. Der Bund verfügte weder über eine Exekutive noch über ein Bundesgericht; als einziges Organ fungierte die aus weisungsgebundenen Gesandten der Mitgliedstaaten bestehende, ständige Bundesversammlung in Frankfurt am Main unter österreichischem Vorsitz. Sie setzte sich aus zwei Räten zusammen: Der *Engere Rat* war für die Erledigung normaler Geschäfte zuständig, hier konnten Mehrheitsbeschlüsse gefasst werden. Größere Staaten hatten darin eine Stimme (Virilstimme/Einzelstimme), kleinere Staaten bildeten zusammen mehrere Kurien und verfügten damit jeweils gemeinsam über eine Stimme (Kuriatstimme). Im „Plenum" hingegen galt das Einstimmigkeitsprinzip; es fasste wichtigere Beschlüsse wie etwa Grundgesetze. Jedes Mitglied besaß ein eigenes Stimmrecht, das allerdings derart gewichtet war, dass größeren Staaten mehrere Stimmen zukamen. Von einer Volksvertretung konnte nicht einmal ansatzweise die Rede sein. In Art. 2 der Deutschen Bundesakte formulierte man den Zweck des Bundes: „Erhaltung der äußeren und inneren Sicherheit Deutschlands und der Unabhängigkeit und Unverletzbarkeit der einzelnen deutschen Staaten."

Der Deutsche Bund betrieb eine Status-quo-Politik auf konservativ-christlicher Grundlage, der sich bald zum Ziel machte, liberale und nationale Strömungen zu unterdrücken. Zu diesem Zweck wurden vier Gesetze zur inneren Sicherheit als einige der wenigen Gesetze des Deutschen Bundes erlassen. Dabei handelt es sich um die **Karlsbader Beschlüsse** vom 20. September 1819.

Die Karlsbader Beschlüsse als Ausdruck konservativer Politik

57

Von der Restauration bis zur Zwischenrevolution (1814 bis 1830)

> **Karlsbader Beschlüsse**
> Die Karlsbader Beschlüsse sind Ausdruck der konservativ-reaktionären Politik des Deutschen Bundes. Sie umfassten vier Bundesgesetze:
> Das Universitätsgesetz, womit die strenge Überwachung aller Universitäten vorgeschrieben wurde, bezweckte die Aufrechterhaltung der akademischen Gesetze und die Durchsetzung der Disziplinarvorschriften, die Förderung der Wahrung der Sittlichkeit, der guten Ordnung und des äußeren Anstands unter den Studierenden und die „Beobachtung" der akademischen Lehrer bei ihren Vorlesungen und Vorträgen.
> Das Pressegesetz führte die Vorzensur für fast das ganze Buch- und Zeitschriftenwesen wieder ein.
> Das Untersuchungsgesetz, womit eine Zentraluntersuchungskommission in Mainz eingerichtet wurde. Ihre Aufgabe war die „gemeinschaftliche (...) Untersuchung und Feststellung des Tatbestandes, des Ursprungs und der mannigfachen Verzweigungen der gegen die bestehende Verfassung und innere Ruhe, sowohl des ganzen Bundes, als einzelner Bundesstaaten, gerichteten revolutionären Umtriebe und demagogischen Verbindungen."
> Die Exekutionsordnung war das einzige der vier Gesetze, das am 3. August 1820 als definitives Bundesgesetz in Kraft trat. Mit diesem Gesetz konnte der Bund gegen Gliedstaaten bei Nichterfüllung der Bundespflichten mittels Bundesexekutiv vorgehen, gegen umstürzlerische Bewegungen in den Einzelstaaten mittels Bundesintervention.

Vertreter der zehn größeren Mitgliedstaaten des Deutschen Bundes trafen sich in Karlsbad, um ein gemeinsames bundespolitisches Agieren zu beschließen. Aufgrund der Erfahrungen mit dem **Wartburgfest** (1817) und dem tödlichen Attentat des radikalen deutsch-nationalen Studenten Karl Ludwig Sand (1795–1820) auf den deutschen Schriftsteller und russischen Generalkonsul August von Kotzebue (1761–1819) wollte man mit einer restriktiven Gesetzgebung die revolutionär-liberalen Tendenzen unterdrücken.

> **Wartburgfest (18. Oktober 1817)**
> Am Wartburgfest erfolgte die erste Kundgebung der Burschenschaften. Das Fest stand im Zeichen der Reformation (1517) und der Völkerschlacht von Leipzig (1813). Nach Diskussionen im Burghof, dem Besuch des Gottesdienstes und dem Abhalten gemeinschaftlicher Turnübungen zogen etwa 6000 Studenten mit Fackeln auf einen Berg, um ein symbolisches Siegesfeuer zu entzünden. In der Folge wurde undeutsches Schrifttum wie der Code Civil oder Sinnbilder des absolutistischen Regimes (ein Zopf) verbrannt. Gefordert wurde die politische und wirtschaftliche Einheit Deutschlands, eine konstitutionelle Monarchie, Grundrechte wie die Gleichheit aller vor dem Gesetz, Pressefreiheit oder Redefreiheit.

Die Karlsbader Beschlüsse griffen weit in die Kompetenzen der Mitgliedstaaten des Deutschen Bundes ein und so fand die restaurative Einstellung der Fürsten ihren Ausdruck. Indirekt bildeten sie den Ausgangspunkt für die Revolutionen des Jahres 1830 in Deutschland, als die durch die Karlsbader Beschlüsse erfolgreich unterdrückten liberalen und nationalen Gedanken in voller Heftigkeit zum Ausbruch kamen.

Da die Deutsche Bundesakte als Rahmenvertrag verfasst war, beriet man ebenfalls in Karlsbad weitere Punkte zur Ausführung: Diese wurden am 15. Mai 1820 als *Schluß-Acte über Ausbildung und Befestigung des deutschen Bundes zu Wien*, kurz Wiener Schlussakte genannt, verfasst und stellten eine Ergänzung der Deutschen Bundesakte dar. Die Wiener Schlussakte

Von der Restauration bis zur Zwischenrevolution (1814 bis 1830)

wurde am 8. Juli 1820 verabschiedet. In ihr wurde festgelegt, dass der Bund in Fragen von Krieg und Frieden rein defensiv agieren soll. Aufgabe war „die Selbstverteidigung" und die „Erhaltung der Selbständigkeit und äußeren Sicherheit Deutschlands!" Art. 26 erlaubte dem Bund, bei offenem Aufruhr in den einzelnen Bundesstaaten zu intervenieren:

Wiener Schlussakte
Aus: Hardtwig/Hinze, Vom Deutschen Bund zum Kaiserreich, 45, 50

Art.1 Der Deutsche Bund ist ein völkerrechtlicher Verein der deutschen souverainen Fürsten und freien Städte, zur Bewahrung der Unabhängigkeit und Unverletzbarkeit ihrer im Bunde begriffenen Staaten, und zur Erhaltung der inneren und äußeren Sicherheit Deutschlands.
Art. 2 Dieser Verein besteht in seinem Inneren als eine Gemeinschaft selbständiger, unter sich unabhängiger Staaten, mit wechselseitigen gleichen Vertrags-Rechten und Vertrags-Obliegenheiten, in seinen äußern Verhältnissen aber, als eine in politischer Einheit verbundene Gesammt-Macht.
Art. 26 Wenn in einem Bundesstaate durch Widersetzlichkeit der Unterthanen gegen die Obrigkeit die innere Ruhe unmittelbar gefährdet, und eine Verbreitung aufrührerischer Bewegungen zu befürchten, oder ein wirklicher Aufruhr zum Ausbruch gekommen ist, und die Regierung selbst, nach Erschöpfung der verfassungsmäßigen und gesetzlichen Mittel, den Beistand des Bundes anruft, so liegt der Bundes-Versammlung ob, die schleunigste Hülfe zur Wiederherstellung der Ordnung zu veranlassen.

Viele zeitgenössische Gebildete empfanden den Bund außen- wie auch innenpolitisch als kümmerlich und als eine Karikatur. Österreich oder auch Preußen brachten Vorschläge ein, wie die künftige Gestalt Deutschlands aussehen könnte. So legte bereits im Juli 1814 der preußische Staatskanzler Karl August Freiherr von Hardenberg (1750–1822) einen „Entwurf der Grundlage der deutschen Bundesverfassung" vor. Der Verfassungsplan konnte allerdings nicht umgesetzt werden. Wenngleich sich die Bundesversammlung gegen jene Verfassungsentwicklung aussprach, die bereits in den süd- und mitteldeutschen Staaten (z.B. Nassau: 2. September 1814) angebrochen war, legte man, allerdings im restaurativen Sinne, in **Art. 13 Deutsche Bundesakte** fest: „In allen Bundesstaaten wird eine landständische Verfassung stattfinden."

Art. 13 DBA: In allen Bundesstaaten wird eine landständische Verfassung stattfinden

Art. 13 Deutsche Bundesakte
Der Inhalt des Art. 13 stellte einen Kompromiss unter den Mitgliedstaaten des Bundes dar, hier vor allem zwischen Bayern und Württemberg. Der Artikel war vage formuliert („soll stattfinden") und wurde nicht gänzlich umgesetzt. Faktisch erwies er sich als „klare Absage an die sich zumeist erst unter dem Rheinbundregime in vielen deutschen Staaten ausgebreitete absolutistische Fürstenherrschaft" (Michael Kotulla) und hatte die Schaffung erneuerter landständischer Verfassungssysteme zum Ziel. Art. 13 war somit ein Instrument zur Begrenzung der einzelstaatlichen Verfassungsautonomie. Hinsichtlich der Bezeichnung „landständische Verfassung" setzte man diese alsbald mit Repräsentativverfassung gleich. Damit hatte sich das Prinzip der Volksrepräsentation als Bestandteil des deutschen Verfassungslebens endgültig etabliert, so Michael Kotulla. Der Jurist und Vertraute von Metternich, Friedrich Gentz (1764–1832), verfasste eine von Metternich beauftragte Denkschrift, die Gentz anlässlich der Karlsbader Konferenz präsentierte.

59

III. Von der Restauration bis zur Zwischenrevolution (1814 bis 1830)

> Darin beschrieb er „landständische Verfassungen" „als jene, wo Mitglieder und Abgeordnete durch sich selbst bestehender Körperschaften ein Recht der Theilnahme an der Staatsgesetzgebung ... ausüben." Im Gegensatz dazu stünde die „Repräsentativ-Verfassung", *deren Abgeordnete* „nicht die Gerechtsame und das Interesse einzelner Stände ... sondern die Gesammtmasse des Volkes vorzustellen berufen". Eine derartige Verfassung würde „auf dem verkehrten Begriff von einer obersten Souveränität des Volkes gegründet". Dagegen protestierten die Liberalen.

In Sinne des Art. 13 ergingen Verfassungen etwa für Baden und Bayern (1818), das Fürstentum Lippe und das Königreich Württemberg (1819) oder das Großherzogtum Hessen-Darmstadt (1820). All diese der französischen *Charte constitutionelle* (1814) nachgebildeten Verfassungen stellten eine Entwicklungsstufe zwischen traditionellem Ständewesen und modernem Repräsentativsystem dar (Zweikammersystem, politische Mitverantwortung und Mitgestaltung durch die Landesangehörigen).

Bereits in der Präambel der Deutschen Bundesakte wurden einige Menschenrechte garantiert, etwa die Gleichheit vor dem Gesetz oder die Gewissens- und Meinungsfreiheit. Dahingehend hätte man Art. 13 verstehen können, als man den Landständen bis zu einem gewissen Grad eine politische Mitbestimmung gegenüber dem Monarchen einräumte. Derartigen Spekulationen machte Art. 57 der Wiener Schlussakte ein Ende: „... die gesammte Staats-Gewalt [muß] in dem Oberhaupte des Staats vereinigt bleiben, und der Souverain kann durch eine landständische Verfassung nur in der Ausübung bestimmter Rechte an die Mitwirkung der Stände gebunden werden!"

Durch die Wiener Schlussakte erhielt der Bund Rechtsinstrumente zur Durchsetzung des Bundesrechtes gegenüber bundesrechtswidrigem Verhalten seitens der Mitgliedstaaten: die Bundesintervention und die Bundesexekution. Die Artikel 25 bis 28 regelten die Bundesintervention. Grundsätzlich lag die „Aufrechterhaltung der innern Ruhe und Ordnung" im Kompetenzbereich der Mitgliedstaaten, doch nach Art. 25 Satz 2 Wiener Schlussakte wurden bestimmte Tatbestände zu einer Angelegenheit des gesamten Bundes, etwa Untertanenauflehnung, offener Aufruhr oder mehrere Gliedstaaten bedrohende gefährliche Bewegungen. Die Bundesintervention wurde grundsätzlich durch ein Hilfe-Ersuchen der Regierung eines Mitgliedslandes eingeleitet, doch konnte der Bund auch selbst die Initiative ergreifen, wenn eine Regierung aus eigenen Kräften nicht fähig schien, die Unruhen alleine zu unterdrücken. Die erste Bundesintervention erfolgte im Zusammenhang mit der Unterdrückung revolutionären Gedankengutes in Luxemburg im Jahr 1831.

Die Bundesexekution (Art. 31–34 Wiener Schlussakte) hingegen ermächtigte den Bund, mit Zwangsmaßnahmen gegen die Regierungen solcher Mitgliedstaaten vorzugehen, die den ihnen obliegenden Bundespflichten nicht nachkamen. Davon machte etwa Österreich durch Mobilmachungsantrag gegen Preußen vom 11. Juni 1866 Gebrauch, dem am 14. Juni stattgegeben wurde und der dann am 3. Juli 1866 zur Schlacht von Königgrätz führte.

„Verfassungsentwicklung" im Kaisertum Österreich

Anders als in der gesamtdeutschen Entwicklung verhielt es sich im neugegründeten Kaiserreich Österreich. Die Annahme des Titels *erblicher Kaiser von Österreich* (11. August 1804) durch Franz I. erwies sich hier als integrierendes Element. Die staatsrechtliche Vereinigung aller habsburgischen Erb-

Von der Restauration bis zur Zwischenrevolution (1814 bis 1830)

länder in einem einzigen Gesamtkaiserreich und die territorialen Veränderungen durch die Koalitionskriege brachten jedoch keine inneren verfassungsrechtlichen Neuerungen. Im Gegenteil, in der Phase des Vormärz, also nach dem Wiener Kongress bis zur Revolution 1848, konzentrierte sich Staatskanzler Klemens Wenzel Lothar von Metternich (1773–1859) in erster Linie darauf, den monarchischen Absolutismus zu festigen. Aufgrund der latent vorhandenen Ansprüche der Nationalitäten auf Selbstbestimmung, insbesondere der auf ihr altes Staatsrecht pochenden Ungarn, hätte jede liberale einzel- oder gesamtstaatliche Verfassung Desintegration und Sprengung des Systems bedeutet. Daher nahm man davon Abstand, landständische Verfassungen zu erlassen – mit wenigen Ausnahmen: Kaiser Franz I. erließ *gnadenhalber* ein Verfassungsoktroi für Tirol (1816), Galizien (1817), Krain (1818) und Salzburg (1827). Der Kaiser besaß das unumschränkte Besteuerungsrecht, die Stände hingegen hatten lediglich das Petitionsrecht und das Recht, Beamte für die landständischen Verwaltungen selbst zu ernennen.

Österreich wurde unter Franz I. (1768–1835) und erst recht später unter seinem Sohn Ferdinand I. (1793–1875) weniger regiert, denn administriert – der Reformwille konzentrierte sich in erster Linie auf den Ausbau einer zentralen Bürokratie.

Ähnliches galt auch für Preußen: Hier fanden bahnbrechende Reformen des staatlichen Behördenwesens, des Agrarwesens, der Gesellschaft und in der Stadtverfassung (innerstädtische Organisation und Verwaltung) schon vor 1815 statt. Gemeinsam mit den Reformen im Bereich Wirtschaft, Heer und Bildung sowie dem Edikt zur Bauernbefreiung legten sie den Grundstein für einen modernen Beamtenstaat. Von der Einführung einer landständischen Verfassung sah man ab, errichtete dafür 1822 aber Provinziallandtage mit beratender Kompetenz.

Die Stein-Hardenbergschen Reformen in Preußen

Im Jahr 1818 setzte Preußen einen wesentlichen Schritt in Richtung Einigung der deutschen Länder, als ein Zollgesetz erging, wodurch ein einheitlicher Wirtschaftsraum innerhalb aller preußischen Gebiete entstand, der Fundament für den Zollverein werden sollte: Bayern und Württemberg bildeten 1828 den *Süddeutschen Zollverein,* und im selben Jahr schloss sich der erste mitteldeutsche Staat, Hessen-Darmstadt, dem preußischen Zollsystem an. Damit jedoch Preußen nicht zu stark werde, bildeten weitere Staaten ebenfalls 1828 den letztlich erfolglosen *Mitteldeutschen Handelsverein*. Schließlich wurde 1834 unter preußischem Einfluss und Druck der *Deutsche Zollverein* geschaffen: 18 deutsche Staaten errichteten zunächst durch Abbau der Binnengrenzen ein einheitliches Wirtschaftsgebiet, weitere traten diesem in den folgenden Jahren bei.

Im Sinne der Neuordnung Europas gründeten die Fürsten auf dem Wiener Kongress das Vereinigte Königreich der Niederlande. Die Großmächte fassten bewusst die ehemaligen Vereinigten und die Österreichischen Niederlande sowie Lüttich und Luxemburg zu einem Staat zusammen, um so einen Pufferstaat gegen Frankreich zu bilden. Dieser erhielt 1815 eine Verfassung, die ein Produkt des Wiener Kongresses darstellte – sie war von der dualen Balance zwischen Herrscher und Generalstaaten gekennzeichnet. Die nördlichen Niederlande galten als Vorbild. Das föderale Element spiegelte sich in der zweiten Kammer, den Generalstaaten, wider. Deren Mitglieder wurden nicht nach einem einheitlichen Wahlrecht gewählt, sondern bildeten

Gründung des Vereinigten Königreiches der Niederlande

III. **Von der Restauration bis zur Zwischenrevolution (1814 bis 1830)**

sich aus Mitgliedern der Ständeversammlungen der verschiedenen Provinzen, die auf drei Jahre nach einem Rotationsmodus gewählt wurden.

Die Gründung der Schweizer Eidgenossenschaft

In der Schweiz setzte man am 29. November 1813 nach dem Sturz Napoleons die Mediationsakte von 1803 außer Kraft. Ein Bundesvertrag aus fünf Artikeln sollte diese als Übergangslösung ersetzen. Die Kantone waren aufgrund territorialer Fragen untereinander zerstritten und eher geneigt, einen Krieg gegeneinander zu führen, als Einmischungen von außen abzuwehren. Aufgrund des Druckes von Österreich, Preußen, Russland und England traten die Kantone Anfang April 1814 zur sogenannten *Langen Tagsatzung* in Zürich zusammen, um über eine eidgenössische Verfassung zu beraten. Die Großmächte weigerten sich am Wiener Kongress, mit jedem Kanton einzeln zu verhandeln. Die Verhandlungsgespräche brachten nicht nur die Anerkennung der Neutralität der Schweiz, sondern auch die Anerkennung des Bundesvertrages. Dieser wurde den Schweizern aufgrund ausländischer Intervention (vornehmlich Zar Alexanders I.) aufgezwungen. Ähnlich wie später für Italien erfolgte somit die Vereinigung Schweizer Kantone zur Eidgenossenschaft nicht aus eigenem Antrieb, sondern vielmehr durch ausländische Einwirkung. Der *Bundesvertrag zwischen den 22 Kantonen der Schweiz,* der am 7. August 1815 in Kraft trat, kam einer gekürzten Neuauflage der Mediationsverfassung gleich: „Im Namen Gottes des Allmächtigen vereinigten sich die XXII souveränen Cantone" zu einem Bund „zur Behauptung ihrer Freiheit, Unabhängigkeit und Sicherheit gegen alle Angriffe fremder Mächte, und zur Handhabung der Ruhe und Ordnung im Innern". Sie konstituierten sich als Schweizerische Eidgenossenschaft und schworen, „von nun an alle daraus entstehenden Pflichten und Verbindlichkeiten gegenseitig erfüllen [zu] wollen".

Die Großmächte Europas hatten einen *Corps helvétique* geschaffen, der allerdings kein Staatenbund souveräner Staaten war, da die Kantone keine Wahl hatten, an diesem Bund teilzunehmen bzw. diesem fernzubleiben. Der Bundesvertrag war nicht demokratisch legitimiert, die Tagsatzung stellte lediglich eine Konferenz kantonaler Gesandter dar, aber kein Parlament. Weiters verfügte er über keinen Grundrechte-Katalog. Damit spiegelt dieser Bundesvertrag die Restauration – hier des Adels und des Patriziats – wider, wie sie beinahe für Gesamteuropa Gültigkeit hatte. Es sollte sich bald erweisen, dass dieser Vertrag kein Garant für innere Stabilität sein konnte.

Konstitutionalisierungsprozess erreicht Südost- und Südwesteuropa

Nach der Phase der frühkonstitutionellen, restaurativen Verfassungen folgte eine neue Verfassungswelle, die 1822 in Südost- und Südwesteuropa ihren Ausgang nahm. Die Verfassungen dieser Epoche standen konträr zum monarchischen Prinzip und eröffneten einer konstitutionellen Entwicklung den Weg, der 1830/31 infolge der französischen Juli-Revolution in eine größere Zahl neuer Verfassungen mündete. War man im Deutschen Bund darum bemüht, mittels restaurativem Kurs liberales, aber auch nationales Gedankengut zu unterdrücken, so trat in Griechenland der bereits im Untergrund gärende Widerstand gegen die osmanische Herrschaft voll zutage. Erste Aufstände erfolgten im März 1821 auf dem Peloponnes und den griechischen Inseln. Die griechischen Freiheitskämpfer, unterstützt von Russland, Frankreich und England, verfolgten das Ziel, die Herrschaft des Osmanischen Reiches zu verdrängen. Im Sog des beginnenden griechischen Freiheitskampfes erließ man 1822 eine „vorläufige" Verfassung. Ihre Präambel

Von der Restauration bis zur Zwischenrevolution (1814 bis 1830)

wies darauf hin, dass man „unter der schaudervollen ottomanischen Herrschaft das höchst bedrückende und beispiellose Joch der Tyrannei nicht zu ertragen vermocht[e]".

Auf dem ersten Blick erkennbar, bewegte sich diese Verfassung weg vom monarchischen Prinzip hin in Richtung Volkssouveränität, allerdings ohne sich dezidiert auf eine Republik festzulegen. Diese vorläufige Verfassung erfuhr noch 1822 eine Revision durch das *Gesetz von Epidaurus*, das wiederum durch die Verfassung Griechenlands vom 1. Mai 1827 ersetzt wurde. Den Souverän bildete die griechische Nation. Ein Jahr später suspendierte der erste griechische Präsident Ioannis Kapodistrias (1776–1831) die Verfassung und hob sie 1829 auf. Der Friedensschluss von 1829 beendete den Unabhängigkeitskrieg, und auf der Londoner Konferenz 1830 erfolgte die völkerrechtliche Anerkennung Griechenlands. Die Schutzmächte England, Frankreich und Russland einigten sich auf einer zweiten Londoner Konferenz (1832) auf eine griechische Regierung in Form einer Erbmonarchie mit Primogenitur. Aufgrund von machtpolitischen Erwägungen entschied man sich für den zweiten Sohn des bayerischen Königs Ludwig I., Otto (1815–1867), als König von Griechenland. Da dieser noch minderjährig war, konnte er erst 1835 eigenverantwortlich die Regierung übernehmen, ohne eine Verfassung zu erlassen.

Der Griechische Unabhängigkeitskrieg

Anders verlief der Konstitutionalisierungsprozess auf der Iberischen Halbinsel: Spanien befand sich in einem Wechselbad zwischen Restauration und konstitutionellen Reformen. Von 1814 bis 1820 regierte Ferdinand VII. (1784–1833) als absoluter Herrscher. Fast alle vorangegangenen Reformen wurden wieder aufgehoben, es erfolgte die Wiedereinführung der Behördenstruktur alten Stils, die Kirche erhielt ihre Vorrechte rückerstattet bzw. die religiösen Orden ihre Zulassung. Liberal Gesinnte wurden entweder inhaftiert oder verließen das Land, um in Frankreich oder England Exil zu erhalten. Die missliche Finanzlage Spaniens bewirkte eine Instabilität der Innenpolitik, viele Regierungen wechselten in der Zeit von 1814 bis 1820 einander ab, und seit dem Unabhängigkeitskrieg begann sich auch das Militär in die Politik einzumischen. Ab 1814 fanden Militärrevolten, die sogenannten *Pronunciamientos* statt, die fortan die Ablösung von Regierungen vornahmen. Diese Zeit von 1814 bis 1875 wird auch *Ära der Pronunciamientos* genannt, größtenteils getragen von Spaniens Liberalen. 1820 brach ein *Pronunciamiento* aus, infolgedessen Ferdinand VII. den Eid auf die wieder eingeführte Verfassung von Cádiz (1812) ablegte und die Cortes einberief. Doch schon drei Jahre später stellte der König die absolute Monarchie mit Hilfe der Heiligen Allianz wieder her und regierte bis 1833. Erst mit dem *Estatuto Real* von 1834 durch die Regentin Maria Cristina (1806–1878) konnte der Absolutismus in Spanien endgültig überwunden und die konstitutionelle Monarchie etabliert werden.

Instabilität in der spanischen Innenpolitik führte zu mehrfachen Verfassungen

Spaniens Nachbar Portugal war im Zuge der Napoleonischen Kriege zum Spielball zwischen Frankreich und England geworden, weshalb der für seine Mutter seit 1792 amtierende Prinzregent João (1767–1826) im Jahr 1807 aufgrund der französischen Invasion den Königshof von Lissabon nach Rio de Janeiro verlegte. In Brasilien vollzog sich 1815 die Installation eines rechtlich vom Mutterland unabhängigen, aber in Personalunion verbundenen Königreiches mit der gemeinsamen Bezeichnung „Vereinigte Königrei-

Gründung der „Vereinigten Königreiche von Portugal, Brasilien und Algarve"

che von Portugal, Brasilien und Algarve". Nach dem Tod seiner Mutter, Königin Maria I. (1734–1816), nahm der bisherige Prinzregent als João VI. den Titel „König von Brasilien und Portugal" an.

In Portugal brach am 24. August 1820 eine Revolution mit dem Ziel aus, die Königsfamilie wieder zurückzuholen, um eine konstitutionelle Monarchie zu installieren. Nach der erfolgreichen Revolution begann man mit der Organisation sofortiger allgemeiner Wahlen zur verfassungsgebenden Nationalversammlung. Die Nationalversammlung begann mit den Vorbereitungen des endgültigen Verfassungstextes. Die Verfassung, deren Vorbild die Cádizer Cortesverfassung bildete, wurde am 23. September 1822 proklamiert, und João VI., der 1821 nach Lissabon zurückgekehrt war, leistete den Eid auf sie. Eine Menschenrechtserklärung, Gewaltenteilung, Einkammersystem und die Aufhebung der ständischen Ordnung kennzeichneten diese liberale, erste Verfassung Portugals. Sie sollte jedoch nur von kurzer Dauer sein: 1823 ereignete sich ein Militärputsch, den Prinz Miguel (1802–1866) anführte und seinen Vater zur Aufhebung der Verfassung zwang. 1826 starb der König, und sein Sohn Pedro IV. (1798–1834) übernahm die Krone. Im selben Jahr legte Pedro IV. als portugiesischer König den drei Ständen die *Carta Constitucional de 1826* vor, eine neue portugiesische Verfassung. Ihr Vorbild war die französische Verfassung von 1814. König und Cortes repräsentierten die Nation; sowohl das Ober- als auch das Unterhaus besaßen die Gesetzesinitiative; die Einführung neuer Steuern hingegen war ausschließlich dem Unterhaus vorbehalten. Den drei Gewalten wurde eine vierte Gewalt, *poder moderador*, hinzugefügt. Diese besaß der Monarch und diente der Erweiterung seiner Macht. Diese „vermittelnde Gewalt" bot nach Art. 71 „den Schlussstein der ganzen politischen Organisation und gehört ursprünglich dem Könige als höchstem Oberhaupte der Nation, damit er beständig über die Handhabung und Erhaltung der Unabhängigkeit, des Gleichgewichts und der Harmonie der andern politischen Gewalten wache". Durch diese erhielt der König das Recht, das Parlament zu vertagen oder aufzulösen oder das absolute Vetorecht.

Pedro IV. verheiratete seine Tochter Maria mit Miguel, verzichtete zugunsten von Maria auf die portugiesische Krone, blieb aber Kaiser von Brasilien. Maria II. (1819–1853) wurde Königin, doch wollte ihr Mann Miguel die Macht an sich reißen. Ein Bürgerkrieg war vorprogrammiert.

IV. Von den Zwischenrevolutionen 1830 zu den Revolutionen 1848/49

1830	Ausbruch der Julirevolution in Paris
	7. August Verkündigung der *Charte constitutionelle* (Frankreich)
1831	5. Januar Verkündigung der Verfassung für Kurhessen
	7. Februar Verkündigung der Verfassung für Belgien
	4. September Verkündigung der Verfassung für Sachsen
1832	26. Februar *Organisches Statut* für Polen
	27./30. Mai Hambacher Fest
	7. Juni *Reform Act* (Großbritannien)
	12. Oktober Verkündigung der Neuen Landschaftsordnung für das Herzogtum Braunschweig
1834	11. April Verkündigung des *Königlichen Statuts* für Spanien
1837	18. Juni Verkündigung der Verfassung für Spanien
	18. November Protest der „Göttinger Sieben" (Hannover)
1838	4. April Verkündigung der Verfassung von Portugal
1840	6. August Verkündigung der Verfassung für Hannover
1841	12. Oktober Verkündigung der Verfassung für Luxemburg
1842	Wiedereinführung der *Carta Constitucional* von 1826 in Portugal
1843	Revolution in Griechenland
1844	18. März Verkündigung der Verfassung für Griechenland
1845	23. Mai Verkündigung der Verfassung für Spanien
1848	Februar Ausbruch der Revolution in Paris
	22. Februar Ausrufung der Französischen Republik
	25. April Verkündigung der Pillersdorfschen Verfassung in Österreich
	26. Juli Charte Waldeck
	4. November Verkündigung der Verfassung für Frankreich
	5. Dezember Verkündigung der Verfassung für Preußen
1848/49	Kremsierer Verfassungsentwurf für Österreich
1849	4. März Oktroyierte Märzverfassung für Österreich
	4. März *Statuto Albertino* für Italien tritt in Kraft
	28. März Verkündigung der Verfassung des Deutschen Reiches (Paulskirchenverfassung)

Die vorherigen Entwicklungen in Griechenland und auf der Iberischen Halbinsel deuteten erste Änderungen in Richtung Aufhebung des restaurativen Kurses an. Durch die 1830 ausgelöste Verfassungswelle kam es im Vergleich mit den restaurativen und frühkonstitutionellen Verfassungen der Jahre 1814/1815 zu einer Hinwendung des parlamentarischen Prinzips zuungunsten des monarchischen.

Weder der griechische Freiheitskampf noch die Ereignisse auf der Iberischen Halbinsel lösten in Europa eine neue Konstitutionalisierungswelle

Von den Zwischenrevolutionen 1830 zu den Revolutionen 1848/49

Die Entwicklungen in Frankreich unter Karl X. führten zur Juli-Revolution 1830

aus, sondern der entscheidende Impuls ging wiederum von Frankreich aus: Karl X. (1757–1836) führte die liberale und parlamentsfreundliche Politik seines Bruders nicht fort. Die Wahlen von 1824, die notwendig geworden waren, da Ludwig XVIII. seine Regentschaft auf Karl X. übertragen ließ, gingen zugunsten der Ultraroyalisten aus. Karl X. ließ zunächst – unter Umgehung der Verfassung – die Mandatsdauer der Abgeordneten von fünf auf sieben Jahre verlängern, um dadurch die Macht der „Ultras" zu stärken. In einem weiteren Schritt löste er diese *Chambre des députés* 1827 auf. Dann schrieb er Neuwahlen aus, aus denen die Liberalen als Sieger hervorgingen. Der König musste seinen royalistischen Premier entlassen und einen Liberalen an dessen Stelle ernennen. Nach einer Abstimmungsniederlage legte dieser 1829 sein Amt nieder, und Karl X. ernannte einen Royalisten. Neuwahlen mussten ausgeschrieben werden, die Liberalen gewannen abermals die Mehrheit. Karl X. jedoch beließ die Ultraroyalisten kraft königlicher Prärogative im Amt. Um deren Macht zu halten, proklamierte er durch fünf Ordonnanzen (Notverordnungen) u.a. die Aufhebung der Pressefreiheit, die Auflösung der neugewählten Deputiertenkammer und auch eine Änderung des Wahlrechtes. Das Regieren mit außerordentlichen Gesetzen (Ordonnanzen, Notverordnungen) geschah auf der Basis von Art. 14, demzufolge der König als höchstes Oberhaupt des Staates „(...) die zur Vollziehung der Gesetze und zur Sicherheit des Staates nöthigen Verfügungen und Verordnungen erlässt".

Aufgebracht vom eigenmächtigen Vorgehen des Königs, begleitet von Wirtschaftskrise, Arbeitslosigkeit, Missernten und Preissteigerungen brach in Paris zwischen dem 27. und 29. Juli 1830 die Revolution aus, getragen vom liberalen Bürgertum. Diese Juli-Revolte sollte das Jahr 1830 zu einem europäischen Revolutionsjahr machen und hatte Auswirkungen etwa in den Staaten des Deutschen Bundes, in der Schweiz, in Belgien, Italien und Polen.

Die Charte Constitutionelle 1830

Die liberalen Deputierten im französischen Parlament forderten eine neue Verfassung, doch aus Angst der Wiederkehr eines *Terreur*-Regimes beharrten sie auf dem Weiterbestand der monarchischen Staatsform und nicht auf Wiedereinführung der Republik. Zum Nachfolger von Karl X. wählte man Louis-Philippe (1773–1850) zum König, Herzog von Orléans, aus der bourbonischen Nebenlinie. Dieser hatte sich bereit erklärt, dem Inhalt der Charte von 1814 zu folgen. Die Liberalen hingegen kamen überein, die Charte als Grundlage für eine neue Verfassung nehmen zu wollen. Im Gegensatz zum Verfassungsoktroi von 1814 wurde die (leicht revidierte) *Charte constitutionelle* aus dem Jahr 1814 nun gemeinsam von König und Parlament am 7. August 1830 erlassen. Vor seiner Wahl musste der König einen Eid auf die neue Verfassung leisten. Er erhielt also seine Krone nun nicht kraft monarchischer Legitimität, sondern aufgrund des Volkswillens, was dazu führte, ihn auch als „Bürgerkönig" zu bezeichnen. Louis-Philippe wurde, nachdem er den Eid auf die Verfassung abgelegt hatte, zum *Roi des Français* (König der Franzosen) proklamiert. Am Ende der Charte steht die Aufforderung an den neuen König, den Eid auf die Verfassung abzulegen:

Von den Zwischenrevolutionen 1830 zu den Revolutionen 1848/49   IV.

Königlicher Eid auf die Verfassung 1814/1830 Q
Aus: Gosewinkel/Masing, Verfassungen in Europa, 300
Diesem zu Folge wird seine Königliche Hoheit Ludwig Philipp von Orleans, Herzog von Orleans, Generallieutnant des Königreichs, eingeladen werden, anzunehmen und zu beschwören, vorgenannte Clauseln und Verbindlichkeiten, die Beobachtung der verfassungsmässigen Charte und der angezeigten Modificationen, und, nachdem er dies vor den versammelten Kammern gethan, den Titel eines Königs der Franzosen anzunehmen.

Im Vergleich der Verfassung von 1814 mit jener von 1830 findet man nur wenige Unterschiede: Verfügte die Verfassung von 1814 über eine lange, archaisch anmutende Präambel, umfasste jene der Verfassung von 1830 einige Zeilen. Darin grüßt der König der Franzosen „alle, die gegenwärtig leben und noch kommen werden" und befiehlt die Bekanntgabe der Verfassung, die von den beiden Kammern angenommen wurde. Durch die Verfassung von 1830 erhielt das Parlament einen Kompetenzzuwachs, indem ihm erstmals ein Gesetzesinitiativrecht zugesprochen wurde. Die Sitzungen erfolgten nun öffentlich, und die den Adeligen bis dato erblich vorbehaltene Pairskammer erfuhr eine Umwandlung zu einer Kammer von Honoratioren, die der König ernannte. Hier fand vor allem das wohlhabende Bürgertum Berücksichtigung. Der Wahlzensus wurde von 300 Francs auf 200 Francs Steuerleistung herabgesetzt, wodurch sich die Anzahl der Wähler auf 200.000 verdoppelte. Weitere Merkmale königlicher Macht wurden eingeschränkt, so etwa hob man Art. 14 auf, worin dem Monarchen das Recht auf Erlass von Ordonnanzen zugeschrieben worden war, und erließ das Verbot der Pressezensur.

Durch die *Charte constitutionelle* von 1830 gewann der Konstitutionalisierungsprozess eine neue Dimension, sie leitete die Phase des Parlamentarismus ein und erhielt Vorbildwirkung innerhalb des Konstitutionalisierungsprozesses auf europäischen Boden.

Herausragendes Beispiel für diese Entwicklung war Belgien: In Brüssel brach nach der Vorstellung von Daniel-François-Esprit Aubers Oper „Die Stumme von Portici" Freiheitsjubel aus: *Vive la liberté* schallte es durch die Straßen. Angeheizt von den revolutionären Ereignissen in Paris, forderten die Revolutionäre, die 1815 erzwungene Vereinigung Belgiens mit den Niederlanden aufzulösen; nach heftigen Kämpfen waren sie erfolgreich. Als Ausdruck der neugewonnenen Eigenstaatlichkeit und vor allem in Ablehnung der *gemeinsamen Verfassung des Vereinigten Königreiches Niederlande* wurde am 7. Februar 1831 eine Verfassung des Königreiches Belgien erlassen, die bis auf wenige Revisionen bis 1994 in Kraft blieb. Wenn auch der französischen *Charte constitutionelle* nachgebildet, wurde die belgische doch in einem fortschrittlichen Sinne ausgebaut. So erlangte sie Vorbildwirkung für viele europäische Staaten wie etwa Preußen, Österreich, Ungarn, Rumänien, Bulgarien und auch teilweise für die skandinavischen Staaten. Das duale System der Legislative, bestehend aus Monarch und Parlament, und die Ministerverantwortlichkeit, d.h. die Bindung der Regierung an das Parlament, bildeten die wesentlichen Elemente dieser Verfassung. Darüber hinaus verfügte das Parlament im Vergleich zu anderen damaligen Verfas-

Lostrennung Belgiens von den Niederlanden und Verkündigung der belgischen Verfassung 1831

IV. Von den Zwischenrevolutionen 1830 zu den Revolutionen 1848/49

sungen über weitgehende Rechte im Bereich der Finanzen, der Armee und der Staatsverträge. Die Bestimmung des Art. 25: „ (…) die drei Gewalten gehen von der Nation aus", wurde nun zum festen Bestandteil für viele weitere Verfassungen. „Der König der Belgier [hat] keine andere Gewalt, als diejenige, welche ihm die Verfassung und die andern, in Kraft der Verfassung gegebenen, Gesetze förmlich beilegen" (Art. 78).

Großherzogtum Luxemburg erlässt eine Ständische (!) Verfassung 1841

Noch im selben Jahr folgte auch die Anerkennung Belgiens als unabhängiger und neutraler Staat durch die Großmächte. Die Niederlande jedoch anerkannten erst 1839 Belgiens staatliche Souveränität und revidierten im Jahr darauf in einigen wenigen Bereichen ihre Verfassung von 1815. Luxemburg, das sich 1815 als unabhängiges, aber in Personalunion mit den Vereinigten Niederlanden verbundenes Großherzogtum konstituierte und das auf ehemalig niederländischem Gebiet (Provinz Limburg) entstand, musste 1839 mehr als die Hälfte des Territoriums an Belgien abtreten. 1841 erließ der Großherzog als Mitglied des Deutschen Bundes eine **landständische Verfassung** im Sinne des Art. 13 Deutsche Bundesakte:

> **Verordnung in Betreff der landständischen Verfassung für das Großherzogtum Luxemburg**
> Art. 1 In Unserm Großherzogtum Luxemburg besteht eine Landstände-Versammlung. Art. 2 Die Stände bestehen aus Abgeordneten, die durch die in den Cantonal-Wahl-Collegien versammelten Wahlmännern gewählt werden. Art. 18 Die Landstände versammeln sich zum gewöhnlichen Landtage jedes Jahr am ersten Dienstag des Monats Juni. Der König-Großherzog eröffnet und entläßt den Landtag in eigener Person oder durch einen dazu in seinem Namen Bevollmächtigten.

Die Stände wurden etwa bei Fragen der Verfassung von Gesetzen, Zivilrechten, Straßen- und Kanalbau zu Rate gezogen (Art. 26), wirkten an der Festsetzung des Staatsbudgets mit (Art. 29, 30) und hatten etwa die Gemeindeverwaltung inne (Art. 32–36).

Revolutionsjahr 1830 in den Mitgliedstaaten des Deutschen Bundes

Die Revolution von 1830 erreichte auch die Mitgliedstaaten des Deutschen Bundes: Obwohl die konservativen und restaurativen Kräfte sich bemühten, liberale und nationale Bewegungen zu unterdrücken, wie es die Vorgänge rund um das **Hambacher Fest** 1832 dokumentierten, erfasste die Verfassungswelle vornehmlich die mitteldeutschen Länder.

> **Hambacher Fest 27.–30. Mai 1832**
> Am 27. Mai 1832 trafen sich mehr als 20.000 Menschen bei der rheinland-pfälzischen Schlossruine Hambach in der Nähe von Neustadt an der Weinstraße. Auf dieser öffentlichen Zusammenkunft wurden Reden mit starkem demokratischem Tenor gehalten, deren Hauptforderungen etwa Freiheit, Bürgerrechte, Volkssouveränität, nationale Einheit und die Neuordnung Europas bildeten. Das Hambacher Fest kann als ein Höhepunkt frühliberaler bürgerlicher Opposition gesehen werden.

Im Herzogtum Braunschweig forderten die Bürger die Einberufung der Landstände. Als Herzog Karl II. (1804–1873) sich weigerte, brach die Revolution aus, das Schloss wurde gestürmt und in Brand gesetzt, worauf der Herzog floh und in weiterer Folge abgesetzt wurde. Am 12. Oktober 1832 erließ sein Nachfolger Herzog Wilhelm (1806–1884) gemeinsam mit den Ständen eine Vereinbarung, die *Neue Landschaftsordnung*, die einer neuen, zeitgemäßen Verfassung konstitutionellen Typs entsprach.

Von den Zwischenrevolutionen 1830 zu den Revolutionen 1848/49 IV.

Kurhessen erhielt bereits am 5. Januar 1831 die modernste und liberalste Verfassung des Vormärz, nachdem die Bevölkerung den Kurfürsten unter Druck gesetzt hatte. Sie enthielt die Trennung von Justiz und Verwaltung, eine das gesamte Volk repräsentierende „Ständeversammlung" mit Gesetzesinitiativrecht, Ministeranklage und Steuer- und Budgetbewilligung. Darüber hinaus enthielt sie die Garantie für den Grundrechtsschutz aller Kurhessen.

Die Verfassung von Kurhessen galt als die modernste und liberalste Verfassung des Vormärz

Auch im Königreich Sachsen bewirkte die Juli-Revolution die Verabschiedung einer Verfassung am 4. September 1831 nach süddeutschem Vorbild. Das Königtum war erblich, heilig, unverletzlich und souverän, ihm standen alle Rechte der Staatsgewalt zu. Die Organisation der Stände erfolgte nach dem Zweikammersystem. Wenngleich Gesetze und das Budget an die Zustimmung beider Kammern gebunden waren, durchbrach eine Reihe von königlichen Prärogativen diese Bestimmung. Der König besaß u.a. auch ein Notverordnungsrecht.

Im Königreich Hannover endete 1837 die seit 1714 bestehende Personalunion mit Großbritannien. Als König Ernst August (1771–1851) die Regierung antrat, hob er (verfassungswidrig) die Verfassung von 1833 auf und bestand auf Wiedereinführung der ständischen Verfassung von 1819. Daraufhin folgte der bekannte Protest der „**Göttinger Sieben**".

Der Hannoverianische Verfassungsstreit und die „Göttinger Sieben"

> **Die Göttinger Sieben**
> Dabei handelte es sich um folgende Professoren: den Staatsrechtler Wilhelm Eduard Albrecht (1800–1876), die Historiker Friedrich Christoph Dahlmann (1785–1860) und Georg Gottfried Gervinius (1805–1871), den Theologen Heinrich Ewald (1803–1875), den Physiker Wilhelm Weber (1804–1891) und die Germanisten JACOB GRIMM (1785–1863) und Wilhelm Grimm (1786–1859). Sie protestierten gegen die Vorgehensweise von König Ernst August. Dieser verweigerte zunächst die Eidesleistung auf die Verfassung, um diese Tage später aufzuheben und die altständische Verfassung von 1819 wieder einzusetzen. Dies war ein Verfassungsbruch, zumal er die Verfassung nicht einseitig aufheben konnte. Die Professoren sahen sich an die aufgehobene Verfassung gebunden und empfanden die Vorgangsweise des Königs als Staatsstreich. Ihr Vorgehen wurde als Verbrechen des Hochverrates geahndet, sie wurden unter Berufung auf § 2 Bundesuniversitätsgesetz des Amtes enthoben und Dahlmann, Gervinius und Jacob Grimm des Landes verwiesen.

Am 6. August 1840 setzte der König eine neue Verfassung unter Mitwirkung der Stände in Kraft. Sie bildete einen Kompromiss zwischen dem altständischen und dem repräsentativen Prinzip. Süd- und Südwestdeutschland sowie Preußen blieben von der Juli-Revolution nahezu unberührt, und auch in Österreich blieb alles bei der „alten" Ordnung.

Dagegen bewirkte die Juli-Revolution in Polen am 29. November 1830 nationale Erhebungen gegen die russische Herrschaft. Die polnische Bevölkerung sprach dem Zaren, der als polnischer König regierte, die Thronrechte ab. Erst im September 1831 gelang es Russland, den Aufstand zu unterdrücken und Kongresspolen zur russischen Provinz zu erklären. Das Organische Statut vom 26. Februar 1832 bedeutete einen Verstoß gegen die bestehende Verfassung, diese wurde ohne Zustimmung des *Sejms* komplett ersetzt. Die Exekutive wurde einem Administratorenrat übertragen, dem nicht nur der König bzw. Fürst von Warschau angehörte, sondern auch eine Oberrechnungskammer. Ein Staatsrat unter dem Vorsitz des Königs übernahm die

69

IV. Von den Zwischenrevolutionen 1830 zu den Revolutionen 1848/49

Aufgaben der Legislative, nachdem der *Sejm* abgeschafft worden war. Den Bruch zwischen Russland und Polen bewirkte schließlich die Änderung des Krönungsritus. Während in der Verfassung von 1815 Warschau aus Krönungsort festgelegt wurde, bestimmte das Statut nun Moskau.

Auch in der Freistadt Krakau kam es 1833 zur Aufhebung der Verfassung von 1815 durch Einführung einer neuen Verfassung. Wenngleich die Verfassung von 1833 keinen so strikten Bruch mit den bisherigen Gegebenheiten bedeutete, wie sie durch die Verfassung von 1815 bestimmt wurden, so lagen nun alle wichtigen Entscheidungen in den Händen der drei „Schutzmächte". Die Freie Stadt Krakau wurde 1846 aufgelöst und der Habsburgermonarchie einverleibt.

Zar Nikolaus I. bleibt unumschränkter Herrscher

Das Revolutionsjahr 1830 beeinflusste die innere Entwicklung im zaristischen Russland in keiner Weise. Hier zementierte das Grundgesetz von 1832 die „unbeschränkte" monarchische Gewalt: „Der Kaiser von Allrussland ist ein selbstherrlicher und unbeschränkter Monarch; seiner obersten Gewalt zu gehorchen nicht nur aus Furcht, sondern auch vor dem Gewissen befiehlt Gott selbst" (Art. 1). Dieses hatte Zar Nikolaus I. (1796–1855) im Lichte des bei seinem Regierungsantritt im Dezember 1825 ausgebrochenen Dekabristenaufstandes erlassen. Der Aufstand – ausgebrochen, weil adelige Offiziere den Eid auf Zar Nikolaus I. verweigerten, um so gegen das Zarenregime zu protestieren – wurde nach wenigen Tagen niedergeschlagen.

Der Zar vereinte die drei Gewalten Legislative, Exekutive und Judikative in seiner Hand. Sämtliche vorherigen Entwürfe waren damit hinfällig, wie etwa ein föderalistischer von 1819. Dieser hatte die polnische Verfassung von 1815 zum Vorbild gehabt und für das Parlament, *Sejm* genannt, ein Ober- und ein Unterhaus sowie sogar einzelne Grundrechte vorgesehen. Die Autokratie blieb in Russland unerschüttert.

In Portugal tobte zwei Jahre nach Erlass der Verfassung von 1828 bis 1834 ein blutiger Bürgerkrieg. 1828 erklärten die versammelten Landstände die Verfassung von 1826 jedoch für null und nichtig und den absolutistisch gesinnten Miguel (1802–1866) zum rechtmäßiger Thronfolger. Aus dem langwierigen Thronstreit ging indessen Kaiser Pedro als Sieger hervor. Die *Carta Constitucional* von 1826 wurde in Folge eines Putsches für vier Jahre außer Kraft gesetzt, indem Königin Maria II. am 4. April 1838 eine neue Verfassung erließ. Diese stellte einen Kompromiss zwischen der „demokratischen" Verfassung von 1822 und der „monarchischen" Verfassung von 1826 dar. Im Zuge eines weiteren Staatsstreichs im Jahr 1842 erfolgte die Wiedereinführung der *Carta Constitucional de 1826*. Sie blieb mit einigen Änderungen (Zusatzartikel vom 5. Juli 1852, 24. Juli 1885, 25. September 1895, 3. April 1896, 23. Dezember 1907) bis zur Verfassung der Republik Portugal 1911 in Kraft. Die Verfassung ähnelte der französischen Verfassung von 1814. Der König besaß weitgehende Machtbefugnisse in Bezug auf die Legislative, die er auflösen konnte, und das absolute Vetorecht. Er war auch Inhaber der allgemeinen Prärogativen wie dem Oberbefehl über die Streitkräfte oder Amnestierechten. Die Legislative war in Oberhaus und Unterhaus geteilt, beide Kammern besaßen das Gesetzesinitiativrecht.

In Spanien endete der Absolutismus endgültig mit dem Tod von Ferdinand VII. im Jahr 1833. Seine Witwe Maria Cristina (1806–1878) musste als Regentin ein Bündnis mit den konservativ-gemäßigten Liberalen eingehen, um

Von den Zwischenrevolutionen 1830 zu den Revolutionen 1848/49

die Erbansprüche der minderjährigen Infantin Isabella (1830–1904) zu verteidigen. Dies geschah durch das *Estatuto Real* von 1834. Dabei handelte es sich um eine Rumpfverfassung mit einer relativ machtvollen Exekutive. Das *Estatuto Real* als Produkt des Thronfolgestreites mündete in die Carlistenkriege, die 1833 begannen und mit einigen Unterbrechungen im Jahr 1876 endeten. Zwei große Parteien spalteten das Land: Die *Moderados* sahen ein gemäßigtes Verfassungsmodell mit der Einführung einer vierten Gewalt vor, den *poder moderador*, eine gemäßigte, vom König auszuübende Gewalt. Sie war als Ausgleich zwischen den anderen drei Gewalten gedacht. Diese „vierte Gewalt" fand ihre Realisierung kurzzeitig in der portugiesischen Verfassung von 1826 und in der Verfassung von Peru aus dem Jahr 1826, wo sie in Art. 96 festgesetzt wurde: „Die mäßigende Gewalt ist der Schlüssel der gesamten politischen Organisation, sie ist ausschließlich dem Herrscher als oberstem Haupt der Nation und als erstem Vertreter derselben vorbehalten, damit er ohne Unterlass über die Unabhängigkeit, das Gleichgewicht und die Harmonie der andere Gewalten wache." Damit räumte man der Exekutive beträchtliche Kompetenzen ein.

Die zweite Gruppe stellten die linksliberalen *Progressisten* dar. Deren Verfassungsmodell basierte auf der Volkssouveränität. Zunächst gingen die *Moderados* eine Allianz mit dem Königshaus ein, wurden allerdings nach Wahlen (1836) von den *Progressisten* abgelöst. Die *Cortes Constituyentes* arbeiteten eine Verfassung aus, die auf dem monarchischen Prinzip basierte, dem Parlament schrieb man eine zweitrangige Rolle zu. Durch diese Verfassung, am 18. Juni 1837 verlautbart, erfolgten die Gewaltentrennung und die endgültige Etablierung der konstitutionellen Monarchie. Maria Cristina blieb bis 1840 Königin-Regentin, danach musste sie dem linksliberalen Progressisten Baldomero Espartero (1792–1879) Platz machen und ging ins Exil. Während Esparteros Regierungs- bzw. Regentschaftszeit wurden viele liberale Reformen durchgeführt, doch die wirtschaftliche und politische Unzufriedenheit des Großteiles der Bevölkerung bewirkte 1843 seinen Sturz. Ihn löste der gemäßigt Liberale Ramón María Narváez (1800–1862) als Regierungschef ab. Auf ihn konnte sich Isabella II. (1830–1904), die 1844 ihre Regentschaft antrat, anfangs stützen. Ihr Regierungsantritt leitete die *isabellinische Ära* ein, die bis 1868 währte. Diese Ära war konservativ-liberal geprägt und führte zu restriktiven Maßnahmen, etwa gegenüber den Republikanern. 1845 erfolgte die Reform der Verfassung von 1837. Formal sind beide Verfassungen voneinander kaum verschieden, dies gilt, mit einigen Ausnahmen, auch für den materiell-rechtlichen Teil. Hier beziehen sich die Änderungen vor allem auf das in Senatoren und Abgeordnetenkammer geteilte Parlament. Nun war die Anzahl der Senatoren nicht wie bisher auf ein Fünftel der Abgeordneten begrenzt, sondern unbegrenzt. Die Senatoren gingen nicht mehr aus indirekten Wahlen hervor, sondern wurden vom König ernannt. Neben den legislatorischen Kompetenzen erhielten die Senatoren richterliche Kompetenzen, etwa Urteilssprechung über Minister und Mitglieder des Abgeordnetenhauses (Art. 19). Die Wahl der Abgeordneten hing nunmehr von einer gewissen Steuerleistung (Art. 22) ab. Die Volkssouveränität, wie in der Verfassung von Cádiz gewährt, kannte diese Verfassung nicht.

Die Ereignisse des Revolutionsjahres 1830 wirkten selbst nach Großbritannien. Dort wurde 1832 durch den *Reform Act* das Wahlrecht abgeändert,

Auseinandersetzung zwischen Moderados und Progressisten – Verfassungsmodelle und Isabellinische Ära (1834–1868)

insbesondere hinsichtlich der Wahlkreiseinteilung und der Senkung des Wahlzensus. Dadurch erhöhte sich die Anzahl der Wahlberechtigten, was vor allem wohlhabende Stadtbewohner begünstigte. Das Unterhaus gewann dadurch zunehmend an Macht, sodass im Laufe der Zeit die Regierung endgültig von dessen Mehrheit abhängig wurde.

Das Revolutionsjahr 1848 fand in Griechenland quasi bereits 1843 statt. Nachdem König Otto I. die Forderung nach einer Verfassung immer wieder negiert hatte, brach im September 1843 in Athen die Revolution aus. Am 18. März 1844 konnte die Verfassung verkündet werden. Sie wurde im Namen der „heiligen und einigen und untheilbaren Dreieinigkeit" erlassen. Die Kapitel Religion und Staatsrechte der Hellenen bildeten den Beginn des Verfassungsdokuments. Der König übte gemeinsam mit Senat und Abgeordnetenkammer die Gesetzgebung aus. Der letzte Artikel der Verfassung enthielt einen Auftrag an die Hellenen: „Dem Patriotismus der Hellenen wird die Aufrechterhaltung gegenwärtiger Verfassung übertragen" (Art. 107).

Otto I. musste 1862 abdanken und dem Glücksburger Georg I. (1845–1913), Prinz von Dänemark, Platz machen. Dieser verkündete am 16. November 1864 eine neue Verfassung, die bis 23. Mai 1911 in Kraft blieb. Darin wurde er zum König der Griechen ernannt. Diese neue Verfassung unterschied sich von der vorherigen in einigen wenigen Bereichen: der König legte seinen Eid auf die Nation und nicht mehr auf das Volk ab, die Prärogativen des Königs wurden nun eingeschränkt und das Hauptgewicht auf die Volksvertretung gelegt. Die Volksvertretung bestand nun nur mehr aus einer Kammer, wie es auch heute noch in der Verfassung festgelegt ist.

Das Revolutionsjahr 1848

Ursachen und Gründe des Ausbruchs der Revolution 1848

In den meisten europäischen Ländern fanden schon vor der Mitte des 19. Jahrhunderts soziale und ökonomische Umwälzungen statt, die auch das politische Leben beeinflussen sollten. Der einsetzende Industrialisierungsprozess bewirkte den Bedeutungsverlust traditioneller Handwerksbetriebe, die Agrarproduktion steckte in einer Krise und führte vor allem in weiten Teilen der ländlichen und städtischen Unterschichten zu Verarmung und Hunger. Das Bürgertum und auch die „Arbeiter" forderten politische Partizipation und soziale Gleichheit. Dies führte zu Revolutionen gegen die beharrenden konservativen Staatsführungen, die sich auf West- und Mitteleuropa sowie auf Teile von Südeuropa ergossen. Der Norden Europas und auch Osteuropa blieben von den revolutionären Ereignissen unberührt.

Die wichtigste Errungenschaft des *annus mirabilis* sei an dieser Stelle vorweggenommen: Aufgrund der revolutionären Erhebungen kam es zu einer übergreifenden europäischen Verfassungsbewegung, derzufolge nun fast jeder europäische Staat eine Verfassung erhielt. Wie Pilze schossen Konstitutionen aus dem Boden, dessen Humus durch die Französische Revolution vorbereitet und mit den Nährstoffen Nationalismus, Liberalismus, Menschenrechte, Volkssouveränität angereichert war. Die erzwungene Gewährung von politischen (Mitsprache-)Rechten und die Ausweitung des Wahlrechts lassen bereits jetzt den ab 1918 einsetzenden Trend zur Staatsform der Republik erkennen. Im Gegensatz zu den Verfassungswellen der Jahre 1814 und 1830 war diese viel intensiver und wuchtiger. Nun ging es darum, Herrschaft auf wesentlich breiterer gesellschaftlicher Grundlage zu legiti-

Von den Zwischenrevolutionen 1830 zu den Revolutionen 1848/49

mieren. 1848 knüpfte wieder an die Gleichheitsidee der Französischen Revolution an und überwand somit ständestaatliche Vorstellungen, wie sie 1814 und 1830 noch vorherrschend waren. Ausdruck dieser dauerhaften Veränderungen war etwa die Aufhebung der Grunduntertänigkeit. Darüber hinaus bewirkten diese Revolutionen, dass erstmals Frauen in großen Teilen Europas auf die Barrikaden stiegen und in weiterer Folge in Form von Petitionen ihre Rechte einforderten.

> **Zuschrift eines deutschen Weibes, 5. September 1848 an den Wiener Frauenklub**
> Quelle: Majer, Frauen – Revolution – Recht, 300–301
> Wir fordern gleiche Berechtigung in Ausübung der Künste und Gewerbe, wozu wir ebenso befähigt sind wie Männer.
> Wir wollen Advokatinnen werden. Wir verspüren dazu das größte Talent; denn wir streiten sehr gern und haben immer das letzte Wort (…)
> Wir wollen Doktorinnen werden (…)
> Wir wollen ein Amazonenkorps bilden, nicht für Paraden, sondern für die Stunde der Gefahr (…)
> Wir wollen Hörerinnen der Staatspolitik sein, aber nie Mitsprecherinnen, wenigstens nicht öffentlich (…)
> Wir wollen einen Verein bilden für gute, wohltätige Zwecke mit einem Ausschusse (…)
> Wir wollen Bildungsschulen für deutsche Hausfrauen zu errichten beantragen.
> Wir wollen darauf bedacht sein, ein Mittel zu ersinnen, den verderblichen Putz aus unsern Kreisen zu verbannen. Wir wollen mit guten Beispielen vorangehen und namentlich in unseren Versammlungen ganz einfach erscheinen.

Gemeinhin bedeutet das Revolutionsjahr für die Frauen den Anstoß für die „erste" Frauenbewegung, die in den sechziger Jahren des 19. Jahrhunderts einsetzte. Durch die Einführung des Vereins- und Versammlungsrechts erfolgte die Gründung von Vereinen und später die Vernetzung zur internationalen Frauenbewegung.

Der Gedanke einer Rückbindung staatlicher Herrschaft an das Volk, bereits im Vormärz ausgesprochen, sollte nun durch die 1848er Revolution Verwirklichung suchen. Nach ersten revolutionären Erhebungen in Italien im Februar 1848 sprang der Funke auf Paris über, wo die Wirtschaftskrise die Unzufriedenheit der Bevölkerung mit der Regierung des Bürgerkönigs verstärkte und sich in einer Revolution entlud. Nach Louis-Philippes Abdankung Ende Februar und der gleichzeitigen Ausrufung der Republik konstituierte sich eine provisorische Regierung. Man beschloss, ähnlich wie 1789 und 1792, dass nicht Kommissionen, sondern eine verfassungsgebende Nationalversammlung (*Assemblée constituante*) die neue Verfassung ausarbeiten sollte. Erstmals in der Geschichte Frankreichs wurde diese Versammlung durch allgemeines und direktes (Männer-)Wahlrecht gewählt. Und erstmals in der französischen Geschichte lag die Wahlbeteiligung sehr hoch: 7,8 Millionen von 9,4 Millionen stimmberechtigten Franzosen schritten zur Wahlurne. Die so gewählte *Constituante* arbeitete jene Verfassung aus, die am 4. November 1848 in Kraft trat. Durch sie sollte Frankreich als „bleibende Republik constituiert" werden. Die *Constituante* sah sich allerdings mit sozialen Unruhen konfrontiert, die auf die Wirtschaftskrise und steigende Arbeits-

Durch die Verfassung 1848 wird Frankreich zur „bleibenden" Republik ausgerufen

losigkeit zurückzuführen waren, aber auch auf die sozialistische Bewegung. Diese Stimmung reflektierte Art. 4 der Verfassung, der zusätzlich zu den Grundsätzen Freiheit, Gleichheit und Unabhängigkeit als weitere Grundlagen der neuen Republik das Familienleben, das Eigentum und die öffentliche Ordnung beinhaltete. Das Prinzip der Gewaltentrennung hob man in Art. 19 explizit hervor, und in Anlehnung an die Verfassungen von 1791 und 1793 lag die legislative Gewalt bei der einzigen Kammer, der Nationalversammlung. Die Wahl ihrer Mitglieder erfolgte aufgrund einer direkten und geheimen Wahl; das aktive Wahlalter lag nun bei 21, das passive bei 25 Jahren. Die Kammer sollte jeweils für drei Jahre permanent tagen – ohne Einberufung durch die Exekutive. Diese repräsentierte der Präsident der Republik, ein mittels direkter Wahl auf vier Jahre bestellter, gebürtiger Franzose. Das Parlament konnte ihn nicht des Amtes entheben.

Zum ersten Präsidenten wählte man **Louis-Napoleon Bonaparte** (1808–1873), den Neffen des ehemaligen Kaisers. Seine verfassungsrechtlich gewährte Macht entsprach in etwa jener des amerikanischen Präsidenten.

Louis-Napoleon Bonaparte
Charles-Louis-Napoleon Bonaparte wurde am 20. April 1808 in Paris geboren. Der Sohn von Napoleons I. Bruder Louis absolvierte einen Großteil seiner Schulbildung in der Schweiz. Nach zweimalig gescheitertem Putschversuch in Frankreich und darauffolgendem Exil sowie erfolgreicher Flucht aus der Haft, versuchte Napoleon III. nach der Februarrevolution auf legaler Basis an die Spitze des Staates zu kommen. Dies gelang ihm bei den Präsidentschaftswahlen 1848 auch tatsächlich. Knapp vor Ende seiner Amtszeit führte er 1851 einen Staatsstreich durch und ließ sich per Plebiszit zum Kaiser wählen. Unter seiner Herrschaft wurden politische Gegner verhaftet oder ausgewiesen. Außenpolitisch war er in viele Kriege, wie dem Krim-Krieg (1853–1856) und dem Sardinischen Krieg (1859) involviert. Die Niederlage gegen Preußen und die deutschen Staaten in der Schlacht von Sedan vom 3./4. September 1870 besiegelte das Schicksal Napoleons III. Nach dem Ende des Krieges ging er ins Exil nach England, wo er am 9. Januar 1873 verstarb.

Bestärkt durch seinen überwältigenden Wahlsieg und aufgrund der parteipolitisch gespaltenen Kammer gelang es Louis-Napoleon relativ schnell, die reale Macht an sich zu reißen. Bald schränkte er das liberale Wahlrecht ein, indem er etwa das Wahlalter erhöhte und somit eine große Anzahl an Wählern von der Stimmabgabe ausschloss, und begann, sukzessive und zügig seine Präsidentschaft nach dem Vorbild seines Onkels in ein Kaiserreich umzubauen.

Preußen und Österreich werden konstitutionelle Monarchien

Die Revolution machte auch vor den Staaten des Deutschen Bundes keinen Halt, die Märzunruhen leiteten den Prozess der Umgestaltung von Preußen und Österreich in konstitutionelle Monarchien ein. Ein sogenanntes Vorparlament in der Paulskirche in Frankfurt am Main, das sich am 31. März 1848 konstituiert hatte, forderte die Wahl einer deutschen Nationalversammlung, was die Bundesversammlung genehmigte. Gewählt wurde am 7. April 1848 nach allgemeinem Wahlrecht unter Ausschluss der Frauen. Wenig später schlug das Vorparlament einen *Entwurf des deutschen Reichsgesetzes* vor, wonach der Staatenbund „Deutscher Bund" in einen Bundesstaat umgewandelt werden sollte. Am 18. Mai trat die konstituierende Deutsche

Von den Zwischenrevolutionen 1830 zu den Revolutionen 1848/49

Nationalversammlung zusammen und beschloss das „Gesetz über die provisorische Zentralgewalt". Auf dessen Grundlage wählte man den Habsburger Erzherzog Johann (1782–1859) zum Reichsverweser. Ähnlich wie in Amerika und im revolutionären Frankreich erließ die Nationalversammlung am 27. Dezember 1848 zunächst ein *Reichsgesetz betreffend die Grundrechte des deutschen Volkes*, das als Grundrechtekatalog der nachfolgenden Frankfurter Paulskirchenverfassung inkorporiert wurde. Mit dem Grundrechtekatalog von 1848 erfolgte eine Rechtsangleichung an die großen westlichen Verfassungssysteme.

Paulskirchenverfassung
Aus: Gosewinkel/Masing, Verfassungen in Europa, 774–775

Abschnitt VI
Die Grundrechte des deutschen Volkes
§ 130 Dem deutschen Volke sollen nachstehende Grundrechte gewährleistet seyn. Sie sollen den Verfassungen der deutschen Einzelstaaten zur Norm dienen, und keine Verfassung oder Gesetzgebung eines deutschen Einzelstaates soll dieselben je aufheben oder beschränken können.
Artikel II
§ 137 Vor dem Gesetze gilt kein Unterschied der Stände. Der Adel als Stand ist aufgehoben.
Alle Standesrechte sind abgeschafft.
Die Deutschen sind vor dem Gesetze gleich.
Alle Titel, insoweit sie nicht mit einem Amte verbunden sind, sind aufgehoben und dürfen nie wieder eingeführt werden.
Kein Staatsangehöriger darf von einem auswärtigen Staate einen Orden annehmen.
Die öffentlichen Ämter sind für alle Befähigten gleich zugänglich.
Die Wehrpflicht ist für alle gleich; Stellvertretungen bei derselben findet nicht statt.

Die Diskussionen in der Frankfurter Paulskirche drehten sich auch um die künftige Gestalt des Deutschen Bundes. Die sogenannte Großdeutsche Lösung sah einen deutschen Staat mit Einschluss österreichischer Gebiete, aber unter Ausschluss der nichtdeutschsprachigen Gebiete Ungarn, Böhmen und Mähren vor. Diese sollten in Form einer Personalunion mit dem Kaiser von Österreich verbunden sein. Dagegen wehrte sich die österreichische Regierung unter Felix Fürst zu Schwarzenberg (1800–1852). Vielmehr favorisierte er die Idee eines „Siebzigmillionen-Reichs". Ein derartiges multinationales Gebilde widerstrebte der Idee eines deutschen Nationalstaates. Diesem Gedanken diametral gegenüber stand die Kleindeutsche Lösung, die eine Einigung Deutschlands ohne Österreich vorsah. Viele Abgeordnete bekamen allmählich die Einsicht, dass man mit Österreich keinen deutschen Nationalstaat erreichen könne. Diese Einstellung wurde durch die Oktroyierte Märzverfassung, die Kaiser Franz Joseph am 4. März proklamiert, bekräftigt: Hierin erfolgte die Festlegung der staatsrechtlichen Einheit der deutschen und der nichtdeutschen Landesteile. Letztlich machte die Schlacht von Königgrätz 1866 und der daraus folgende Ausschluss Österreichs aus dem Deutschen Bund die Großdeutsche Lösung obsolet.

IV. Von den Zwischenrevolutionen 1830 zu den Revolutionen 1848/49

Schließlich erfolgte am 28. März 1849 die Verkündigung der Verfassung des Deutschen Reiches, obschon das Verfassungsprojekt gescheitert war. Reichsoberhaupt sollte König Wilhelm IV. von Preußen (1795–1861) werden und den Titel „Kaiser der Deutschen" führen. Dieser lehnte bereits im Dezember 1848 die Kaiserkrone ab, sie trage den „Ludergeruch der Revolution von 1848". Die Nationalversammlung wählte ihn dennoch zum Kaiser, diese Wahl lehnte Wilhelm IV. in einer Depesche an die Zentralgewalt am 28. April 1849 endgültig ab. In der Folge trat ein Großteil der Abgeordneten aus der Nationalversammlung aus, das verbleibende Rumpfparlament in Stuttgart wurde im Juni 1849 aufgelöst.

Preußen erhielt eine „konstitutionelle Notverfassung", ein „Notbehelf"

Der Konstitutionalisierungsprozess des Jahres 1848 erfasste auch Preußen: Hier sah sich Friedrich Wilhelm IV. gezwungen, den Forderungen der Revolutionäre nachzugeben und am 21./22. März eine Proklamation auszugeben, wonach Preußen in der Frage einer Verfassung in Deutschland vorangehen werde. Nach Verabschiedung eines Wahlgesetzes oblag der gewählten konstituierenden Preußischen Nationalversammlung die Aufgabe, eine Verfassung auszuarbeiten. Als Ergebnis dieser Arbeiten legte man dem König am 26. Juli die *Charte Waldeck* vor. Dieser Entwurf sah für den Monarchen lediglich ein aufschiebendes Veto vor, Gesetzgebung und Haushaltsbeschluss sollten an die Zustimmung des in zwei Kammern geteilten Parlaments gebunden werden. Der Entwurf umfasste einige Grundrechte wie etwa den Gleichheitssatz durch Abschaffung des Adels und der beinahe vollständigen Beseitigung feudaler Rechte.

Wilhelm IV. bewertete diese Charte als zu republikanisch und anarchistisch, weshalb er sie ablehnte. Ähnlich wie in Österreich, dort allerdings zeitversetzt, oktroyierte der preußische König am 5. Dezember 1848 eine eigene Verfassungsurkunde für den preußischen Staat. Damit dokumentierte der König seinen Willen, die aufgewühlten Wogen im Lande glätten zu wollen. Nicht von ungefähr erhielt diese Verfassung die Bezeichnung „konstitutionelle Notverfassung" (Ernst Rudolf Huber), der König selbst beschrieb sie mehrmals als verbesserungs- und ausbauwürdig. Am 31. Januar 1850 erging die „revidierte Verfassung" als *Staatsgrundgesetz*, am 6. Februar leistete der König seinen Eid auf diese. Den Kern der Verfassung bildete das monarchische Prinzip: Der preußische König war in seiner Position unverletzlich, war nicht nur Inhaber der Staatsgewalt, sondern stellte auch eine Identitätsfigur dar. Seine Handlungen bedurften allerdings der Gegenzeichnung durch die Minister, die vom König ernannt und entlassen wurden. Das Parlament bestand aus zwei Kammern, und wenngleich dieses weder das Gesetzesinitiativrecht besaß, noch das Selbstversammlungsrecht, so hatte die zweite Kammer, gewählt nach einem **Zensus-Dreiklassenwahlrecht**, doch das Budgetrecht inne. Ein Grundrechtekatalog gewährleistete u. a. die Gleichheit aller vor dem Gesetz.

E **Dreiklassenwahlrecht**
Dieses Wahlrecht war ein allgemeines, indirektes und beruhte auf der Ungleichheit der Wähler. Die Wahlberechtigten wurden nach Steuerleistung in drei Abteilungen unterteilt, die getrennt je ein Drittel der Wahlmänner für die Abgeordnetenhauswahl bzw. ein Drittel der Gemeinderatsvertreter wählten. Frauen waren davon ausgeschlossen. Die erste Abteilung bildeten jene Wähler mit den höchsten Steuerleistungen, die bis zu einem Drittel des Gesamtsteueraufkommens be-

Von den Zwischenrevolutionen 1830 zu den Revolutionen 1848/49

trugen. Die zweite Abteilung bildeten jene, deren Steuerleistungen zwischen dem obersten und untersten Drittel lag; in der letzten wählte der Rest der Steuer- und Nichtsteuerzahler. Die Wahlen fanden öffentlich statt.

In den anderen Mittel- und Kleinstaaten des Deutschen Bundes kam es zu unterschiedlichen Reaktionen. In Bayern etwa dankte König Ludwig I. (1786–1868) ab, Sachsen-Coburg-Gotha blieb von den Unruhen gänzlich verschont, während in Sachsen-Altenburg, Sachsen-Meiningen-Hildburghausen und zunächst in Baden radikaldemokratische Aufstände durch Bundesexekution niedergeschlagen werden mussten. Kleinstaaten wie etwa Oldenburg erhielten nun modernisierte Verfassungen. Allen diesen Verfassungen gemeinsam war die Einführung einer repräsentativen Volksvertretung nach belgischem Vorbild, „alle Gewalt ging nun vom Volk" aus. In den Mittelstaaten wurde die repräsentative Volksvertretung in der Zweiten Kammer verankert, die dort üblichen Vertreter des Adels oder Grundbesitzes bzw. anderer Privilegierter wurde verdrängt. Dies galt etwa in Bayern, Sachsen, Württemberg, Hannover und Hessen-Darmstadt. Einhergehend mit dieser Reform wurde das Wahlrecht demokratisiert (es war nicht mehr an den Stand gebunden). Die Landtage erlangten das Recht zur Beantragung neuer Gesetze, Reste des Feudalismus wie etwa die patrimoniale Gerichtsbarkeit und Polizei wurden beseitigt und im Bereich der Grundrechte z. B. die Rechtsgleichheit der Staatsbürger eingeführt. Diesen Neuerungen war nur kurzer Erfolg beschert, bald darauf folgte die Reaktion: So etwa wurden in Sachsen, Hessen-Darmstadt und Württemberg die „neuen" Kammern und das liberale Wahlgesetz abgeschafft und die vormärzlichen Landtage wieder eingeführt. In Kurhessen musste die Regierung die Bundesversammlung um Hilfe bitten, woraufhin der Bund Kurhessen eine Verfassung monarchischen Inhalts mit Zweikammersystem oktroyierte. Auch in den Kleinstaaten wurde der bundesrechtskonforme Zustand wieder hergestellt.

Im Kaiserreich Österreich war am 13. März 1848 in Wien die von Studenten und Bürgern getragene Revolution ausgebrochen. Das Postulat der Revolutionäre war die Schaffung einer Verfassung inklusive der Gewährung von Grundrechten wie etwa Pressefreiheit oder Vereins- und Versammlungsrecht. Darüber hinaus forderten die Revolutionäre die Abdankung des unbeliebten Staatskanzlers Klemens Wenzel Lothar von Metternich (1773–1859). Kaiser Ferdinand musste den Forderungen der Straße nachgeben, und am 25. April oktroyierte er die sogenannte Pillersdorfsche Verfassung, benannt nach dem damaligen Innenminister Franz Freiherr von Pillersdorf (1786–1862). Die Verfassung bildete den kleinsten gemeinsamen Nenner hinsichtlich der Forderung der Revolutionäre. Bald jedoch wurden Stimmen laut, die mit der Verfassung, vor allem aber dem Wahlgesetz unzufrieden waren, da es Dienstboten, Fürsorgeunterstützte und Arbeiter ausschloss. Dieser Unmut mündete in Unruhen am 15. Mai (Sturmpetition) und am 26. Mai 1848. Wenngleich der Monarch Zugeständnisse machte, den Zensus für die Wahlen abzuschaffen und „jeder Zweifel einer unvollkommenen Volksvertretung entfallen wird", erließ er einige Tage später eine Wahlordnung, die wiederum diese Bevölkerungsgruppen ausschloss. Dem Ministerrat gelang es schließlich, dem Kaiser die Zusage abzuringen, den selbständigen Arbeitern das Wahlrecht zuzuerkennen. Die Zusage erfolgte jedoch zu

Märzrevolution in Wien und Verkündigung der Pillersdorf'schen Verfassung

spät, sodass der Reichstag nach dem umstrittenen Wahlgesetz gewählt wurde, mit der Aufgabe, eine neue Verfassung auszuarbeiten. Der im Juli eröffnete Reichstag floh im Oktober aufgrund einer abermaligen Revolution in Wien nach Kremsier in Mähren. Anfang Dezember resignierte Ferdinand, und Franz Joseph (1830–1916) bestieg den Thron.

Den vom Reichstag fast fertiggestellten Kremsierer Entwurf, der in vieler Hinsicht einen bedeutenden Beitrag in der österreichischen Verfassungsentwicklung darstellt (Michael Malacka), lehnte Anfang März 1849 der neue Kaiser auf Anraten seines Ministerpräsidenten Felix Fürst zu Schwarzenberg (1800–1852) ab und erließ die sogenannte Oktroyierte Märzverfassung. Diese leitete die Phase des österreichischen Neoabsolutismus (1850–1860) ein. Die Oktroyierte Märzverfassung enthielt Ansätze eines Föderalismus, dem Kaiser oblag die vollziehende Gewalt, ausgestattet mit absolutem Vetorecht und Notverordnungsrecht. Die Verfassung beinhaltete wenige Reichsbürgerrechte wie etwa Gleichheit vor dem Gesetz, Freizügigkeit der Person und des Vermögens, Aufhebung jeder Art von Leibeigenschaft, Untertänigkeit oder Hörigkeit.

Nachdem der 1848 ausgebrochene Aufstand in Ungarn im August 1849 bei Vilagos niedergeschlagen worden war, betrieb man dort eine Politik der „Austrifizierung". Die Niederschlagung der Aufstände in weiteren Teilen der Habsburgermonarchie, etwa in Böhmen und Mähren, in der Lombardei und in Venetien erfolgte bereits bis Sommer 1848.

Viva l'Italia! Die Vereinigung Italiens

Nationale Erhebungen gegen die Habsburger in Oberitalien und die Bourbonen im Süden standen am Beginn der Einigung Italiens. „Viva l'Italia! Viva Pio IX! Viva la costituzione!", klang es durch die Straßen Neapels; diese Jubelrufe im September 1847 galten den Reformen im Kirchenstaat des damals noch liberal gesinnten Papstes Pius IX. (1792–1878) und sollten sich alsbald als Vorboten von revolutionären Erhebungen herausstellen. Der König beider Sizilien, Ferdinand II. (1810–1859), reagierte schnell und ersetzte zwei unbeliebte Minister durch zwei volksnahe. Mit dieser „Geste" konnte er jedoch die Forderungen der Liberalen nach einer Verfassung und der Vereinigung Italiens nicht unterdrücken – bald brach die Revolution aus und breitete sich auch nach Sizilien aus. Die Revolutionäre forderten König Ferdinand II. auf, die spanische Verfassung von Cádiz aus dem Jahr 1812 zu proklamieren. Dieser zögerte, regte aber am 29. Januar 1848 zur Ausarbeitung einer Verfassung an, die ihm innerhalb von zehn Tagen von den Ministern vorzulegen war. Nach dem Vorbild der französischen Verfassung aus dem Jahr 1830 und der belgischen lag innerhalb von acht Tagen die Verfassung auf dem Tisch des Königs, die dieser am 10. Februar 1848 unterschrieb. Sie umfasste das Zweikammersystem, Pressefreiheit, Petitionsrecht und Gleichheit der Bürger vor dem Gesetz. Das Königreich hatte eine – allerdings im selben Jahr wieder aufgehobene – Verfassung.

Das Statuto Albertino von 1848 als „ewiges und unwiderrufliches Verfassungs- und Grundgesetz"

Die Nachricht über die Verfassung verbreitete sich wie ein Lauffeuer in den italienischen Städten, Unruhen in Genua (sowie auch im sizilianischen Palermo) brachen aus und erreichten schließlich Turin, Piemont. Hier gelang es den Ministern, König Karl Albert (1789–1849) davon zu überzeugen, eine Verfassung freiwillig zu proklamieren, anstatt auf dem Weg der Revolution: Obwohl die Verfassung aus seiner Sicht ein Übel darstellte, wäre es im Vergleich zur Revolution jedoch das geringere. Am 8. Februar wurden die

Von den Zwischenrevolutionen 1830 zu den Revolutionen 1848/49 IV.

Hauptpunkte des *Statuto* proklamiert. Man vermied das Wort „costituzione" einerseits, weil dies dem Wunsch des Monarchen entsprach, und andererseits, weil man damit andeuten wollte, in der Tradition italienischer und piemontesischer Grundgesetze stehen zu wollen! (Die Bezeichnung Statuto geht auf die im 13. Jahrhundert vom Grafen von Savoyen erlassenen *Statuti generali* zurück). Das vollständige *Statuto Albertino* wurde am 4. März 1848 „als ewiges und unwiderrufliches Verfassungs- und Grundgesetz" für das Königreich Sardinien-Piemont in Kraft gesetzt.

Präambel des Statuto Albertino
Aus: Gosewinkel/Masing, Verfassungen in Europa, 1375

Mit königlicher Treue und väterlicher Liebe kommen wir heute dazu, das zu vollenden, was wir unseren geliebtesten Untertanen durch unsere Proklamation vom 8. des letzten vergangenen Februars angekündigt hatten. Wir hatten dadurch zeigen wollen, dass inmitten der außerordentlichen Ereignisse, die das Land umgaben, unser Vertrauen auf sie mit der Schwere der Verhältnisse gewachsen sei und dass es, dem Triebe unseres Herzens folgend, felsenfest unsere Absicht sei, ihre Schicksale dem Zeitgeist, dem Interesse und der Würde der Nation entsprechend zu gestalten.

Das *Consiglio di Conferenza*, das die Konstitution ausarbeitete, lehnte sich wohl an das französische und belgische Vorbild an, schuf jedoch keine Kopie, sondern eine eigenständige Verfassung. Der Monarch verband mit dem *Statuto Albertino* die Absicht, dieses auch in Zukunft beibehalten zu wollen. Dies sollte sich bewahrheiten, während alle im Zuge der Revolution entstandenen neuen Verfassungen, wie etwa jene von Neapel, wieder abgeschafft wurden. Das *Statuto* gedieh nun zum Orientierungspunkt für den weiteren Konstitutionalisierungsprozess in Italien, und darüber hinaus zum Symbol der Einigung Italiens. Analog zum Risorgimento vollzog sich die Übernahme des *Statuto Albertino*: Am 17. März 1861 verlieh man König Viktor Emanuel II. (1820–1878), der 1849 seinem Vater auf dem Thron gefolgt war, und seinen legitimen Nachfolgern den Titel „König von Italien". Dieser Akt bildete den vorläufigen Schlusspunkt der logischen Konsequenz der historischen Entwicklung.

1861 wurde das *Statuto Albertino* zur Verfassung des vereinten Italien. Art. 1 der Verfassung bestimmte die römisch-katholische und apostolische Religion als die einzige Religion des Staates, bei Duldung anderer bestehender Kulte. Die Vorrangstellung der Religion erklärt sich aus dem starken Einfluss des Papsttums in Italien und aus der starken Bindung des Monarchen an die Religion. Art. 2 legte die Staatsform und die Thronfolge nach dem Salischen Gesetz (beinhaltet die ausschließliche männliche Erbfolge) fest: „Der Staat wird regiert auf monarchischer konstitutioneller Grundlage, die Erbfolge des Thrones bestimmt das Salische Gesetz" (Art. 2). Allerdings wurde bei männerloser Nachkommenschaft die Salische Erbfolge durchlöchert, insofern „mangels männlicher Verwandten die Regentschaft der Königin-Mutter zusteht" (Art. 14). Gab es keine Königin-Mutter, hatten die beiden Kammern das Recht der Ernennung eines rechtmäßigen Regenten. In vielen Verfassungen, so etwa in der belgischen, kommt die Königin-Mutter

König Viktor Emanuel II. wird „König von Italien" und die vorläufige Einigung 1861

nicht einmal subsidiär in Betracht, hier ernennen im Falle der Minderjährigkeit des Thronfolgers die beiden Kammern den Vormund oder Regenten.

Der König übte gemeinsam mit den beiden Kammern, Senat und Deputiertenkammer, die Gesetzgebung aus. Allerdings lag das Hauptgewicht legislativer Entscheidungen beim Monarchen, er allein bestätigte und verkündete die Gesetze; die Gesetzesinitiative stand sowohl dem König als auch den beiden Kammern zu. Festzuhalten ist auch, dass die politische Regierung nicht dem Parlament, sondern einzig dem König gegenüber verantwortlich war.

Ein hervorzuhebendes Minderheitsrecht bestimmte der aus dem Jahr 1848 stammende Art. 62, wonach die Sprache der Kammern Italienisch sei, der Gebrauch der französischen Sprache jedoch jenen Mitgliedern erlaubt war, die den – allerdings 1860 abgetretenen – französischsprachigen Gebieten angehörten. Auch Art. 63 weist eine besondere Eigenart der italienischen Verfassung auf:

Art. 63 Statuto Albertino
Aus: Gosewinkel/Masing, Verfassungen in Europa, 1381

Die Abstimmungen [in Senat und Deputiertenkammer] findet durch Aufstehen und Sitzenbleiben, durch Teilung und geheim statt. Letztere Art wird immer angewendet bei der Abstimmung über die Gesamtheit eines Gesetzes und bei Beschlüssen, die mit Rücksicht auf Personen zu fassen sind.

V. Die Verfassungsfrage von 1866 bis zum Ausbruch des Ersten Weltkrieges 1914

1849–1861	Phase des Neoabsolutismus in Österreich
1864	16. November Verfassung für Griechenland
1866	1. Juli Verfassung des Fürstentums Rumänien
	3. Juli Schlacht von Königgrätz
	23. August Friede von Prag
1867	12. Juni Ausgleich zwischen Österreich und Ungarn
	1. Juli Verfassung des Norddeutschen Bundes
	21. Dezember Dezemberverfassung für Österreich
1868	Septemberrevolution in Spanien
1869	1. Juni Verfassung für Spanien
1870	21. Mai Senatsbeschluss zur Festlegung der Verfassung des französischen Kaiserreichs
	1.–2. September Schlacht von Sedan
	4. September Ausrufung der Dritten Französischen Republik
	15. November Novembervertrag mit Baden und Hessen
	23. November Novembervertrag mit Bayern
	25. November Novembervertrag mit Württemberg
1871	1. Januar Novemberverfassung/Novemberverträge für das Deutsche Reich tritt in Kraft
	18. Januar Ausrufung des Deutschen Reiches im Spiegelsaal von Versailles
	18. März–28. Mai Pariser Kommune
	16. April Verfassung des Deutschen Reichs und
	4. Mai Inkrafttreten der Verfassung des Deutschen Reichs
	31. August Louis Adolphe Thiers wird Präsident der Republik
1873	11. Februar Ausrufung der 1. Republik in Spanien
	20. November Septenatsgesetz in Frankreich
1874	29. Mai Bundesverfassung der Schweizerischen Eidgenossenschaft
1875	Erlass der französischen Verfassung anhand von drei Grundgesetzen:
	24. Februar Verfassungsgesetz über die Organisation des Senats
	25. Februar Verfassungsgesetz über die Organisation der französischen Staatsgewalten
	16. Juli Verfassungsgesetz über die Beziehungen der französischen Staatsgewalten untereinander
1876	30. Juni Verfassung der spanischen Monarchie
1878	13. Juni.–13. Juli Berliner Kongress
1879	16. April Verfassung des Fürstentums Bulgarien
1905	16. Oktober Oktobermanifest für Russland
1906	13. April Grundgesetz für Russland
1911	18. August *Parliament Act* (England)

V. Die Verfassungsfrage von 1866 bis 1914

Merkmale des Konstitutionalismus

In Europa umfasste die nächste Verfassungswelle den Zeitraum von 1866 bis 1878. Diese Zeit kann der Phase des (Hoch-)Konstitutionalismus zugerechnet werden. Einige wesentliche Merkmale dieser Epoche sind:
- Machtverschiebung von der Exekutive zur Legislative durch die Umwandlung des absoluten Vetorechts zum aufschiebenden Vetorecht;
- Zurückdrängen der außerordentlichen Gesetzgebung durch königliche Ordonnanzen (Notverordnungen) zugunsten der Gesetze;
- Einführung bzw. Ausweitung der parlamentarischen Gesetzesinitiative;
- Verankerung des parlamentarischen Interpellationsrechts;
- Weiterentwicklung der Ministerverantwortlichkeit (gegenüber dem Parlament);
- Anfechtung der letzten Domänen des Monarchen (Staatsoberhauptes) in Außenpolitik und Heerwesen.

Somit stand diese Phase des Konstitutionalismus konträr zur frühkonstitutionellen Phase mit folgenden Merkmalen:
- die Verfassung wurde vom Monarchen oktroyiert,
- der Monarch fungierte als der alleinige Träger der Herrschaft (gegebenenfalls unter Mitbeteiligung des Volkes, insbesondere an der Gesetzgebung),
- das Parlament verfügte über kein Selbstversammlungs- und Gesetzesinitiativrecht,
- der Monarch besaß ein absolutes Vetorecht,
- Festschreibung einiger weniger Grundrechte.

Im Zentrum dieser Verfassungswelle stehen neben Frankreich, Deutschland und Österreich auch die Staaten auf dem Balkan, wie etwa Rumänien oder Bulgarien.

Konnte man für das Deutsche Reich nach dessen Gründung im Jahr 1871 eine Stabilisierung der Stellung des Monarchen konstatieren, galt dies (noch) nicht für Frankreich: Dort hatte Napoleon III. in Anlehnung an seinen Onkel das zweite Kaiserreich gegründet. Dies geschah mittels Senatsbeschluss vom 7. November 1852: „Die Kaiserwürde ist wiederhergestellt. Louis Napoleon Bonaparte ist Kaiser der Franzosen mit dem Namen Napoleon III" (Art. 1).

Napoleon III. als Chef de l'Etat wird 1852 Kaiser der Franzosen

Kennzeichnend für die nun sogenannte Restaurationszeit war die Position von Napoleon III. als „Chef de l'État", ähnlich wie in der Charte 1814, allerdings ohne parlamentarisches Gegengewicht. Entgegen dem Prinzip der Gewaltentrennung übte der Kaiser mit *Senat* und *Corps législatif* die Gesetzgebung aus. Als Chef eines „autoritären Regimes" ernannte Napoleon III. die Mitglieder der ersten Kammer auf Lebenszeit. Die gewählte zweite Kammer (*Corps législatif*) stellte dagegen als gesetzgebende Versammlung lediglich eine „Karikatur eines Parlamentes" (Jean de Malafosse) dar, stand ihr doch weder ein Petitions- noch ein Interpellationsrecht zu. Neben Napoleon III. und den beiden Kammern besaß der Staatsrat (*Conseil d'État*) gesetzgeberische Funktion; auch dessen Mitglieder bestimmte Napoleon III. sie hatten Gesetze unter seiner Leitung vorzubereiten und diese dem *Corps législatif* vorzulegen. Ein vom Staatsrat vorbereitetes Gesetz konnte vom Parlament lediglich angenommen oder abgelehnt werden; auch das parlamentarische Budgetrecht war nur eingeschränkt ausübbar.

Die Verfassungsfrage von 1866 bis 1914

Weil Napoleon III. ab 1860 eine Liberalisierungspolitik betrieb, erwuchs ihm, wohl auch aufgrund seiner außenpolitischen Misserfolge (etwa in Italien oder Mexiko), eine Opposition sowohl von rechts als auch von links. Dennoch setzte er weitere Verfassungsreformen durch, die in erster Linie eine Aufwertung des Parlaments bedeuteten. Senatoren und Abgeordnete erhielten etwa das Recht der Gesetzesinitiative, gleichzeitig aber auch der Kaiser und die Minister den Zutritt zu den Versammlungen beider Häuser. Diese Entwicklung führte schließlich zur Verabschiedung eines Senatsbeschlusses zur Festlegung der Verfassung des Kaiserreiches vom 21. Mai 1870. Dieser ersetzte ein relativ autoritäres Empire durch ein parlamentarisches Regime. Der Exekutive verblieben weitere wichtige Befugnisse, wie etwa der Oberbefehl über die Streitkräfte. Da er direkt dem Volk verantwortlich blieb, konnte Napoleon III. jederzeit ein Plebiszit durchführen.

Diese neue Verfassung erlangte in einer Volksbefragung mit ca. 7,3 Mio. Ja-Stimmen gegen 1,5 Mio. Nein-Stimmen große Zustimmung. Nach der militärischen Niederlage von Sedan und der darauffolgenden Gefangennahme Napoleons III. durch Preußen wurde am 4. September 1870 in Paris die Dritte Französische Republik ausgerufen und eine provisorische Regierung gebildet. Diese unterzeichnete am 28. Januar 1871 einen Waffenstillstand für 21 Tage. Danach musste sie sich auf die Friedensverhandlungen und auf die Ausarbeitung einer neuen Verfassung konzentrieren. Allerdings mussten allgemeine Wahlen zur Nationalversammlung abgehalten werden, da nur eine vom Volk gewählte Nationalversammlung bzw. eine daraus hervorgehende Regierung berechtigt erschien, den Waffenstillstand auszuhandeln. Die neugewählte Nationalversammlung einigte sich auf Louis Adolphe Thiers (1797–1877) als „Chef der Exekutive", der den Friedensvertrag verhandelte. Thiers bildete eine Regierung aus Legitimisten, Orléanisten und Republikanern, die auch die **Pariser Kommune** „überdauerte".

In Paris rief man am 4. September 1870 die Dritte Französische Republik aus

> **Pariser Kommune**
> Der Befehl von Thiers, die Nationalgarde zu entwaffnen, führte zum Aufstand der Kommune, und Frankreich in einen Bürgerkrieg in der Zeit vom 18. März bis 28. Mai 1871. Ultrarote, antireligiöse, jakobinische und proletarische Republikaner lehnten sich gegen die monarchistisch dominierte Nationalversammlung auf. Die Nationalgarde übernahm die Macht, Ende März wurde die Kommune aufgelöst und zehn Kommissionen anstelle von Ministerien gewählt. Blutige Zusammenstöße waren unausweichlich, allein in der „blutigen Woche" vom 21. bis 28. Mai 1871 wurden ca. 25.000 *communards* getötet.

Thiers gelang es, die Nationalversammlung davon zu überzeugen, ihn zum *Président de la République* zu ernennen (31. August 1871). Die Wahlniederlage der Thiers-Anhänger und der Machtgewinn der radikalen Republikaner führten im Mai 1873 zu seinem Rücktritt. Nachdem der bourbonische Kronprätendent Henri Comte de Chambord (1820–1883), ein Enkel Karls X., aufgrund des Streits um die künftige Nationalfahne – er bestand auf der Ersetzung der Trikolore durch die Bourbonenfahne – als potentieller Kandidat ausgefallen war, einigte man sich letztlich auf den monarchisch gesinnten Marschall Patrice de Mac-Mahon (1808–1893). Dessen Position war an die Bedingung geknüpft, gegebenenfalls einem Mitglied der Königsfamilie weichen zu müssen.

V. Die Verfassungsfrage von 1866 bis 1914

Mittels „Septennatsgesetz" vom 20. November 1873, das erst 2002 seine Gültigkeit verlor, erfolgte die Festlegung der Amtszeit des Präsidenten auf sieben Jahre: „Die Exekutivgewalt wird für sieben Jahre dem Marschall Mac-Mahon anvertraut, (…) sie wird wie bisher mit dem Titel Präsident der Republik und unter den gegenwärtigen Bedingungen ausgeübt." Weiters wurde einer 30-köpfigen Kommission die Ausarbeitung von Grundgesetzen übertragen.

Verabschiedung der Lois constitutionelles

Die von ihr erarbeitete Verfassung von 1875 bestand aus drei Grundgesetzen, den *Lois constitutionelles*, und stellte den Schlusspunkt der 1791 begonnenen Verfassungsentwicklung in Frankreich dar. Rückblickend gesehen erwiesen sich diese Grundgesetze als beständig und blieben bei „aller Kürze der Texte und Bescheidenheit ihrer Ansprüche" (Klaus Hartmann) und drei Verfassungsrevisionen sowie gewohnheitsrechtlicher Weiterentwicklung bis Juli 1940 gültig! Der französische Historiker René Rémond bewertete sie als „die orléanistischste von allen französischen Verfassungen"; dies aufgrund der Balance zwischen den Gewalten, der Pluralität der Staatsorgane und des Dualismus der Kammern. Durch kontinuierliche Verfassungspraxis änderte sich um 1885 das Verhältnis der Gewalten: Der Präsident konnte nicht mehr die Kammern auflösen, und er musste jene Personen zu Ministern ernennen, die ihm die jeweilige Kammermehrheit aufzwang. Dadurch verschob sich das 1875 festgelegte Gleichgewicht, die Legislative stand ab nun über der Exekutive.

Eine 1884 vorgenommene Revision des Verfassungsgesetzes über die Organisation der französischen Staatsgewalten vom 25. Februar 1875 schloss Mitglieder der ehemaligen Herrscherfamilien vom Regierungsamt aus: „Die republikanische Staatsform darf nicht Gegenstand eines Veränderungsvorschlages sei. Mitglieder von Familien, die einstmals in Frankreich regiert haben, sind nicht wählbar als Präsident der Republik." Damit endete die Bestimmung aus dem Jahr 1873.

Deutscher Zollverein und Schlacht bei Königgrätz als Etappen zur Gründung des Deutschen Reiches

In Preußen war es kein Geheimnis, dass König Friedrich Wilhelm IV. die Verfassung als „Wisch" wertete und in seinem politischen Testament seinem Nachfolger den Rat gab, keinen Eid auf eine Verfassung zu leisten. Unter seinem Nachfolger Wilhelm I. (1797–1888) eskalierte ein Verfassungsstreit, der im Zusammenhang mit der Finanzreform ausgebrochen war. Aus einem „Akt der Verzweiflung" (Kurt Kaminski) ernannte Wilhelm I. 1862 Otto von Bismarck (1815–1898) zum Ministerpräsidenten. Dieser „bediente" sich einer angeblichen „Lücke" in der preußischen Verfassung und regierte ohne parlamentarisch verabschiedetes Budgetgesetz. Daran anknüpfend verhinderte er auch eine „Parlamentarisierung" der Reichsgewalt, sowohl in der späteren Verfassung des Norddeutschen Bundes 1866 wie auch in der Reichsverfassung aus dem Jahr 1871.

Hinsichtlich der Vereinigung von Deutschland war es Bismarck in seiner hegemonialen Politik gelungen, auf der ökonomischen Einheit Deutschlands (Deutscher Zollverein 1834) aufzubauen und den österreichischen Kaiser derart zu kompromittieren, dass es zu einer – letztlich auch militärischen – Auseinandersetzung zwischen Preußen und dem Deutschen Bund unter österreichischer Führung kam, die in die Schlacht von Königgrätz am 3. Juli 1866 mündete. Der anschließende Friede von Prag (23. August) beendete den Kriegszustand zwischen Preußen und Österreich, aber auch Österreichs

Die Verfassungsfrage von 1866 bis 1914

Mitgliedschaft im Deutschen Bund, womit die kleindeutsche Lösung, die letztlich bereits in der Paulskirchen-Versammlung Ende 1848 favorisiert worden war, ihre Verwirklichung fand.

Der Deutsche Bund, ohne Bayern, Württemberg, Baden und dem Großherzogtum Hessen-Darmstadt, wurde in den Norddeutschen Bund unter preußischer Führung umgewandelt, für den es nun eine Verfassung auszuarbeiten galt: Nach insgesamt drei Vorentwürfen legte Bismarck selbst Hand an, getreu seiner Ansicht: „Arbeiten wir rasch. Setzen wir Deutschland, sozusagen, in den Sattel! Reiten wird es schon können." Daraufhin konnte die Verfassung bereits am 1. Juli 1867 in Kraft treten. Ähnlich der Deutschen Bundesakte bzw. der Wiener Schlussakte handelte es sich um einen beständigen, unauflöslichen Bund von 23 Mitgliedstaaten, den Fürsten und Senate der Freien Städte als alleinige Verfassungsgeber bildeten. Für die oben genannten Nichtmitgliedstaaten sah man ein Beitrittsrecht vor. Im Norddeutschen Bund lebten etwa 30 Millionen Menschen, wovon die preußische Bevölkerung vier Fünftel ausmachte. Aus staatsrechtlicher Sicht war der Norddeutsche Bund weder ein **Staatenbund** noch ein **Bundesstaat**, er war ein Staatengebilde *sui generis*. Als Vorbilder der Verfassung fungierte die Schweizer bzw. die nordamerikanische Verfassung.

Verabschiedung der Verfassung des Norddeutschen Bundes am 1. Juli 1867

> **Bundesstaat – Staatenbund**
> Man spricht dann von einem Bundesstaat, wenn die Provinzen/Länder nicht nur Verwaltungssprengel des Zentralstaates sind, sondern Rechtspersönlichkeit besitzen, also über eine eigene Gesetzgebungs- und Vollzugsgewalt, eventuell auch Gerichtsbarkeit, verfügen und an der Gesetzgebung des Bundes mitwirken. Bundesstaaten sind etwa die USA, Deutschland oder Österreich.
> Ein Staatenbund existiert dann, wenn mehrere souveräne, völkerrechtsfähige Staaten vereinigt sind, wie etwa ehemals der Rheinbund oder der Norddeutscher Bund.

Mit Königgrätz und der Verfassung war ein weiterer Schritt in Richtung Gründung des Deutschen Reiches getan, jedoch bedurfte es noch der Klärung des Verhältnisses zu Frankreich. Ein zum Krieg führender Anlass war alsbald gegeben: der Streit um die Frage der spanischen Thronfolge zwischen Frankreich und Preußen. Die Entscheidung fiel in der Schlacht bei Sedan, Preußen und seine süddeutschen Verbündeten besiegten Frankreich und nahmen Napoleon III. gefangen. Durch den späteren Friedensschluss von Frankfurt am Main (10. Mai 1871) erhielt Deutschland das nunmehrige Reichsland Elsass-Lothringen, Frankreich musste hohe Reparationszahlungen leisten.

Schlacht von Sedan (1870) und die Ausrufung des Deutschen Kaiserreiches im Spiegelsaal von Versailles (1871)

Bismarcks Haltung in der Frage der Gestaltung von Deutschland war nach Ausbruch des Krieges mit Frankreich von einem großen Entgegenkommen gegenüber den süddeutschen Staaten Baden, Bayern, Hessen und Württemberg bestimmt. Seiner Intention folgend, billigte man diesen Staaten in Form von „Reservatrechten" staatsrechtliche Eigenständigkeiten zu, um diesen einen Beitritt zum Deutschen Reich zu erleichtern bzw. gar zu ermöglichen. Am 15. November 1870 gelang es Bismarck, zunächst Baden und Hessen zur Unterzeichnung des ersten der Verträge über die Erweiterung des Norddeutschen Bundes zum Deutschen Bund zu gewinnen. Am 23. November folgte Bayern und am 25. November Württemberg. Die sogenannten No-

V. Die Verfassungsfrage von 1866 bis 1914

vemberverträge waren Verfassungsverträge, die dem vorerst „Deutschen Bund" genannten Gesamtstaat eine Verfassung gaben. Somit stellten sie verfassungsschaffende Vereinbarungen dar. Sie waren aber auch verfassungsändernd, da die vier Südstaaten ihre Souveränität weitgehend aufgaben. Deshalb mussten diese von Bundesrat und Reichstag des Norddeutschen Bundes ratifiziert werden. Nach längeren Verhandlungen trat die Novemberverfassung am 1. Januar 1871 in Kraft. Einige Tage später, bewusst am 18. Januar 1871 – 170 Jahre, nachdem sich der brandenburgische Kurfürst selbst zum König in Preußen erhoben hatte –, erfolgte im Spiegelsaal von Versailles die Kaiserproklamation. Man hatte sich darauf geeinigt, den Deutschen Bund in „Deutsches Reich" umzubenennen, und Wilhelm I. zum ersten Kaiser zu ernennen.

Bismarck begann nun die Frage einer redaktionellen Neuformulierung der Novemberverfassung zu forcieren und legte bereits am 23. März 1871 dem erst am 21. März 1871 erstmals zusammengetretenen gewählten Reichstag den Entwurf einer revidierten Verfassung vor. Der Reichstag nahm das „Gesetz betreffend die Verfassung des Deutschen Reichs" vom 16. April 1871 an, das am 4. Mai 1871 in Kraft trat.

Der Verfassung stand folgende Präambel voran: „Seine Majestät der König von Preußen im Namen des Norddeutschen Bundes, Seine Majestät der König von Bayern, Seine Majestät der König von Württemberg, Seine Königliche Hoheit der Großherzog von Baden und Seine Königliche Hoheit der Großherzog von Hessen und bei Rhein für die südlich vom Main belegenen Theile des Großherzogthums Hessen, schließen einen ewigen Bund zum Schutze des Bundesgebietes und des innerhalb desselben gültigen Rechtes, sowie zur Pflege und Wohlfahrt des Deutschen Volkes. Diese Bund wird den Namen Deutsches Reich führen und wird nachstehende Verfassung haben."

Das **Deutsche Reich** war ein Bund von 25 Gliedstaaten und ein deutscher Nationalstaat.

> **Das Reich**
> Trotz des bestehenden Reichstraditionalismus stellte das Deutsche Reich keine Erneuerung des Heiligen Römischen Reiches deutscher Nation dar. Es bildete einen Nationalstaat. Das Deutsche Reich war nicht von der Idee des Reichsuniversalismus getragen – der Idee einer nationenübergreifenden politischen Ganzheit, die sich einer über den engeren Herrschaftsbereich hinausgehenden europäischen Führungsaufgabe verpflichtet wusste, sondern verstand sich als der Staat einer Nationalität, wie Frankreich oder Italien.

Exekutive und Legislative in der Verfassung des Deutschen Reiches

Der reichsdeutsche Konstitutionalismus blieb ein monarchischer: Die Dominanz des deutschen Kaisers erwies sich darin, dass in seinen Händen nicht nur die exekutiven, sondern auch wichtige legislative Befugnisse lagen. Ihm allein stand das Recht zu, den Bundesrat und Reichstag einzuberufen, zu eröffnen, zu vertagen und zu schließen; nach Maßgabe der Beschlüsse des Bundesrates wurden die erforderlichen Gesetzesvorlagen im Namen des Kaisers an den Reichstag gebracht. Der Reichstag verfügte über die Kompetenz, Gesetze vorzuschlagen. Bundesrat und Reichstag übten gemeinsam die Gesetzgebung aus, wobei Reichsgesetze gegenüber Landesgesetzen Vorrang besaßen. Dem Monarchen stand eine durch allgemeine, direkte und geheime Wahl auf Männer beschränkte, demokratisch legitimierte Legislative

Die Verfassungsfrage von 1866 bis 1914

gegenüber, wenngleich es bei einer Demokratisierung ohne volle Parlamentarisierung blieb. Dies galt auch für Italien und Frankreich. Den Gliedstaaten des Deutschen Reiches wurden neben den Mitgliedschaftsrechten (etwa das Recht auf Mitwirkung bei der Bildung des Reichswillens, Recht auf Schutz des Reiches oder Recht auf gleichmäßige Förderung der allgemeinen Wohlfahrt) und Hoheitsrechten (Recht der Länder auf eigene Verfassung oder Recht der Länder auf eigene Gesetzgebung, Gerichtsbarkeit und Verwaltung und das Recht auf Freiheit von allen Eingriffen des Reichs) sogenannte Reservatrechte, das sind besondere Hoheitsrechte, garantiert. Die Reservatrechte, auch Sonderkompetenzrechte, waren nur wenigen Gliedstaaten gewährt und sie durchbrachen die sonst bestehenden Reichskompetenzen. Demnach erhielt Bayern z. B. das Reservatrecht auf Befreiung von der Reichsgesetzgebung und Reichsaufsicht im Heimat- und Niederlassungsrecht, das Recht auf eine eigene Post- und Eisenbahnhoheit oder das Recht des bayerischen Königs, in Friedenszeiten den militärischen Oberbefehl über die bayerische Armee auszuüben sowie das Recht auf Bier- und Branntweinsteuer. Letzteres Reservatrecht stand auch Württemberg und Baden zu.

Die Schlacht von Königgrätz zeitigte für das Kaisertum Österreich nicht nur außenpolitisch, sondern auch innenpolitisch und verfassungsrechtlich weitreichende Konsequenzen: Hier hatte Kaiser Franz Joseph mittels Silvesterpatent 1851, wodurch er die 1849 erlassene Oktroyierte Märzverfassung aufhob, den Weg in Richtung **Neoabsolutismus** beschritten.

> **Neoabsolutismus**
> Mit diesem Begriff beschreibt man die erste Regierungsperiode Kaiser Franz Josephs, in der er ohne Verfassung und Parlament absolut regierte. Diese Epoche beginnt mit der gewaltsamen Auflösung des Reichstages in Kremsier am 7. März 1849 und der am selben Tag oktroyierten Märzverfassung. Mit dem Februarpatent von 1861 (auch Februarverfassung genannt) endete diese Epoche, die einen politischen Rückschritt bedeutete.

Diese Situation glich jener in Frankreich: Die prekäre Finanzlage und die militärischen Niederlagen gegen Piemont-Sardinien und Frankreich bei Magenta und Solferino (1859) leiteten das schrittweise Ende der neoabsolutistischen Epoche ein. Bis zu einer stabilen Verfassung erfolgte die Verkündigung einiger Patente und Diplome von Verfassungsrang: Das zentralistisch gestaltete Oktoberdiplom vom 20. Oktober 1860 wurde durch das Februarpatent 1861 geradezu ins Gegenteil umgekehrt. Es folgte am 27. Oktober 1862 der Erlass zweier Grundgesetze: das Gesetz zum Schutz der persönlichen Freiheit und das Gesetz zum Schutz des Hausrechtes.

Österreich konzentrierte sich nach der Niederlage von Königgrätz zunächst darauf, seine Beziehungen zu Ungarn zu regeln, was in den „**Ausgleich**" von Juni 1867 mündete.

Der Ausgleich mit Ungarn im Juni 1867

> **Ausgleich vom 12. Juni 1867**
> Mit dem Ausgleich wurde das Kaisertum Österreich in die Österreichisch-Ungarische Monarchie (k.u.k. Monarchie) umgewandelt. Die Monarchie erfuhr eine dualistische Gestaltung, die im Gesetzesartikel XII 1867 auf ungarischer Seite und im Delegationsgesetz vom 21. Dezember 1867 (Teil der Dezemberverfassung) auf österreichischer Seite festgeschrieben wurde. Das Kaisertum Österreich wurde in zwei Staaten geteilt, Ungarn erhielt seine staatsrechtliche Selbständigkeit mit

V. Die Verfassungsfrage von 1866 bis 1914

der offiziellen Bezeichnung „die Länder der ungarischen Krone". Die „österreichische" Reichshälfte erhielt die offizielle Bezeichnung „die im Reichsrat vertretenen Königreiche und Länder", erst 1915 auch „Österreich" (inoffiziell auch „Zisleithanien": Niederösterreich, Oberösterreich, Steiermark, Kärnten, Krain, Küstenland, Dalmatien, Salzburg, Tirol, Vorarlberg, Böhmen, Mähren, Schlesien, Galizien, Bukowina). Der Fluss Leitha bildete die Grenze zwischen Österreich und Ungarn; Kroatien-Slawonien und Siebenbürgen wurden Ungarn einverleibt und blieben ungarisches Staatsgebiet. Durch die Okkupation von Bosnien-Herzegowina (1878) wurde das Gesamtstaatsgebiet um einen quasi dritten gemeinsamen Staatsteil erweitert, der 1908 (völkerrechtlich) endgültig eingegliedert wurde (Annexion).

Aus österreichischer staatsrechtlicher Auffassung blieb auch trotz des „Ausgleiches" ein österreichisches Gesamtreich weiterhin existent, da dieser auf Grundlage der **Pragmatischen Sanktion** 1713 erfolgte.

Pragmatische Sanktion
Die Pragmatische Sanktion war ein dynastischer Erbvertrag, der ein wechselseitiges Erbrecht der Linien nach Joseph I. (1678–1711) und Karl VI. (1685–1740) vorsah und im Zuge des Spanischen Erbfolgekrieges am 19. April 1713 von Karl VI. verkündet wurde. Es verfügte (bei Fehlen männlicher Habsburger) die weibliche Erbfolge sowie die Unteilbarkeit und die Untrennbarkeit der österreichischen Erbländer. In Ungarn hingegen vertrat man die Meinung, dass nach dem Ausgleich zwei selbständige Staaten entstanden waren, die eine Realunion bildeten und (nur) ein gemeinsames Oberhaupt hatten.

Im Ausgleich regelte man die sogenannten pragmatischen oder „gemeinsamen Angelegenheiten", nämlich die auswärtigen Angelegenheiten und das Kriegswesen sowie die dafür notwendigen Finanzen. Die diesbezügliche Gesetzgebung oblag den Delegationen des österreichischen Reichsrates und des ungarischen Reichstages. Die „dualistischen Angelegenheiten" wurden durch auf zehn Jahre paktierte Gesetze vom österreichischen Reichsrat bzw. ungarischen Reichstag beschlossen; sie umfassten etwa Münzwesen, Zollgesetzgebung, Fragen der Eisenbahnlinien oder des Wehrsystems.

Die Dezemberverfassung 1867

Neben der Regelung der gemeinsamen Angelegenheiten war seitens der ungarischen Verhandlungsführer die Bedingung gestellt worden, dass der engere Reichsrat eine Verfassung für die österreichische Reichshälfte ausarbeiten sollte. Bereits am 25. Juli 1867 erließ man das Gesetz über die Verantwortlichkeit der Minister für die „im Reichsrath vertretenen Königreiche und Länder", und einige Monate später erfolgte die Kundmachung der sogenannten **Dezemberverfassung**. Mit dieser endete, abgesehen vom Wahlrecht, im Kaisertum Österreich der im Jahr 1848 begonnene Konstitutionalisierungsprozess. Durch die Dezemberverfassung wurde die im Ausgleich verankerte Teilung in Zisleithanien und Transleithanien akzeptiert und konstitutionell umgesetzt. Die auf Zisleithanien bezogene Verfassung bestand aus sieben Staatsgrundgesetzen.

Die Dezemberverfassung vom 21. Dezember 1867
Das Gesetz über die Ministerverantwortlichkeit räumte dem Reichsrat das Recht ein, Minister aufgrund von Pflichtverletzungen zur Rechenschaft ziehen zu können. Das Staatsgrundgesetz über die Reichsvertretung: Die Reichsgesetzgebung stand den beiden gleichberechtigten Kammern Herren- und Abgeordnetenhaus zu, dem Kaiser wurde ein absolutes Vetorecht eingeräumt.

Die Verfassungsfrage von 1866 bis 1914 V.

- Das Staatsgrundgesetz über die allgemeinen Rechte der Staatsbürger beinhaltete einen liberalen Grundrechtekatalog.
- Das Staatsgrundgesetz über die Einsetzung eines Reichsgerichtes bot die Basis für den späteren Verfassungsgerichtshof.
- Das Staatsgrundgesetz über die richterliche Gewalt enthielt u.a. die endgültige Trennung der Rechtspflege von der Verwaltung, in allen Instanzen.
- Im Staatsgrundgesetz zur Ausübung der Regierungs- und Vollzugsgewalt legte man die wesentlichen Grundsätze für die Verwaltung fest.
- Das Delegationsgesetz bestimmte die Durchführung des Ausgleichs mit Ungarn.

Auch für Italien zog der Ausgang der Schlacht von Königgrätz Konsequenzen nach sich: Das im März 1861 ausgerufene, durch die Angliederung Unteritaliens, der Toskana und weiterer bisher selbständiger Staaten in den Jahren 1859 bis 1861 enorm erweiterte Königreich erhielt nach der Schlacht von Königgrätz Venetien und konnte damit seine nationale Einigung vorantreiben. Der territoriale Einigungsprozess endete 1870 durch die Besetzung und Eingliederung des noch verbliebenen Kirchenstaatsgebietes mit der neuen Hauptstadt Rom. Die Verfassung des Königreiches Italien bildete das *Statuto Albertino*, die Verfassung des Königreiches Sardinien-Piemont von 1848.

Italien entwickelte, im Gegensatz etwa zu Deutschland, einen konstitutionellen Typus, der strikt am Zensus- und Bildungswahlrecht festhielt. Die Mitglieder von Parlament und Regierung waren Honoratioren, was in der Folge die Ausbildung eines politischen Parteiwesens verhinderte. Italien entwickelte sich im Laufe der siebziger Jahre des 19. Jahrhunderts von einer „costituzionale pura" zur „parlamentare": Die Regierung wurde vom Vertrauen des Parlamentes abhängig. Die exekutive Gewalt lag ausschließlich beim König. Die Ministerverantwortlichkeit änderte sich dahingehend, dass die Minister jetzt nicht nur dem König, sondern auch dem Parlament gegenüber verantwortlich waren: „Gesetze und Regierungshandlungen haben nur dann Gültigkeit, wenn sie mit der Unterschrift eines Ministers versehen sind" (Art. 67).

Auch hinsichtlich des italienischen Wahlrechtes erfolgten Reformen, so etwa jene im Jahr 1882. Diese Reform bewirkte eine Lockerung des restriktiven Steuer- und Bildungszensus, das Wahlverbot für Analphabeten wurde jedoch nicht aufgehoben. Da in dieser Zeit der Anteil der Schreib- und Leseunkundigen sehr hoch war, blieb die Wahlbeteiligung nach wie vor gering. Erst 1912 erhielt diese Gruppe das Wahlrecht, vorausgesetzt, man hatte das 30. Lebensjahr erreicht. Durch Absenkung des Wahlalters stieg die Anzahl der Wahlberechtigten stark an. 1919 erfolgte die Einführung des Wahlrechtes für alle männlichen Bürger, die das 21. Lebensjahr erreicht hatten. Erst 1946, nach dem Ende des Zweiten Weltkrieges, durften Frauen zur Wahlurne schreiten. Im Juni 1946 wurde nach einer Volksabstimmung das Königreich schließlich in eine Republik umgewandelt.

In Spanien führte die Einführung der weiblichen Erbfolge durch Ferdinand VII. (1784–1833) mittels Pragmatischer Sanktion ab 1833 zu den genannten Carlistenkriegen (1833–1839, 1847–1849, 1872–1876). Ferdinands Bruder Carlos (1788–1855) wollte die Regentschaft seiner noch nicht volljährigen Nichte Isabella nicht anerkennen. Diese trat 1844 die Regentschaft über Spanien an. Ihre Regierungszeit war von zahlreichen Regierungsumbildun-

Verfassungswirklichkeit in Italien

Karlistenkriege führten zur fortschrittlichsten Verfassung Spaniens im 19. Jhdt.

gen geprägt und von den andalusischen Großgrundbesitzern beherrscht. Eine Wende konnten demnach nur Revolutionen bringen. General Baldomero Espartero (1793–1879) wurde im Jahr 1854 neuerlich zum Regierungspräsidenten berufen, jedoch 1856 von den Konservativen – kurz vor der Fertigstellung einer neuen Verfassung – gestürzt. Aufgrund wirtschaftlicher Probleme und der politischen Unzufriedenheit im Lande kam es im September 1868 zur Revolution (Septemberrevolution), in deren Folge Königin Isabella gestürzt und die Bourbonen aus Spanien vertrieben wurden. Die provisorische Regierung unter dem Regenten General Francisco Serrano Y Domínguez (1810–1885) ließ im Januar 1869 Wahlen durchführen, aus denen die Monarchisten als Sieger hervorgingen. Am 1. Juni 1869 wurde die neue Verfassung erlassen, die eine konstitutionelle Monarchie mit demokratischen Prinzipien vorsah. Walther Bernecker bezeichnete diese Verfassung neben der Cortes-Verfassung als die fortschrittlichste des 19. Jahrhunderts. Sie statuierte die Volkssouveränität in Art. 32: „Die Souveränität liegt im Wesentlichen bei der Nation, aus welcher alle Gewalten hervorgehen."

Die gesetzgebende Gewalt lag bei den Cortes, die sich aus Senat und Kongress zusammensetzten. Der König sanktionierte und verkündete die Gesetze. Die ausführende Gewalt lag beim König, der sie mit seinen Ministern ausübte. Die Thronfolge war in männlicher und weiblicher Linie möglich, bei gleichem Geschlecht zog man die ältere Person der jüngeren vor.

Die Verfassung von 1869 markierte jedoch nicht das Ende der Verfassungsentwicklung in Spanien: Innenpolitische Spannungen, Agrarkrisen, aber auch soziale Konflikte zählten zu den wesentlichen Problemen der neuen Regierung, der General Serrano vorstand. Als möglicher König von Spanien war allerdings bereits Leopold von Hohenzollern-Sigmaringen (1835–1905) vorgesehen, doch legte Napoleon III. ein Veto gegen ihn ein, was mittelbar in den deutsch-französischen Krieg 1870/71 mündete. Die spanische Regentschaft von 1870 bis 1873 ging an Amadeus I. von Aosta (1845–1890), den die Cortes gewählt hatten. Nach der Abdankung des Königs aufgrund eines Attentates erfolgte 1873 die Ausrufung der Ersten Republik, während der dritte Carlistenkrieg tobte. Diese erste Republik endete bereits 1874. Die Konservativen hatten in der Zwischenzeit auf die Rückkehr der Bourbonen hingearbeitet, sodass Ende Dezember 1874 Isabellas Sohn, Alfons XII. (1857–1885), zum König von Spanien proklamiert werden konnte. Die nun folgenden Jahrzehnte bis 1923 werden als Restaurationszeit bezeichnet. 1876 proklamierte der eigentliche Architekt der Restauration der Bourbonendynastie Antonio Cánovas del Castillo (1828–1897) am 30. Juni die Verfassung. Die königlichen Prärogativen wie etwa das Recht, die Regierungen zu ernennen und zu entlassen, an der Gesetzgebung mitzuwirken oder die nach Zensus- und Bildungswahlrecht bestellten Cortes aufzulösen, wurden wiederhergestellt. Das Militär übte seinen Einfluss über die Beziehungen zur Krone aus, Kriegsminister waren Generäle, in der öffentlichen Verwaltung wurden Militärs eingesetzt, sodass man von keiner politischen Abstinenz des Militärs sprechen kann.

Die Verfassung von 1876 blieb formal bis 1931 in Kraft. Den wohl tiefsten Einschnitt in der Restaurationsphase bedeutete das Jahr 1898, als Spanien im Krieg gegen die USA die letzten Überseekolonien (Kuba, die Philippinen, Puerto Rico und die Inselgruppe Mikronesien) verlor. Die nachfolgenden innenpolitischen Instabilitäten erreichten ihren Höhepunkt in der „Tragischen Woche" vom Juli 1909, einem anarchistischen und antiklerikalen Aufstand, der sich vor allem gegen Kirche und Klerus richtete. Die Restaurationsphase fand 1912 mit der Ermordung von Ministerpräsident José Canalejas Méndez (1854–1912) ein Ende. Die Cortes wurden nicht mehr einberufen, die Pressezensur eingeführt und die Grundrechte aufgehoben; das Land wurde mittels Dekreten regiert. Diese Entwicklungen führten schließlich zur Installation der Militärdiktatur unter dem Ministerpräsidenten General Miguel Primo de Riveras (1870–1930) im Jahr 1923.

Ab den 1860er Jahren fanden in allen Kantonen der Schweiz Verfassungsrevisionen statt. Erst unter dem Eindruck eines heftig tobenden Kulturkampfes zwischen säkularem Staat, radikal-demokratischer Bewegung und katholischer Kirche schuf man in den siebziger Jahren den Entwurf für eine neue Bundesverfassung. Das Volk stimmte am 19. April 1874 für diese Verfassung. Ähnlich dem Aufbau der Verfassung von 1848 verfolgte die am 25. Mai in Kraft gesetzte Bundesverfassung 1874 den Ausbau der Macht des Bundes gegenüber den Kantonen, zudem die Stärkung des Bundes und der Kantone gegenüber der katholischen Kirche. Sie brachte auch eine Ausweitung der Freiheitsrechte. So etwa enthielt sie erstmals das Instrument des fakultativen Gesetzesreferendums: „Bundesgesetze, sowie allgemein verbindliche Bundesbeschlüsse, die nicht dringlicher Natur sind, sollen überdies dem Volke zur Annahme oder Verwerfung vorgelegt werden, wenn es von 30.000 stimmberechtigten Schweizerbürgern oder von 8 Kantonen verlangt wird" (Art. 89).

Die Schweizer Verfassung von 1874

Trotz zahlreicher Änderungen und Ergänzungen bildete diese Verfassung die Grundregelung der Schweizerischen Eidgenossenschaft bis zur Totalrevision der Bundesverfassung 1998/2000.

Ein weiteres geografisches Zentrum des Konstitutionalisierungsprozesses bildete der Balkan. Hier strebte man weniger nach territorialer Einheit, sondern vielmehr danach, sich der fremden Oberherrschaft zu entledigen. Deshalb setzte der Konstitutionalisierungsprozess auf dem Weg der nationalen militärischen Erhebungen gegen die osmanische Herrschaft und teilweise die russische Autokratie ein. „Verfassung" erhielt dadurch eine weitere Dimension, sie wurde als ein Mittel der Nations- und Staatsbildung auf der Basis des Rechts verstanden. Darüber hinaus bedeutete „Verfassung" eine klare Orientierung nach Westeuropa und einen wesentlichen Integrationsfaktor für die neugegründeten Staaten.

Verfassung als Orientierung nach Westen für die Staaten Südosteuropas

Ausgangspunkt dieser Entwicklung war der Krimkrieg (1853–1856), infolgedessen sich die Zusammenlegung der beiden Fürstentümer Moldau und Walachei zum Fürstentum Rumänien im Jahr 1859 vollzog. Dieses proklamierte am 1. Juli 1866 eine Verfassung nach belgischem Vorbild. In Rumänien wurde Karl/Karol I. aus dem Haus Hohenzollern-Sigmaringen (1839–1914) zum Fürsten gewählt, im Jahr 1881 erfolgte die Erhebung des Fürstentums zum Königreich Rumänien.

Völkerrechtliche Anerkennung erlangte Rumänien auf dem Berliner Kongress 1878. Der Kongress – eine Folge des russisch-osmanischen Krieges (1877–1878; Frieden von San Stefano) – fand unter Beteiligung der Großmächte Deutsches Reich, Österreich-Ungarn, Frankreich, Vereinigtes König-

Der Konstitutionalisierungsprozess im Fürstentum Rumänien

Die Verfassungsfrage von 1866 bis 1914

reich England, Italien, Russland und Osmanisches Reich von 13. Juni bis 13. Juli 1878 in Berlin statt. Bismarck hatte den Kongress einberufen, um in erster Linie die bulgarische Frage zu klären und außerdem eine Friedensordnung für Südosteuropa zu schaffen.

Beschlossen wurde, den westlichen Teil Bulgariens zum Fürstentum Bulgarien zu erheben und dieses unter russischem Einfluss zu belassen, dagegen den südöstlichen Teil des Territoriums als autonome Provinz „Ostrumelien" des Osmanischen Reiches zu errichten. Als Fürst setzten die Großmächte Alexander Battenberg (1857–1893) ein. Unter ihm wurde Ostrumelien bereits 1885 unter russischem Protest an das Fürstentum Bulgarien angeschlossen. Fürst Alexander musste auf russischem Druck hin abdanken, seine Nachfolge trat Ferdinand I. von Sachsen-Coburg (1861–1948) an. Schon zuvor war 1879 die sogenannte Verfassung von Tarnovo (das war die alte Hauptstadt von Bulgarien) verkündet worden, die ebenfalls die Verfassung von Belgien zum Vorbild hatte. Interessant ist, dass dieser Verfassung ein Verfassungsentwurf des Leiters der russischen Rechtsabteilung in Bulgarien zugrunde lag, sich aber die ultraliberalen Abgeordneten in der konstituierenden Nationalversammlung gegen die konservativen durchsetzen konnten. Im Gegensatz zur belgischen Verfassung verfügte diese Verfassung über keine Präambel, jedoch über ein eigenes Kapitel über die Staatssymbole wie Wappen, Staatssiegel oder Nationalfahne. Man verstand diese erste Verfassung Bulgariens mehr als Symbol denn als geltendes Recht, was zur Folge hatte, dass es immer wieder Versuche gab, diese zu revidieren. Eine erste Revision fand jedoch erst 1893 statt und dann wieder im Jahr 1908, als Bulgarien zum Königtum erhoben wurde. Gleichzeitig mit der Ausrufung zum Königtum (Königstitel: Zar) erhielt Bulgarien die völkerrechtliche Unabhängigkeit vom Osmanischen Reich!

Russland bleibt weiterhin absolutistisch und ohne Verfassung

Während das Osmanische Reich außenpolitisch zunehmend an Macht verlor, konnte sich Russland als Beschützer der neuentstandenen Staaten in Südosteuropa behaupten. Diese Rolle und vor allem die russischen Gebietszuwächse beeinflussten jedoch nicht die verfassungsrechtliche Situation im Zarenreich. Zar Alexander II. (1818–1881) war liberalen Reformen durchaus zugeneigt. So erfolgte unter seiner Regierungszeit im Jahr 1861 die Aufhebung der Leibeigenschaft, und es wurden ihm mehrere Verfassungsentwürfe vorgelegt. Der wichtigste stammte aus dem Jahr 1881 und wurde von Innenminister Graf Michail Tarielowitsch Loris-Melikow (1825–1888) ausgearbeitet. Demnach sollten alle Gesetzesentwürfe, bevor sie in den Reichsrat kamen, einer „allgemeinen Kommission" zur Beratung vorgelegt werden. Diese Kommission sollte aus je zwei Vertretern der Gouvernementsselbstverwaltungen und der Stadtverordnetenversammlungen der größeren Städte bestehen und wäre beim Reichsrat angesiedelt gewesen. Bei den Plenarsitzungen des Reichsrates sollten 10 Abgeordnete der allgemeinen Kommission anwesend sein und ein beratendes Stimmrecht besitzen. Alexander II. bestätigte am 18. Februar 1881 diesen Verfassungsentwurf, für den 4. März hatte er eine Sitzung des Ministerrates vorgesehen, der diesen Entwurf noch prüfen sollte. Dazu kam es nicht mehr, da der Zar am 1. März 1881 einem Bombenattentat zum Opfer fiel. Der Loris-Melikow'sche Verfassungsentwurf wurde somit obsolet. Wäre er realisiert worden, so hätte sich die „allgemeine Kommission" zum Unterhaus entwickeln können, wodurch eine poli-

Die Verfassungsfrage von 1866 bis 1914

tische Vertretung vorhanden gewesen wäre, die den Zar in seiner Gewalt einschränken hätte können. Erst unter Nikolaus II. (1868–1918) wurde Russland eine (schein-)konstitutionelle Monarchie. Ausschlaggebend dafür waren nicht nur der verlorene Krieg gegen Japan im Jahr 1904/05, sondern auch soziale Unruhen, getragen von der Intelligenzija, der Bauernschaft und der neuentstandenen Arbeiterschaft. Sie führten schließlich zur Revolution im Jahr 1905. Der Generalstreik der Arbeiter 1905 brachte die Freiheit zur Gründung von Gewerkschaften, die Bauernunruhen führten zu einer nachhaltigen Agrarreform und erstmals entfaltete sich im Zarenreich ein (relativ) freies Pressewesen.

Infolge der Revolution oktroyierte Nikolaus II. die erste Verfassung von Russland, das Grundgesetz vom 13. April 1906. Dem Inhalt des Oktobermanifestes vom 16. Oktober 1905 folgend, ließ er eine Volksvertretung zu.

Nikolaus II. oktroyiert die erste Verfassung Russlands, das Grundgesetz von 1906

Das Oktobermanifest vom 16. Oktober 1905
Aus: Scheibert, Die russischen politischen Parteien von 1905 bis 1917. Ein Dokumentationsband, Darmstadt 1972, 29f.

Die Wirren und Aufregungen in den Hauptstädten und in vielen Gegenden Unseres Reiches erfüllen Unser Herz außerordentlich mit großem und schwerem Leid. Das Wohl des russischen Zaren ist untrennbar von dem Wohle des Volkes, und die Trauer des Volkes ist seine Trauer. Aus den jetzt entstandenen Erregungen kann eine tiefe Unordnung im Volke und eine Bedrohung der Einheit des Allrussischen Reiches hervorgehen.
Das große Gelübde des Zarenamtes gebietet Uns, mit allen Kräften des Verstandes und der Macht nach der schnellsten Beendigung dieser für das Reich so gefährlichen Wirrsal zu streben. Nachdem Wir den kompetenten Behörden befohlen haben, Maßnahmen zur Beseitigung direkter Erscheinungen der Unordnung, der Schlechtigkeiten und Gewalttätigkeiten zu ergreifen zum Schutze der friedlichen Leute, die der ruhigen Erfüllung der einem jeden obliegenden Pflicht nachstreben, haben Wir zur erfolgreichen Ausführung der allgemeinen, von Uns zur Befreiung des Staatslebens beabsichtigten Maßnahmen für notwendig erachtet, die Tätigkeit der obersten Regierung zu vereinheitlichen.
Der Regierung legen Wir als Pflicht die Erfüllung Unseres unerschütterlichen Willens auf:
1. der Bevölkerung unerschütterliche Grundlagen der bürgerlichen Freiheit nach den Grundsätzen wirklicher Unantastbarkeit der Person, der Freiheit des Gewissens, des Wortes, der Versammlungen und der Vereine zu geben;
2. ohne die angeordneten Wahlen zur Reichsduma aufzuhalten, jetzt zur Teilnahme an der Duma, soweit das bei der Kürze der bis zur Berufung der Duma bleibenden Zeit möglich ist, die Klassen der Bevölkerung heranzuziehen, die jetzt völlig des Wahlrechts beraubt sind, indem die weitere Entwicklung des Grundsatzes des allgemeinen Wahlrechts der neueingeführten gesetzgeberischen Ordnung anheimgestellt bleibt und
3. als unerschütterliche Regel festzustellen, daß kein Gesetz ohne Genehmigung der Reichsduma Geltung erhalten kann und daß den vom Volke Erwählten die Möglichkeit wirklicher Teilnahme an der Aufsicht über die Gesetzmäßigkeit der Akte der von Uns eingesetzten Behörden gesichert ist.

Wir rufen alle treuen Söhne Rußlands auf, ihrer Pflicht gegen das Vaterland eingedenk zu sein, zur Beendigung der unerhörten Wirrsal zu helfen und mit Uns alle Kräfte zur Wiederherstellung der Ruhe und Ordnung des Friedens auf dem Heimatboden anzuspannen.

V. Die Verfassungsfrage von 1866 bis 1914

Wenngleich der Zar weiterhin weitgespannte Rechte besaß, so wurde das Parlament (*Duma*) der zentrale Ort der Meinungsbildung. Das nach der monarchistischen preußischen Verfassung von 1850 geformte Grundgesetz bildete eine Zusammenfassung jener Staatsgrundgesetze, die 1833 erlassen und 1835 in Kraft getreten waren und nun im Zuge der Revolution 1905/06 eine Revision erfuhren. Nach Feststellung der Einheit und Unteilbarkeit des russischen Reiches und der Festlegung der russischen Sprache als allgemeine Staatssprache waren die ersten sechs Kapitel der Staatsgrundgesetze dem Zaren gewidmet. Art. 6 bestimmt, dass „die Oberste Selbstherrschende Gewalt Ihrer Majestät der Kaiserin gebührt, wenn die Thronfolge in der hierfür eingesetzten Ordnung an eine weibliche Person gelangt", und Art. 27 erklärt das Recht der Thronfolge für beide Geschlechter bei Bevorzugung des männlichen. Kapitel sieben gewährt allen Andersgläubigen die Glaubensfreiheit. Im achten Kapitel finden sich die Rechte und Pflichten der russischen Untertanen. Grundsätzlich bestimmte man, dass Gesetze nur mit Zustimmung des Staatsrates und der Staatsduma erlassen werden können, allerdings erhielten diese nur mittels Sanktionierung durch den Zaren Gültigkeit. Der Staatsrat entsprach etwa dem österreichischen Herrenhaus, die Staatsduma dem Abgeordnetenhaus. Minister waren ausschließlich dem Zaren gegenüber verantwortlich und nicht der *Duma*. Das Grundgesetz beruhte jedoch nicht auf dem System der Gewaltenteilung und der Volkssouveränität, weshalb man hier sehr wohl von Scheinkonstitutionalismus sprechen kann.

Die Verfassungsentwicklung in den letzten Jahrzehnten vor dem Ausbruch des Ersten Weltkrieges beeinflusste auch die britische Verfassungsordnung. In Großbritannien schritt der Demokratisierungsprozess voran, hier vor allem durch Ausweitung des Wahlrechts für das Unterhaus. Im Jahr 1884 waren schon 70% der Männer wahlberechtigt, erst 1928 wurde das Frauenwahlrecht in England eingeführt. Kraft *Parliament Act* (18. August 1911) besaß nun das Unterhaus bei allen Finanzgesetzen die alleinige Beschlussgewalt; bei allen übrigen Gesetzen stand dem Oberhaus nur mehr ein aufschiebendes Vetorecht zu.

Staats- und Regierungsformen vor dem Ausbruch des Ersten Weltkrieges

Vor Ausbruch des Ersten Weltkrieges existierten als Staats- und Regierungsformen in Europa die neoabsolutistische Monarchie in Russland, die konstitutionelle Monarchie in Deutschland und dessen Einzelstaaten, in Österreich-Ungarn, in den Balkanstaaten und Spanien. Der Typus der parlamentarischen Monarchie existierte in Großbritannien, Belgien, Italien, den Niederlanden und in den skandinavischen Staaten. Republiken bildeten Frankreich, Schweiz, die deutschen Stadtstaaten wie Hamburg oder Bremen (Frankfurt nur bis 1866) sowie Portugal (seit 1910).

In vielen konstitutionellen Monarchien besaß das Parlament keinen bestimmenden Einfluss auf die Regierung; der Monarch ernannte diese und konnte sie auch abberufen. Dem Parlament oblag das Budgetrecht und die Kontrolle der Regierung, der es auch das Misstrauen aussprechen konnte. Dieser Typus entspricht den frühkonstitutionellen Verfassungen. In der parlamentarischen Monarchie hingegen steht die Regierung unter dem Einfluss des Parlaments, das die Regierung wählt und auch abberufen kann.

Die geschilderten Entwicklungen sind vor dem Hintergrund einer fortschreitenden Demokratisierung zu sehen: Diese wird durch Einführung des

Die Verfassungsfrage von 1866 bis 1914

allgemeinen, gleichen, direkten und geheimen Wahlrechtes augenscheinlich. Das Wahlrecht basierte auf Zensus und blieb auf Männer beschränkt, ein allgemeines Männerwahlrecht ohne Beschränkung auf den Steuerzensus oder Bildung wurde 1893 in Belgien, in den süddeutschen Staaten zwischen 1904 bis 1906, 1907 in Österreich, 1909 in Schweden und 1912 in Italien eingeführt. Frauen durften erstmals in Finnland 1906 zur Wahlurne schreiten, Norwegerinnen und Däninnen folgten 1913.

Demokratisierung in Europa durch das Wahlrechts

Eine weitere Demokratisierung fand durch die Stärkung der Volksvertretung statt, was in einigen Staaten die Transformation von der konstitutionellen zur parlamentarischen Monarchie bewirkte, so etwa in Italien 1876, in Norwegen 1884 oder in Dänemark 1901. In England geschah dieser Wandel mittels *Parliament Act* aus dem Jahr 1911. In Deutschland fehlte dem Reichstag jede Einflussnahme auf die Regierung, dem Reichskanzler kam verfassungsrechtlich quasi die Stellung einer Ein-Mann-Regierung zu. Erst im Laufe des Ersten Weltkrieges verstärkte sich die Einflussnahme des Reichstages, womit sich 1917, zunächst politisch intendiert, die Umwandlung der konstitutionellen zur parlamentarischen Monarchie vollzog. Im Laufe des Jahres 1918 erfolgte die Parlamentarisierung der Reichsverfassung auch auf normativem Weg. Mit dem *Gesetz zur Abänderung der Reichsverfassung vom 28. Oktober 1918* waren Kriegserklärungen und Friedensschlüsse fortan an die Zustimmung des Reichstages und des Bundesrates gebunden, Art. 15 der Reichsverfassung erfuhr insofern eine Novellierung, als der Reichskanzler „zu seiner Amtsführung des Vertrauens des Reichstages" bedurfte. Absatz 4 von Art. 15 besagte, dass der Reichskanzler auch dem Reichstag gegenüber die Verantwortung für *alle* politisch bedeutsamen Handlungen trug, die der Kaiser in Ausübung der ihm nach der Reichsverfassung zustehenden Befugnisse vornahm. Auch die ausschließlich dem Kaiser zustehenden Personalrechte und Kommandoakte unterlagen dem Verantwortungsbereich des Reichskanzlers und bedurften der Kontrolle durch die Volksvertretung. Damit höhlte man massivst die alleinigen Reservatrechte des Kaisers aus.

Das bisher vorherrschende Staatskirchentum erschien als mit dem Wesen der Demokratie nicht mehr kompatibel. Aber erst der Übergang von der Monarchie zur Republik mündete meist in eine Trennung von Kirche und Staat. In England ist der Monarch noch heute weltliches Oberhaupt der Staatskirche, in den deutschen Ländern fungierte der jeweilige Herrscher bis 1918 als administrativer Landesbischof durch ein Konsistorium; in Dänemark wurde diese Stellung des Monarchen in der Verfassung von 1849 beendet und in Norwegen durch eine Reform im Jahr 2012 (Staatskirchenrecht 21. Mai 2012). Dennoch bleiben die dänische und die norwegische Kirche Staatskirchen. § 4 der gültigen Verfassung des Königreiches Dänemark vom 15. Juni 1953 besagt: „Die Evangelisch-lutherische Kirche ist die dänische Volkskirche und wird als solche vom Staat unterstützt", wobei gemäß § 6 der König der Evangelisch-lutherischen Kirche angehören soll.

Laizismus = Trennung von Staat und Kirche

Gegen Ende des 19. Jahrhunderts setzte ein Prozess ein, wodurch der Einfluss der katholischen Kirche auf das staatliche Leben zurückgedrängt werden sollte. Dieser Prozess war von heftigen Auseinandersetzungen der Staatsgewalt mit der katholischen Kirche z.B. in Preußen, in Italien oder in der Schweiz begleitet. In Preußen bezeichnete man ihn als **Kulturkampf**, der

Die Verfassungsfrage von 1866 bis 1914

von 1871 bis 1887 zwischen den katholisch-konservativen und den national-liberalen Kräften herrschte.

Kulturkampf
Mit dem Begriff Kulturkampf wird die Auseinandersetzung der preußischen Staatsgewalt vornehmlich mit der katholischen Kirche beschrieben. Die Ursachen lagen vor allem im staatlichen Allzuständigkeitsanspruch für das gesamte Geistesleben, aber auch im vom Ersten Vatikanischen Konzil (1870) erklärten, von Liberalen und Protestanten heftig bekämpften Unfehlbarkeitsdogma des Papstes. Bismarck erließ den „Kanzelparagraphen", wonach vorwiegend katholische Geistliche mit Festungshaft bedroht wurden, wenn sie die Angelegenheiten des Staates in einer den öffentlichen Frieden vorgeblich gefährdenden Weise behandeln. Es kam zur Verurteilung von Bischöfen und Aufhebung von jenen Klöstern in Preußen, die sich nicht auf Krankenpflege spezialisiert hatten. Gesetze wurden erlassen wie etwa das Verbot und die Ausweisung der Jesuiten, Redemptoristen, Lazaristen und Sacré-Coeur-Schwestern aus dem Reich, das Verbot der geistlichen Schulaufsicht, die Einführung der Zivilehe, kirchliche Güter wurden beschlagnahmt, katholische Beamte versetzt oder nicht befördert. Beendet wurde der 1871 einsetzende Kulturkampf durch die Rücknahme der meisten Maßnahmen im Jahr 1887, erhalten blieb etwa die Zivilehe, die staatliche Schulaufsicht oder der Jesuitenparagraf wie auch die Beseitigung der kirchlichen Freiheitsrechte aus der Verfassung.

In Österreich regelte das Konkordat von 1855 (gültig bis 1868/1870) die vorerst sehr enge Beziehung zwischen Kirche und Staat, in Frankreich erließ man ein Trennungsgesetz am 3. Juli 1905, wodurch der Einfluss der Kirche auf das politische Leben weitgehend zurückgedrängt wurde. In Italien hingegen blieb der Katholizismus – trotz der seit 1870 bestehenden Spannungen zum „Gefangenen im Vatikan" (Papst) wegen des Kirchenstaates – Staatsreligion: „Die römisch-katholische Kirche und apostolische Religion ist die einzige Religion des Staates. Die anderen bestehenden Kulte sind nach Maßgabe der Gesetze geduldet" (Art. 1).

VI. Die Verfassungsentwicklung während der Zwischenkriegszeit bis zum Zweiten Weltkrieg (1918–1939)

1912 28. November Unabhängigkeit von Albanien
1914 28. Juli Kriegserklärung von Österreich-Ungarn an Serbien
1917 23. Februar Ausbruch der Februarrevolution in Russland
3. März Thronverzicht von Zar Nikolaus II.
14. September Ausrufung der russischen Republik
25. Oktober Ausbruch der Oktoberrevolution in Russland
18. November Unabhängigkeit von Lettland
6. Dezember Unabhängigkeit von Finnland
1918 8. Januar 14-Punkte-Programm Woodrow Wilson
16. Februar Unabhängigkeit von Litauen
24. Februar Unabhängigkeit von Estland
10. Juli Erste Verfassung der Russischen Sozialistischen Föderativen Sowjetrepublik
16. Oktober Kaiserliches Manifest von Kaiser Karl von Österreich
9. November Abdankung von Kaiser Wilhelm II.
 Scheidemann ruft die Deutsche Republik aus
 Liebknecht ruft die Sozialistische Republik Deutschland aus
11. November Verzichtserklärung von Kaiser Karl von Österreich
11. November Unabhängigkeit von Polen
12. Oktober Gründung von Deutschösterreich
28. Oktober Gründung der Tschechoslowakei
29. Oktober Gründung des Staates der Serben, Kroaten und Slowenen
1. Dezember Königreich der Serben, Kroaten und Slowenen
1919 28. Juni Gründung des Völkerbundes
28. Juni Friedensvertrag von Versailles mit Deutschland
17. Juli Regierungsform/Verfassung Finnland
11. August Unterzeichnung Weimarer Verfassung
10. September Friedensvertrag von St. Germain mit Österreich
27. November Friedensvertrag von Neuilly mit Bulgarien
1920 29. Februar Verfassung der Tschechoslowakei
4. Juni Friedensvertrag von Trianon mit Ungarn
15. Juni Verfassung für Estland
10. August Friedensvertrag von Sèvres mit dem Osmanischen Reich
1. Oktober Bundesverfassung von Österreich
1921 17. März Verfassung für Polen
28. Juni Verfassung des SHS-Staates
1922 15. Februar Verfassung für Lettland
1. August Verfassung für Litauen
25. Oktober Verfassung für Irland
1923 6. Juli Verfassung der Union der Sozialistischen Sowjetrepubliken
24. Juli Friedensvertrag von Lausanne mit der Türkei

VI. Die Verfassungsentwicklung während der Zwischenkriegszeit

1925 7. März Verfassungsstatut für Albanien
1926 18. November Balfour-Bericht über die Errichtung des Commonwealth of Nations
1931 11. Dezember Westminster Statut (Erweiterung des Balfour-Berichts)

1. Die Demokratisierung Europas

Das Ende des Ersten Weltkrieges und die Friedensverträge

Am 28. Juli 1914 erklärte Österreich-Ungarn Serbien den Krieg. Der ursprünglich als Blitzkrieg geplante Krieg weitete sich zu einem Weltbrand aus, zu einer europäischen Tragödie, und endete im November 1918. Der Ausgang des Krieges und die darauffolgenden Friedensverhandlungen bildeten die ausschlaggebenden Faktoren für die weitere Entwicklung der europäischen Staatenwelt und der Verfassungen der Einzelstaaten. Am Kriegsende waren die vier europäischen Großreiche, das Deutsche Reich, die österreichisch-ungarische Monarchie, das russische Zarenreich und das Osmanische Reich zusammengebrochen. Auf den Territorien dieser Imperien entstanden neue Nationalstaaten. Bereits am 8. Januar 1918 forderte der amerikanische Präsident Woodrow Wilson (1856–1924) in seinem Friedensplan, das ist das 14-Punkte-Programm, u. a. das Verbot der Geheimdiplomatie, die Beseitigung wirtschaftlicher Schranken und das Selbstbestimmungsrecht der Völker.

Woodrow Wilsons 14-Punkte-Programm
Aus: Schulze/Paul, Europäische Geschichte, 220–221

Woodrow Wilson präsentierte in der Rede vor dem Kongress am 8. Januar 1918 eine Nachkriegsordnung bzw. einen Friedensplan für Europa in Form eines 14-Punkte-Programms.
Das Programm des Weltfriedens ist unser Programm, und dieses Programm – unserer Auffassung nach das einzig mögliche – ist folgendes:
   I. Offene Friedensverträge, die offen zustande gekommen sind, und danach sollen keine geheimen internationalen Vereinbarungen irgendwelcher Art mehr getroffen werden, sondern die Diplomatie soll immer offen und vor aller Welt arbeiten.
   II. Vollkommene Freiheit der Schifffahrt auf allen Meeren (…)
   III. Beseitigung aller wirtschaftlichen Schranken, soweit möglich, und Errichtung gleicher Handelsbeziehungen unter allen Nationen, die dem Frieden zustimmen und sich zu seiner Aufrechterhaltung zusammenschließen.
   IV. Eine freie, weitherzige und unbedingt unparteiische Schlichtung aller kolonialen Ansprüche, die auf einer genauen Beobachtung des Grundsatzes fußt, daß bei der Entscheidung aller derartiger Souveränitätsfragen die Interessen der betroffenen Bevölkerung ein ebensolches Gewicht haben müssen wie die berechtigten Forderungen der Regierung, deren Rechtsanspruch bestimmt werden soll.
   XIV. Es muss zum Zwecke wechselseitiger Garantieleistung für politische Unabhängigkeit und territoriale Unverletzlichkeit der großen wie der kleinen Staaten unter Abschluss spezifischer Vereinbarungen eine allgemeine Gesellschaft von Nationen gebildet werden.

1. Die Demokratisierung Europas

Die deutsche Regierung verwendete das Programm von Wilson als „Grundlage für die Friedensverhandlungen", stieß jedoch auf Widerstand der Ententemächte. Europa musste sich neu orientieren und einen Weg durch das politische, wirtschaftliche und kulturelle Chaos finden.

Rechtsförmlich beendeten die sogenannten Pariser Vorortverträge den Ersten Weltkrieg: Versailles für Deutschland (28. Juni 1919), St. Germain für Österreich (10. September 1919), Neuilly für Bulgarien (27. November 1919), Trianon für Ungarn (4. Juni 1920) und Sèvres für das Osmanische Reich (10. August 1920) bzw. Lausanne für die Türkei (24. Juli 1923). Die Verträge bedeuteten zwar das offizielle Ende des Kriegszustandes, ihre Inhalte riefen jedoch Revanchegedanken hervor, nun aber vor allem in Deutschland. Die Verträge sollten einerseits dem Bedürfnis Frankreichs nach Sicherheit genügen, indem Deutschland durch Territorialverluste und Reparationszahlungen zu schwächen sei, aber auch die Forderung Englands nach Wiederherstellung eines kontinentalen Gleichgewichts und die Schaffung einer Weltfriedensordnung nach amerikanischem Vorschlag beinhalten. Im Unterschied zu den bisherigen Friedensverhandlungen und Gepflogenheiten, Kriege zu beenden, unterschied sich die Pariser Friedenskonferenz in einem Punkt wesentlich: Die besiegten Staaten waren von den Friedensverhandlungen ausgeschlossen.

Nicht nur politisch und gesellschaftlich hatte der Erste Weltkrieg in Europa verheerende Spuren hinterlassen; auf der Landkarte entstanden neue Grenzen: Deutschland verlor alle überseeischen Kolonien sowie ein Zehntel des kontinentalen Besitzes an Frankreich, Belgien, Polen, Tschechoslowakei und Dänemark. Auf dem Territorium der österreichisch-ungarischen Monarchie, die nicht nur aufgrund der militärischen Misserfolge, sondern vor allem wegen der Unabhängigkeitsbestrebungen ihrer Nationalitäten auseinanderbrach, entstanden die souveränen Staaten Ungarn und Tschechoslowakei; weite Gebiete fielen an Italien, Polen, Rumänien und den neugegründeten Staat der Serben, Kroaten und Slowenen, den sogenannten SHS-Staat (das spätere Jugoslawien). Was von der einstigen Donaumonarchie geblieben war, drückt der an Österreich gerichtete Ausspruch des französischen Ministerpräsidenten Georges Clemenceau (1841–1929) aus: „La reste c'est l'Autriche".

Auf dem Boden des ehemaligen russischen Zarenreiches entstanden 1917/1918 Finnland und die baltischen Staaten Estland, Lettland und Litauen als selbständige Staaten. Die Ukraine erreichte 1918 den Status der Unabhängigkeit und die Anerkennung durch Russland, verlor aber im polnisch-russischen Krieg (1920) erhebliche Teile an Polen und wurde 1922 Sowjetrepublik, ein ähnliches Schicksal widerfuhr Weißrussland.

Während Großreiche untergingen und neue Staaten gebildet wurden, vergrößerten andere Staaten ihre Staatsgebiete, so etwa Frankreich und Belgien auf Kosten von Deutschland; Italien erhielt von Österreich Südtirol, das Kanaltal, Istrien und einige Inseln sowie die Stadt Zadar (ital. Zara) in Dalmatien, Rumänien die österreichische Bukowina und das ungarische Siebenbürgen. Griechenland erwarb die ehemalige bulgarische Mittelmeerküste. Großbritannien erlangte durch die Friedensverträge die größte kolonial-territoriale Ausdehnung, was noch zu politischen Spannungen führen sollte. Die bisherigen Kolonien in dem 1926 begründeten Commonwealth of Nations

Neue Grenzziehungen bewirkten Staatenauflösungen und Staatenneugründungen

VI. Die Verfassungsentwicklung während der Zwischenkriegszeit

pochten auf die versprochene Selbstverwaltung und auf Unabhängigkeit und bewirkten damit später eine Lockerung des Verhältnisses des British Empires zum **Commonwealth**.

> **E** **Commonwealth of Nations**
> Das Commonwealth of Nations stellt einen Staatenbund souveräner Staaten dar, gebildet von dem Vereinigten Königreich Großbritannien und Nordirland mit seinen ehemaligen Kolonien. Dieser lose Staatenbund wurde bereits am 18. November 1926 im Balfour-Bericht festgeschrieben und erfuhr eine Erweiterung durch das Westminster-Statut von 11. Dezember 1931. Seit 1947 Indien, Ceylon (1948) und Pakistan (1949) dem Commonwealth beitraten, spricht man auch vom New Commonwealth. Heute umfasst das Commonwealth 54 Mitgliedstaaten.

Durch das *Statute of Westminster* aus dem Jahr 1931 erhielten die sogenannten Dominions Kanada, Australischer Bund, Neuseeland, die Südafrikanische Union, der Irische Freistaat und Neufundland das volle Recht für ihre Parlamente, Gesetze zu erlassen. In der Präambel bestimmte man, „daß jede Änderung des Gesetzes, das die Nachfolge auf den Thron oder den königlichen Rang und Titel betrifft, künftig sowohl der Zustimmung der Parlamente aller Dominions wie des Parlamentes des Vereinigten Königreiches bedarf sowie in Übereinstimmung mit der festgestellten verfassungsmäßigen Lage kein Gesetz, das künftig durch das Parlament des Vereinigten Königreiches gemacht wird, sich auf eines der genannten Dominion als Teil der Gesetzgebung dieses Dominions erstrecken soll, es sei denn auf Antrag und mit Zustimmung dieses Dominions". Schließlich normierte Art. 11, dass der Ausdruck „Kolonie" nicht mehr in einem Gesetz für die Dominions, Provinzen oder einen Staat angewandt werden dürfe, eine Bestimmung, die 1978 aufgehoben wurde.

Das System von Versailles

In Anlehnung an den Friedensvertrag von Versailles benannte man die Neugestaltung Europas nach dem Ersten Weltkrieg als „System von Versailles". Es bewirkte eine latente Instabilität des europäischen und später auch des internationalen Systems. Es stützte sich auf Bündnissysteme, die auf bilateralen Absprachen mehrerer Staaten beruhten. Dadurch sollten revisionistische Ansprüche durch Deutschland, Österreich, Ungarn, Bulgarien und die Türkei verhindert werden. Europa erwies sich als ein Kontinent, der in Staaten erster und in Staaten zweiter Ordnung geteilt war, in revisionistische und nichtrevisionistische Staaten. Saturiert sahen sich lediglich Großbritannien, Frankreich und Belgien. Italien begriff den Frieden als „verstümmelt", da ihm die weiteren Gebietsforderungen (z.B. Dalmatien und Triest) nicht zugesprochen wurden. Dies führte zu einem zunehmend aggressiver werdenden Imperialismus unter Benito Mussolini (1883–1945) unter dem Schlagwort „Il mare-nostro". Mussolini wollte sich des gesamten Mittelmeeres bemächtigen, was zum Abessinien-Krieg (1935–1936) führen sollte.

Gründung der ersten Internationalen Organisation – des Völkerbundes

Mit dem System von Versailles versuchte man eine nachhaltige Friedensordnung herzustellen, die den Einzelstaaten dementsprechende innerstaatliche Beschränkungen auferlegen und diese zum **Völkerbund** zusammenführen sollte. Als internationale Staatenorganisation gegründet, nahm der Völkerbund im Jahr 1920 seine Arbeit auf. Die Sicherung der Weltfriedensordnung bildeten Ziel und Inhalt seiner Satzungen, die Pariser Vorortverträge waren integraler Bestandteil.

2. Staatsgründungen und Konstitutionalisierungsprozess

Völkerbund
Die Gründung des Völkerbunds geht auf die Initiative von Woodrow Wilson zurück und fand am 28. Juni 1919 auf der Pariser Friedenskonferenz statt. Zweck dieser internationalen Organisation war die Sicherung des Friedens und die Zusammenarbeit der Staaten. Dies sollte mit den Instrumenten der Schiedsgerichtsbarkeit, der kollektiven Sicherheit und mit Abrüstungsregeln bewerkstelligt werden. Die Vereinigten Staaten von Amerika traten jedoch dem Völkerbund nicht bei, Deutschland (seit 1920 Mitglied) trat 1933 aus dem Völkerbund aus, weshalb dieser sehr bald von Zeitgenossen lediglich als Debattierclub der Außenminister der Mitgliedstaaten wahrgenommen wurde. 1946 endete seine Existenz, und die Vereinten Nationen übernahmen einen Großteil seiner Aufgaben.

Viele der neuentstandenen Staaten hatten den Charakter eines Vielvölkerstaates: So lebte etwa in Finnland eine schwedische, in den baltischen Staaten eine deutsche Minderheit. In Polen lebte aufgrund der territorialen Expansion eine deutsche, ukrainische und weißrussische Minderheit; der von den Serben dominierte SHS-Staat bestand aus vielen slawischen Minderheiten, wozu noch italienische, deutsche und ungarische Bevölkerungsgruppen kamen. Analoges galt auch für die Tschechoslowakei. Weder die Staaten selbst noch der Völkerbund konnten die zahlreichen Minderheitenfragen einer Lösung zuführen. Diesbezügliche Bestimmungen finden nicht nur in den Verfassungen ihren Niederschlag, sondern auch in den Staatsverträgen wie etwa St. Germain oder später im Art. 7 des Staatsvertrags von Wien 1955.

Artikel 7 des Staatsvertrages zur Wiederherstellung eines unabhängigen und demokratischen Österreich
Quelle: Bundesgesetzblatt Nr. 152/1955
Rechte der slowenischen und kroatischen Minderheiten
1. Österreichische Staatsangehörige der slowenischen und kroatischen Minderheiten in Kärnten, Burgenland und Steiermark genießen dieselben Rechte auf Grund gleicher Bedingungen wie alle anderen österreichischen Staatsangehörigen einschließlich des Rechtes auf ihre eigenen Organisationen, Versammlungen und Presse in ihrer eigenen Sprache.

2. Staatsgründungen und Konstitutionalisierungsprozess

Die Ausgestaltung der europäischen Staatenwelt hinsichtlich der Verfassungsfrage hing vom Ausgang des Weltkrieges und den Friedensverhandlungen ab. Nach dem unmittelbaren Ende des Ersten Weltkrieges waren alle europäischen Staaten mit Ausnahme von Russland Verfassungsstaaten geworden und alle verfügten über ein gewähltes Parlament. Der Gedanke der Volkssouveränität hatte sich in unterschiedlicher Intensität durchgesetzt – das Verfassungsmodell der demokratischen Republik dominierte nun die europäische Staatenwelt. Viele Verfassungen verwiesen in ihren Präambeln, sofern sie über eine verfügten, auf ihre Unabhängigkeit bzw. den Unabhängigkeitskampf. Dies galt vor allem für jene Staaten, die nach 1918 neu entstanden. In deren Verfassungen betonte man die Abgrenzung des Staatsge-

Nach dem Ende des Ersten Weltkrieges existieren in Europa Verfassungsstaaten

VI. Die Verfassungsentwicklung während der Zwischenkriegszeit

Einführung der republikanischen Staatsform

bietes und man führte Regelungen über das Staatsvolk bzw. die Nationalität an. So etwa bestimmte Art. 87 der polnischen Verfassung das Verbot der mehrfachen Staatsbürgerschaft.

„Modern" wurde nach dem Ende des Ersten Weltkrieges die Einführung der **demokratischen Republik**, bei Aufrechterhaltung der konstitutionellen und der parlamentarischen Monarchie als Staatsform in den derartig gestalteten Siegerstaaten.

> **Formen der Demokratie**
>
> Die demokratische Staatsform ist mit der Monarchie nicht unvereinbar: Die Stellung des Monarchen wird auf Repräsentationsfunktionen reduziert (parlamentarische Monarchie). Die jüngeren Demokratien wählten die Republik als Staatsform. Hinsichtlich der Ausgestaltung der Demokratie unterscheidet man: direkte Demokratie (das Volk ist etwa durch Volksabstimmungen an der Gesetzgebung beteiligt) und repräsentative Demokratie (einige Staatsorgane werden direkt vom Volk gewählt, die anderen werden von diesem eingesetzt). Die repräsentative Demokratie wird unterschieden in parlamentarische Demokratie (dem Parlament kommt als direkt gewähltem Organ theoretisch die größte Bedeutung zu, die Regierung ist ihm rechtlich und politisch verantwortlich) und präsidentielle Demokratie (das Staatsoberhaupt besitzt die größte verfassungsrechtliche und politische Macht).

Revolutionär und vor allem ein Gegenmodell zur Republik und zur westlichen Demokratie war die Räterepublik geworden. Ihre Verwirklichung erfolgte allein in der Sowjetunion. Der Großteil der Staaten entschied sich für das Modell der demokratischen Republik auf der Basis der Gewaltentrennung und Volkssouveränität.

Grundrechtekataloge bildeten einen bedeutenden Bestandteil der Verfassungen, wurden nun beispielsweise um die Pflichten des Einzelnen gegenüber dem Staat erweitert, umfassten auch die Gleichberechtigung der Geschlechter, individuelle Gewährleistung sozialer und wirtschaftlicher Rechte sowie eine Absicherung von Minderheiten und Sprachgruppen.

Der vermeintliche Siegeszug des demokratischen, republikanischen Gedankengutes lässt sich anhand vieler Beispiele im Bereich der Staatengründungen nachvollziehen. Im Folgenden wird der Fokus der verfassungsrechtlichen Entwicklung auf die neuentstandenen Staaten gerichtet, unter Einschluss der Entwicklungen in Russland.

Ausbruch der Februarrevolution 1917

Der – trotz Verfassung von 1905 – autokratisch regierende Zar hatte sich allen politischen, wirtschaftlichen und sozialen Reformen verschlossen. Dies und vor allem auch die militärische Niederlage im Ersten Weltkrieg bildete den Ausgangspunkt für den revolutionären Umsturz in Russland. Am 23. Februar 1917 (nach julianischem Kalender) brach jene Revolution aus, die als **Februarrevolution** in die Geschichte einging.

> **Februarrevolution**
>
> Infolge der Revolution demissionierten die Minister, und ein Teil der Duma erklärte sich zum Provisorischen Komitee zur Wiederherstellung der öffentlichen Ordnung. Gleichzeitig bildete sich ein konkurrierendes Organ, das Provisorische Exekutivkomitee des Arbeiterdeputiertenrates. Dieser entwickelte sich zum zweiten Entscheidungszentrum. Er überließ zunächst die exekutive Gewalt der parlamentarischen Regierung.

Die von den Arbeitern getragene Februarrevolution 1917, in deren Folge Zar Nikolaus II. am 3. März für sich und seinen Sohn auf den Thron verzichtete,

2. Staatsgründungen und Konstitutionalisierungsprozess

führte zur Gründung eines diktatorischen Petrograder Arbeiter- und Soldatenrates (Sowjet) unter dem Vorsitz des Anwalts Alexander Kerenski (1881–1970). Dieser rief am 14. September 1917 die Republik aus. Man begann das Land zu demokratisieren, etwa durch Abbau ständischer Privilegien, Einführung gleicher Rechte für alle Bürger oder Einführung der Rede-, Versammlungs- und Koalitionsfreiheit. Nationale Bestrebungen, sich vom Reich zu lösen, traten hinzu und bewirkten dessen Zerfall – die Demokratie entwickelte sich immer mehr zur Anarchie.

Ausrufung der Russischen Republik am 14. September 1917

Am 4. April 1917 war der wohl bekannteste **Bolschewik** Lenin (eigentlich: Wladimir Iljitsch Uljanow, 1870–1924) aus dem Schweizer Exil zurückgekehrt.

Rückkehr von Lenin und Oktoberrevolution

> **Bolschewiken**
> Anhänger des Bolschewismus, der russischen Ausprägung des Kommunismus. Bolschewiken bedeutete „Mehrheitler" im Vergleich zu den Menschewiken – „Minderheitler". Letztere waren Mitglieder der russischen Sozialdemokratischen Arbeiterpartei und forderten eine repräsentative Demokratie.

Lenin kündigte eine Auflösung der Provisorischen Regierung an; die steigende wirtschaftliche Misere hatte Streiks zur Folge und führte am Tag des Zusammentritts des II. Allrussländischen Sowjetkongresses zum bolschewistischen Umsturz am 25. Oktober 1917 (nach julianischem Kalender, 7. November nach gregorianischem Kalender), der Oktoberrevolution. Als offizielle Sprachregelung wurde das Motto: „Alle Macht gehört nun dem Sowjet!" ausgegeben. Lenin rief der applaudierenden Bevölkerung zu, dass im Namen des Sozialismus die dritte russische Revolution stattgefunden habe: „Die Sache, die für das Volk gekämpft hat: das sofortige Angebot eines demokratischen Friedens, die Aufhebung des Eigentums der Grundbesitzer an Grund und Boden, die Arbeiterkontrolle über die Produktion, die Bildung einer Sowjetregierung – sie ist gesichert!"

Am selben Tag trat erstmals der Rat der Volkskommissare (Sowjet Narodnych Komissarow, kurz: Sownarkom) zusammen. Er wurde zunächst als „provisorisch" deklarierte Regierung eingesetzt. Die Bolschewiken mussten die vom Rat eingesetzte Konstituierende Versammlung anerkennen. Plan der Bolschewiken war die Umsetzung des Rätesystems, was konträr zu den Vorstellungen der Konstituierenden Versammlung stand. Lenin erklärte sich als neuer Regierungschef zum „Vorsitzenden des Rats der Volkskommissare". Er vertrat ein Staatsmodell, das sich als Gegenmodell der „westlichen" parlamentarischen Demokratie verstand: Durch die unmittelbare Herrschaft der Sowjets, der **Räte**, sollte sich das russische Volk selbst regieren, unabhängig von der Staatsmaschinerie.

> **Räteherrschaft**
> Nach Lenin gekennzeichnet durch die drei Merkmale:
> 1. Quelle der Macht ist nicht das vorher vom Parlament beratende und beschlossene Gesetz, sondern die direkte, von unten kommende Initiative der Volksmassen im Lande.
> 2. Ersetzung von Polizei und Armee, als vom Volk getrennte und dem Volk entgegengestellte Institutionen, durch die direkte Bewaffnung des gesamten Volkes.
> 3. Ebenso wird die Beamtenschaft, die Bürokratie, entweder durch die unmittelbare Herrschaft des Volkes selbst ersetzt oder zumindest unter besondere Kontrolle gestellt.

103

VI. Die Verfassungsentwicklung während der Zwischenkriegszeit

Installierung des Rätesystems

Gleichfalls am 26. Oktober erlassen wurden das Gesetz über die Errichtung einer provisorischen Arbeiter- und Bauernregierung, die als „Rat der Volkskommissare" bezeichnet wurde, sowie das Gesetz über den Übergang der vollen Gewalt an die Sowjets. Am 2. November erging vom Rat der Volkskommissare die „Deklaration der Rechte der Völker Russlands". Die nun an die Macht gelangten Bolschewiken schlossen – auch um ihre innenpolitische Position abzusichern – im Dezember 1917 Waffenstillstand mit den Mittelmächten und später den Friedensvertrag von Brest-Litowsk (3. März 1918).

Die Konstituierende Versammlung trat am 5. Januar 1918 zusammen, sie bestätigte jedoch nicht die Dekrete der Sowjetregierung, sondern rief am 6. Januar 1918 Russland als eine demokratische föderative Republik aus. Lenin löste daraufhin die Konstituante mit Waffengewalt auf, was in den Bürgerkrieg führte. Dieser endete 1922 mit dem Sieg der Bolschewiken.

Russland wird Sowjetrepublik und erhält am 10. Juli 1918 erste Verfassung

Der III. Allrussländische Sowjetkongress der Arbeiter- und Soldatendeputierten, der bald nach Auflösung der Konstituierenden Versammlung Mitte Januar 1918 zusammentrat, usurpierte die Staatsgewalt und erklärte Russland zur Sowjetrepublik. Die von Lenin entworfene „Deklaration des werktätigen und ausgebeuteten Volkes" sah die Umgestaltung der Sowjetrepublik Russland „auf der Grundlage eines freien Bundes freier Nationen, als Föderation nationaler Sowjetrepubliken" vor. Die erwähnte Deklaration und eine Resolution über die föderativen Institutionen der Russischen Republik bildeten die Vorverfassung der Russländischen Republik. Im März 1918 erfolgte die Umbenennung in Russische Sozialistische Föderative Sowjetrepublik (RSFSR, Rossijskaja Sowetskaja Federatiwnaja Sozialistitscheskaja Respublika). Die Hauptstadt wurde von Petersburg nach Moskau verlegt, die erste Verfassung dieses Staatengebildes schließlich am 10. Juli 1918 erlassen. Sie beinhaltete u.a. das Rätesystem und die Gewaltenvereinigung. Träger der Staatsgewalt war der Allrussländische Sowjetkongress; als höchstes gesetzgebendes, verwaltendes und kontrollierendes Organ fungierte das Allrussländische Zentrale Exekutivkomitee; Grundrechte waren nur rudimentär enthalten. Die Verfassung wurde auch als Grundgesetz bezeichnet und war das Vorbild für alle späteren Sowjetverfassungen.

Bildung der Sowjetunion und Verabschiedung der Verfassung der UdSSR

Im Verlaufe des Bürgerkrieges gelang es der Sowjetmacht, das russische Kernland um Weißrussland, die Ukraine sowie Transkaukasien (Armenien, Aserbaidschan und Georgien) zu erweitern. Zwischen Lenin und Stalin (eigentlich: Iossif Wissarionowitsch Dschugaschwili 1878–1953) kam es hinsichtlich der Frage der künftigen Ausgestaltung der Sowjetunion zu Meinungsverschiedenheiten, wobei sich Stalin letztlich durchsetzen konnte. Sein Vorschlag eines Bundesstaates wurde von dem 1. Sowjetkongress der UdSSR akzeptiert und in der „Deklaration über die Bildung der Union" am 30. Dezember 1922 zusammen mit dem Unionsvertrag proklamiert. Am 6. Juli 1923 wurde die Verfassung der Union der Sozialistischen Sowjetrepubliken (UdSSR) verkündet und in Kraft gesetzt. Die formelle Bestätigung durch den II. Sowjetkongress erfolgte am 31. Januar 1924. Die Verfassung bestand aus zwei Teilen: der Deklaration, die die Funktion einer Präambel erfüllte, und dem Unionsvertrag. Sie enthielt Bestimmungen wie Kompetenzaufteilung auf der Basis der Gewaltenvereinigung. Der Sowjetkongress bildete das oberste Staatsorgan, gemeinsam mit dem Zentralen Exekutivkomitee und

2. Staatsgründungen und Konstitutionalisierungsprozess

dem Rat der Volkskommissare. Die tatsächliche Macht lag jedoch beim Politbüro.

Die Verfassung von 1924
Aus: www.verfassungen.de

Das Zentralexekutivkomitee der Union der Sozialistischen Sowjetrepubliken, das feierlich die Unerschütterlichkeit der Grundlagen der Sowjetmacht verkündet, beschließt die Durchführung des Beschlusses des I. Sowjetkongresses der Union der Sozialistischen Sowjetrepubliken sowie auf der Grundlage des vom I. Sowjetkongreß der Union der Sozialistischen Sowjetrepubliken in Moskau am 30. Dezember 1922 angenommenen Vertrages über die Bildung der Union der Sozialistischen Sowjetrepubliken und unter Berücksichtigung der Ergänzungen und Abänderungen, die von den Zentralexekutivkomitees der Unionsrepubliken vorgeschlagen wurden, folgendes:
Erster Abschnitt (...) Der Wille der Völker der Sowjetrepubliken, die kürzlich zu Sowjetkongressen zusammengetreten sind und dort einmütig den Beschluß über die Bildung der Union der Sozialistischen Sowjetrepubliken gefaßt haben, ist eine zuverlässige Gewähr dafür, daß diese Union eine freiwillige Vereinigung gleichberechtigter Völker ist, daß jeder Republik das Recht des freien Austritts aus der Union gesichert ist, daß der Zutritt zu der Union allen sozialistischen Sowjetrepubliken offensteht, sowohl den bestehenden als auch denen, die in Zukunft entstehen werden, daß der neue Unionsstaat eine würdige Krönung der bereits im Oktober 1917 geschaffenen Grundlagen friedlichen Zusammenlebens und brüderlicher Zusammenarbeit der Völker sein wird, daß er ein sicheres Bollwerk gegen den Weltkapitalismus und ein neuer entscheidender Schritt auf dem Wege der Vereinigung der Werktätigen aller Länder zur sozialistischen Weltrepublik der Sowjets sein wird.

Das Rätesystem nach den Vorstellungen von Karl Marx (1818–1883) konnte nicht umgesetzt werden, allein der Antiparlamentarismus und die Lehre von der einheitlichen Staatsgewalt wurden verwirklicht. Nach gewaltsamer Ausschaltung der politischen Gegner etablierte man das Einparteiensystem. Nicht die Sowjets, sondern die Kommissare sollten mit „Feuer und Schwert" als Diener der Partei in der ganzen Welt die Lehre des Kommunismus verbreiten.

Ein grundsätzlicher Widerspruch des Bolschewismus ergab sich daraus, dass die Lehre von Marx nicht für das russische Zarenreich bestimmt war. Marx wollte seine Idee dort verwirklicht wissen, wo der Kapitalismus am höchsten entwickelt war – in Westeuropa –, und hier vor allem in Deutschland. Lenin sah sich nun dazu angehalten, den Geburtsfehler „kosmetisch" zu retuschieren: Er wandelte das Geschichtsgesetz von Marx zum Revolutionsbefehl: Gerade weil in Russland der Kapitalismus so schwach entwickelt sei, könne er einer Revolution nicht Paroli bieten. Daher müsse die Revolution in den wenig entwickelten Staaten beginnen.

Grundsätzlicher Widerspruch des Bolschewismus

Das sowjetische Rätesystem stellte ein neuartiges politisches Phänomen dar und darüber hinaus ein Gegenmodell zur westlichen Demokratie und zum Parlamentarismus. „Experimente" zur Umsetzung dieses neuen Staatsmodells erfolgten in Deutschland und Ungarn, scheiterten jedoch.

In Deutschland überstürzten sich die Ereignisse während der letzten Kriegstage: In Kiel brach Ende Oktober 1918 eine Meuterei von Matrosen

VI. Die Verfassungsentwicklung während der Zwischenkriegszeit

Ausrufung der Deutschen Republik bzw. der Freien Sozialistischen Republik Deutschland

aus, die sich zu reichsweiten Massendemonstrationen ausweitete, in deren Folge sich in vielen Großstädten Arbeiter- und Soldatenräte bildeten. Ihnen gehörten mehrheitlich Mitglieder der Sozialdemokratischen Partei Deutschlands an und der von ihr abgespaltenen Unabhängigen Sozialdemokratischen Partei Deutschlands (USPD). Am 7. November 1918 verlangten die Sozialisten von Reichskanzler Prinz Max von Baden (1867–1929), Kaiser Wilhelm II. den Thronverzicht nahezulegen. Die vom Kanzler eigenmächtig verkündete Abdankung erfolgte zwei Tage später am 9. November mit den Worten: „Der Kaiser und König hat sich entschlossen, dem Throne zu entsagen." Am Nachmittag wurde die Reichskanzlerschaft auf den Sozialdemokraten Friedrich Ebert (1871–1925) übertragen. Ebenfalls am Nachmittag rief der bisherige Staatssekretär und SPD-Politiker Philipp Scheidemann (1865–1939) die Deutsche Republik von einem Fenster des Reichstagsgebäudes aus, zwei Stunden später Karl Liebknecht (1871–1919), der dem **Spartakusbund** angehörte, vom Balkon des Berliner Stadtschlosses die „Freie Sozialistische Republik Deutschland".

E | **Spartakusbund**
Vereinigung von marxistischen Sozialisten, die sich 1914 innerhalb der Sozialdemokratischen Partei Deutschlands gebildet hatte, 1916 als Spartakusgruppe auftrat und 1917 als linker Flügel der USPD. 1918 gründete sie sich neu und trat als Spartakusbund auf. Ihr Ziel war die Revolution des Proletariats und die Installation der Räterepublik in Deutschland. Der Bund wurde Teil der 1918/19 gegründeten Kommunistischen Partei Deutschlands.

Demokratische Republik versus Räterepublik?!

Am 10. November 1918 endete die preußisch-deutsche Monarchie, als der Kaiser ins niederländische Exil reiste. Die Reichsverfassung von 1871 wurde *de iure* erst durch Art. 178 Abs. 1 Weimarer Reichsverfassung aufgehoben, doch hatte sie seit November 1918 *de facto* keine Bedeutung mehr. Die Abdankung Wilhelms II. erwies sich als folgenreiches Ereignis für Gesamteuropa: Sie zog letztlich das Ende von 21 Herrscherdynastien nach sich und somit auch das Ende des monarchischen Prinzips.

Die Regierungsgeschäfte in Deutschland übernahm der Rat der Volksbeauftragten, dem Friedrich Ebert vorstand. Dessen Ziel lag vor allem darin, die Installation einer Räterepublik nach russischem Vorbild zu verhindern, wie von der USPD und dem Spartakusbund angestrebt. Liebknecht errechnete sich Chancen für die Umsetzung des Rätesystems, zumal in weiten Bevölkerungskreisen eine Ablehnung des Parlamentarismus aufgrund der wirtschaftlichen Folgen des Krieges und der harten Friedensbedingungen vorherrschte. Der nach Berlin einberufene Reichskongress der Arbeiter- und Soldatenräte Deutschlands (Dezember 1918) votierte dagegen für die Ausschreibung von Wahlen zur Konstituierenden Nationalversammlung, womit das Modell einer Räteregierung obsolet wurde. Die Linken unter der Führung von Karl Liebknecht und Rosa Luxemburg (1871–1919) gründeten um die Jahreswende 1918 die Kommunistische Partei Deutschlands und organisierten Anfang Januar 1919 einen Aufstand. Dieser sogenannte Spartakusaufstand wurde niedergeschlagen, Liebknecht und Luxemburg ermordet. Das Modell eines Rätestaates scheiterte auch in München; in Ungarn konnte sich das kurzzeitig eingerichtete kommunistische Räteregime gleichfalls nicht halten.

2. Staatsgründungen und Konstitutionalisierungsprozess

Obwohl es viel revolutionäre Programmatik gab, so ließ sich ein eindeutiger Wille, das Reich beseitigen zu wollen, ebenso wenig feststellen, wie sein Gegenteil – der offenkundigen staatsrechtlichen Diskontinuität standen unübersehbare Zeichen staatlicher Kontinuität gegenüber. Die Revolution hatte die alte Ordnung in Deutschland beseitigt, aber noch keine neue Ordnung hervorgebracht. Aus der Perspektive der Verfassungsgeschichte heraus entwickelte sich im Zeitraum zwischen Revolution und dem Gesetz über die vorläufige Reichsgewalt eher eine „Verfassungssituation" (Christoph Gusy) als eine Verfassung.

Die Wahlen zur Nationalversammlung, an der erstmals auch Frauen teilnehmen durften, fanden am 19. Januar 1919 statt. Bereits am 6. Februar 1919 trat die Nationalversammlung aus Sicherheitsgründen nicht in Berlin, sondern in Weimar zusammen und erließ noch am selben Tag ein Gesetz über die vorläufige Reichsgewalt. Darin nahm sie für sich selbst das Recht der Gesetzgebung in Anspruch und übertrug die Aufgaben eines Reichshauptes an den Reichspräsidenten. Am 11. Februar wählte die Nationalversammlung den Sozialdemokraten Friedrich Ebert zum vorläufigen Reichspräsidenten, welches Amt er bis 1925 bekleiden sollte. Die Mitglieder der Regierung bestanden zur Hälfte aus Sozialdemokraten, zur anderen Hälfte aus Mitgliedern der Zentrumspartei und der Deutschen Demokratischen Partei. Der Rat der Volksbeauftragten war zuvor zurückgetreten, wodurch die Revolution verfassungsrechtlich beendet wurde.

In Paris berieten die Alliierten bereits seit 18. Januar 1918 über die Ausgestaltung der Friedensverträge; die deutschen Vertreter in Paris erhielten den Friedensvertrag am 18. Mai 1919 zur Begutachtung mit der Bedingung, ihn binnen einer Woche anzunehmen oder abzulehnen. So erfolgte unter Druck die Unterzeichnung des Friedensvertrages am 28. Juni 1919 im Spiegelsaal von Versailles. Die Ratifizierung durch die Nationalversammlung wurde am 16. Juli 1919 vollzogen.

Den Vertrag sah die Mehrheit der Deutschen als „Gewaltfrieden" an und als würdelosen peinlichen Akt der Unterwerfung. In dem Friedensvertrag wies man Deutschland die Alleinschuld für den Krieg zu: „Deutschland erkennt an, dass Deutschland und seine Verbündeten als Urheber für alle Verluste und Schäden verantwortlich sind, die die alliierten und assoziierten Regierungen und ihre Staatsangehörigen infolge des ihnen durch den Angriff Deutschlands und seiner Verbündeten aufgezwungenen Krieges erlitten haben" (Kriegsschuldartikel Art. 231).

Der Kriegsschuldartikel, die territorialen Verluste, die Deutschland hinnehmen musste (ca. 70.000 km² Fläche mit ca. 7,3 Millionen Einwohnern), aber auch das Anschlussverbot an Österreich (Art. 80), das ein eklatanter Verstoß gegen das Selbstbestimmungsrecht der Völker bedeutete, wie es u.a. Wilson in seinem 14-Punkte-Programm vorgesehen hatte, vergifteten das politische Klima nicht nur zwischen Deutschland und Frankreich, sondern generell zwischen Siegern und Besiegten und bereiteten den Weg in den Zweiten Weltkrieg.

Die Nationalversammlung ging alsbald daran, gemeinsam mit den Landesregierungen im Staatenausschuss eine Verfassung auszuarbeiten, an welcher der Jurist **Hugo Preuß** (1860–1925), von der Reichskanzlei beauftragt, bedeutenden Anteil hatte.

Erste Wahlen zur Nationalversammlung am 19. Januar 1919 – erstmals dürfen auch Frauen wählen!

Hugo Preuß – Vater der Weimarer Reichsverfassung

VI. Die Verfassungsentwicklung während der Zwischenkriegszeit

Hugo Preuß
Der Jurist wirkte seit 1906 als Professor an der Handelshochschule in Berlin. 1918 Mitbegründer der Deutschen Demokratischen Partei (DDP), wurde er im gleichen Jahr zum Staatssekretär des Inneren ernannt und mit der Ausarbeitung der Verfassung betraut. Bereits 1919 verfasste der linksliberale Preuß im Auftrag des Rates der Volksbeauftragten einen Verfassungsentwurf. Darin sah er Deutschland als dezentralisierten Einheitsstaat. Die Länder sollten „autonome Selbstverwaltungseinheiten" bilden: Die kleinsten Länder sollten sich zu leistungsfähigen Körperschaften zusammenschließen, Preußen hätte in diesem Sinne aufgelöst und in kleinere Provinzen zerlegt werden müssen. Wenngleich man diesen Plan annahm, so hatte Preuß dennoch maßgeblichen Einfluss auf die Arbeiten des Verfassungsausschusses. Die Grundstrukturen der Verfassung – parlamentarische Verantwortlichkeit der Regierung, relativ starke Stellung des Reichspräsidenten, Verhältniswahlrecht – entsprachen seiner Überzeugung.

Im Reichstag nahmen 80% der Abgeordneten die Verfassung an, die auf dem Entwurf von Hugo Preuß basierte. Die Weimarer Verfassung stellte kein Werk aus einem Guss dar, sondern einen Kompromiss (Christoph Gusy), und bildete ein äußerliches Normenwerk.

Am 11. August 1919 unterzeichnete der Reichspräsident die Verfassung, die am 14. August in Kraft trat. Der Kontinuitätsgedanke spiegelt sich wider im „Prinzip des Reiches, welches für unser deutsches Volk einen so tief wurzelnden Gefühlswert besitzt, dass wir es, glaube ich, nicht verantworten können, diesen Namen aufzugeben" (Hugo Preuß). Letztendlich stand hinter dem „Prinzip des Reiches" der Gedanke, das alte Reich (gemeint war das Deutsche Reich) „erneuern und festigen" zu wollen. Für Preuß stand außer Frage, dass es sich bei der Weimarer Verfassung zwar um eine „tiefgreifende Verfassungsänderung" handelte, aber dennoch nur um eine Verfassungsänderung: „Ich kann mir überhaupt eine andere Änderung nicht denken, wenn man nicht annehmen wollte, das deutsche Staatsvolk als solches sei verschwunden, sei völlig untergegangen und es würde hier ein völlig neues erst gegründet!" Dementsprechend lautet die Präambel der Weimarer Reichsverfassung: „Das Deutsche Volk, einig in seinen Stämmen und von dem Willen beseelt, sein Reich in Freiheit und Gerechtigkeit zu erneuern und zu festigen, dem inneren und dem äußeren Frieden zu dienen und den gesellschaftlichen Fortschritt zu fördern, hat sich diese Verfassung gegeben."

Der Versuch, die Republik in die Kontinuität des Reiches zu stellen, bedeutete nicht nur die Anknüpfung an kulturelle, geistige und politische Identitäten, sondern beinhaltete auch den außenpolitischen Anspruch nach der Wiederherstellung der Größe, auch nach verlorenem Krieg. „Dadurch geriet die Identitätsthese in unmittelbare Nähe zur außenpolitischen Staatsraison in der Frage der Diskussion um die Kriegsschuld wie auch in den daraus abgeleiteten Ansprüchen auf Revision des Vertrages von Versailles" (Christoph Gusy).

Die Weimarer Verfassung

In die Verfassung flossen Ideen der Sozialdemokraten, der Zentrumspartei und der Deutschen Demokratischen Partei ein, sie stellte somit einen Kompromiss liberalen, sozialistischen und christlichen Gedankengutes dar, um eine parlamentarische, demokratische Republik zu schaffen. Die Reichsverfassung war auf dem Prinzip der Volkssouveränität (*„Die Staatsgewalt geht vom Volke aus"*) aufgebaut, weshalb dem Reichstag auch das größte Gewicht unter den Organen des Reiches zukam. Die exekutive Gewalt lag beim Reichspräsidenten, der nicht nur nach innen, sondern auch nach außen das

2. Staatsgründungen und Konstitutionalisierungsprozess

Reich repräsentierte. Er wurde auf sieben Jahre vom Volk gewählt, ihm oblag die Ernennung und Entlassung des Reichskanzlers sowie der Reichsminister, und er hatte den Oberbefehl über Heer und Kriegsmarine. Art. 48 ermächtigte ihn, Notverordnungen zu erlassen, die „zur Wiederherstellung der öffentlichen Sicherheit und Ordnung nötigen Maßnahmen zu treffen, wenn im Deutschen Reich die öffentliche Sicherheit und Ordnung erheblich gestört oder gefährdet" erschien. Darüber hinaus konnte er Volksabstimmungen anordnen. Die Verfügungen des Reichspräsidenten bedurften der Gegenzeichnung durch den Reichskanzler. Reservatrechte für Bayern, Württemberg und Baden, wie sie in der Verfassung von 1871 festgelegt waren, fehlten in der Weimarer Verfassung. Die Länder wirkten durch den Reichsrat gleichberechtigt an den Reichsangelegenheiten mit. Die Länder mussten eine sogenannte freistaatliche Verfassung besitzen. Darunter verstand man eine Verfassung, die eine nach den gleichen Grundsätzen wie der Reichstag gewählte Volksvertretung vorsah und das parlamentarische Prinzip festlegte.

Der Grundrechtekatalog umfasste neben den klassischen und liberalen Grundrechten auch wirtschaftliche wie etwa das Recht auf Arbeit. Allerdings räumte man den Grundrechten gegenüber den einfachen Gesetzen keinen Vorrang ein.

Der Weg der Verfassungsentwicklung in Österreich ähnelt teilweise jener der Weimarer Republik, allerdings ohne Revolution und ohne augenscheinliches Festhalten an der Kontinuität.

Den ersten Anknüpfungspunkt für eine Umgestaltung der österreichisch-ungarischen Monarchie stellte das kaiserliche Manifest von Karl I. (1887–1922) vom 16. Oktober 1918 dar: Darin kündigte er die Umwandlung der Monarchie in einen Bundesstaat an. In gewisser Weise erging hier auch indirekt die Aufforderung zur Ausarbeitung einer Verfassung.

Kaiserliches Manifest von Karl I., Auflösung der Monarchie und Gründung Deutsch-Österreichs

Kaiserliches Manifest
Aus: Hoke/Reiter, Quellensammlung, 505

An die Völker, auf deren Selbstbestimmung das neue Reich sich gründen wird, ergeht Mein Ruf, an dem großen Werke durch Nationalräte mitzuwirken, die – gebildet aus den Reichsratsabgeordneten jeder Nation – die Interessen der Völker zueinander sowie im Verkehre mit Meiner Regierung zur Geltung bringen sollen (…). Österreich soll, dem Willen seiner Völker gemäß, zu einem Bundesstaate werden, in dem jeder Volksstamm auf seinem Siedlungsgebiet sein eigenes staatliches Gemeinwesen bildet (…). Diese Neugestaltung (…) soll jedem nationalen Einzelstaate seine Selbstständigkeit gewährleisten.

Dieses Manifest bot etwa den Tschechen, aber auch den deutschsprachigen Österreichern die Möglichkeit, einen eigenen Staat gründen zu können. Deren Reichsratsabgeordnete bildeten am 21. Oktober 1918 die Provisorische Nationalversammlung von Deutschösterreich. Nur provisorischer Charakter kam der Nationalversammlung deshalb zu, weil 1917 einerseits das Mandat der Abgeordneten aus der Wahl von 1911 abgelaufen, kriegsbedingt durch Gesetz und nicht durch Wahl verlängert worden war, und es zudem nicht ihrem Auftrag entsprach, einen neuen Staat zu gründen. Nachdem sich aber der Zerfall der Monarchie bereits abzuzeichnen begann, fasste am 30. Oktober 1918 diese Nationalversammlung den Staatsgründungsbeschluss über

VI. Die Verfassungsentwicklung während der Zwischenkriegszeit

die grundlegenden Einrichtungen der Staatsgewalt (Oktoberverfassung 1918). Sie nahm bis zur Bildung der Konstituierenden Nationalversammlung die oberste Gewalt des Staates Deutschösterreich für sich in Anspruch, einschließlich der obersten Gesetzgebung. Die Nationalversammlung betraute den Deutschösterreichischen Staatsrat mit der Regierungs- und Vollzugsgewalt. Da dieser Beschluss auf dem Prinzip der Gewaltentrennung aufbaute und die entsprechenden Organe nannte, kann man von einem demokratischen Staatsgebilde sprechen. Dieser Staatsgründungsbeschluss beinhaltete aber lediglich die Festlegung der Staatsgewalt, Bestimmungen über das Staatsterritorium bzw. über das Staatsvolk waren darin nicht enthalten. Der Name Deutschösterreich umschrieb das Territorium und die Herkunft der Mitglieder der Provisorischen Nationalversammlung, die aus sämtlichen deutschsprachigen Gebieten (z. B. auch in Böhmen, Mähren) der ehemaligen Reichshälfte kamen sowie auch aus Westungarn (Burgenland).

Theorie der Diskontinuität

Dieser Gründungsakt ist insofern revolutionär, als sich die daraus entstandene Republik nicht als Rechtsnachfolger der Monarchie betrachtete und sich zu dieser in formeller Diskontinuität sah. Alle staatlichen Organe waren darum bemüht, die Diskontinuität des neuentstandenen Staates zu bekräftigen. Dabei behalf man sich einer völkerrechtlichen Argumentation: Das kaiserliche Österreich sei durch *dismembratio* (Zerfall) zugrunde gegangen, zu den Nachfolgestaaten bestehe daher keine rechtliche Bindung mehr.

Gesetz über die Staats- und Regierungsform der Republik Deutschösterreich

De iure bestand die Monarchie noch bis zur Verzichtserklärung durch Kaiser Karl I. In Österreich richtete sich die öffentliche Meinung gegen die Habsburgermonarchie: Der spätere Polizeipräsident von Wien, Franz Brandl (1875–1953), berichtete, dass Massen über die Ringstraße zogen und schrien: „Wir wollen die Republik! Nieder mit Habsburg!"

Wahlen zur Konstituierenden Nationalversammlung am 16. Februar 1919, erstmals Wahlbeteiligung der Frauen

Nach dem Verzicht von Kaiser Karl I. „auf jede Anteilnahme an den Staatsgeschäften" am 11. November 1918 rief die Provisorische Nationalversammlung am 12. November 1918 durch das Gesetz über die Staats- und Regierungsform von Deutschösterreich den Staat Deutschösterreich als demokratische Republik aus und stellte Wahlen zur Konstituierenden Nationalversammlung für Januar 1919 in Aussicht.

Gesetz über die Staats- und Regierungsform von Deutschösterreich vom 12. November 1918
Aus: Hoke/Reiter, Quellensammlung, 507

Art 1. Deutschösterreich ist eine demokratische Republik. Alle öffentlichen Gewalten werden vom Volke eingesetzt.

Art 2. Deutschösterreich ist ein Bestandteil der Deutschen Republik. Besondere Gesetze regeln die Teilnahme Deutschösterreichs an der Gesetzgebung und Verwaltung der Deutschen Republik sowie die Ausdehnung des Geltungsbereiches von Gesetzen und Einrichtungen der Deutschen Republik auf Deutschösterreich.

Art 3. Alle Rechte, welche nach der Verfassung der im Reichsrate vertretenen Königreiche und Länder dem Kaiser zugestanden, gehen einstweilen, bis die konstituierende Nationalversammlung die endgültige Verfassung festgesetzt hat, auf den deutschösterreichischen Staatsrat über.

Art 4. Die k. u. k. Ministerien und die k. k. Ministerien werden aufgelöst. Ihre Aufträge und Vollmachten auf dem Staatsgebiete von Deutschösterreich gehen unter ausdrücklicher Ablehnung jeder Rechtsnachfolge auf die deutschösterreichischen Staatsämter über.

2. Staatsgründungen und Konstitutionalisierungsprozess

Nach seiner Verzichtserklärung entließ Kaiser Karl I. seinen Ministerrat, und einen Tag später, am 12. November, beendete auch das Abgeordnetenhaus seine Tätigkeit, nachdem sich das Herrenhaus ohnehin seit dem 30. Oktober nicht mehr versammelt hatte. Damit endete die Monarchie in der zisleithanischen Reichshälfte. Die Realunion mit Ungarn wurde am 31. Oktober infolge der Unabhängigkeitserklärung von Ungarn beendet. Aufgrund der weitverbreiteten Annahme, alleine nicht lebensfähig zu sein, bezeichnete sich Österreich als Teil der Deutschen Republik. Am 16. Februar 1919 fanden Wahlen zur Konstituierenden Nationalversammlung auf der Basis des gleichen, allgemeinen, geheimen und direkten Wahlrechtes statt. Erstmalig in der Geschichte Österreichs nahmen daran Frauen teil.

Am 4. März 1919 löste die gewählte Konstituierende Nationalversammlung die Provisorische Nationalversammlung ab. Ihr fielen die Aufgaben zu, den Friedensvertrag von St. Germain-en-Laye abzuschließen und eine Verfassung zu erarbeiten.

Abschluss des Friedensvertrages von St. Germain

Der Friedensvertrag musste am 10. September 1919 unterzeichnet werden. Diesem Akt gingen heftige Diskussionen in der Nationalversammlung voran, die „unter feierlichem Protest vor aller Welt ihre Zustimmung" zum Vertrag gab, lediglich Vertreter der Großdeutschen Partei stimmten gegen den Beschluss. Der Friedensvertrag enthält verfassungsrechtliche Änderungen wie etwa die Festlegung der endgültigen Staatsgrenzen oder die Umbenennung des Staatsnamens: Die Siegermächte betrachteten Deutschösterreich und Ungarn sehr wohl als Rechtsnachfolger der österreichisch-ungarischen Monarchie, weshalb „Deutschösterreich" den Namen Österreich erhielt.

Weitere Bestimmungen erfolgten u. a. im Bereich der staatsbürgerschaftsrechtlichen Regelungen, des Minderheitenschutzes und der Glaubensfreiheit. Der Wunsch des Anschlusses an Deutschland wurde mit Art. 88 (Anschlussverbot) obsolet: „Die Unabhängigkeit Österreichs ist unabänderlich, es sei denn, daß der Rat des Völkerbundes einer Abänderung zustimmt. Daher übernimmt Österreich die Verpflichtung, sich, außer mit Zustimmung des gedachten Rates, jeder Handlung zu enthalten, die mittelbar oder unmittelbar oder auf irgendwelchem Wege, namentlich – bis zu seiner Zulassung als Mitglied des Völkerbundes – im Wege der Teilnahme an den Angelegenheiten einer anderen Macht seine Unabhängigkeit gefährden könnte."

Deutschland erkannte im Gegenzug in Art. 80 des Friedensvertrages von Versailles die „Unabhängigkeit Österreichs an und wird sie streng in den durch den gegenwärtigen Vertrag festgesetzten Grenzen als unabänderlich beachten, es sei denn mit Zustimmung des Rates des Völkerbundes".

Habsburg-Gesetz und Gesetz zur Aufhebung des Adels

Die österreichische Nationalversammlung erließ zusätzlich das Gesetz betreffend die Landesverweisung und die Übernahme des Vermögens des Hauses Habsburg-Lothringen vom 3. April 1919 und am selben Tag das Gesetz über die Aufhebung des Adels. Diese Gesetze wurden in die folgende Verfassung übergeleitet. Letztere trat am 10. November 1920 als Bundes-Verfassungsgesetz (B-VG) in Kraft. Der Titel des B-VG 1920 beschrieb ausdrücklich das Ziel, „mit dem die Republik Österreich als Bundesstaat eingerichtet wird." Der österreichischen Bundesverfassung waren notwendige Verfassungsprovisorien vorausgegangen: die Oktoberverfassung 1918 (Beschluss vom 30. Oktober 1918 über die grundlegenden Einrichtungen der

Bundesverfassungs-Gesetz

Staatsgewalt), die Dezember-Novelle aus dem Jahr 1918, die eine Modifizierung der Oktoberverfassung 1918 darstellte, sowie die Märzverfassung von 1919 (Gesetz über die Volksvertretung und das Gesetz über die Staatsregierung).

Die Verfassung von 1920 war – wie auch die Weimarer Verfassung – ein Produkt verschiedener partei-ideologischer Konzepte. **Hans Kelsen** (1881–1973) wurde von Staatskanzler Karl Renner (1870–1950) beauftragt, einen Verfassungsentwurf zu erarbeiten.

Hans Kelsen

Er wirkte ab 1918 als Professor für Staats- und Verwaltungsrecht an der Universität Wien und ab 1919 als Mitglied des Verfassungsgerichtshofes. 1930 verließ er Österreich und nahm eine Professur in Köln an. Aufgrund seiner jüdischen Herkunft musste er 1933 Deutschland verlassen, lehrte einige Zeit am *Institut universitaire des hautes études internationales* in Genf, hatte eine kurzzeitige Professur an der Deutschen Universität in Prag inne, bevor er im Jahr 1940 in die USA emigrierte, wo er bald als Professor an der Universität von Berkeley lehrte. Kelsen veröffentlichte zahlreiche Werke zum österreichischen Verfassungsrecht, aber auch zum Völkerrecht. Die größte Bedeutung erlangte Kelsen durch Begründung der „Reinen Rechtslehre": Nach diesem rechtstheoretischen Konzept muss die Rechtswissenschaft von allen nichtjuristischen Elementen, vor allem aber von politischen Ideologien „gereinigt" werden. Diese Rechtslehre ist eine positivistische Rechtslehre, die es aber ablehnt, die Geltung des positiven Rechts aus faktischen Machtverhältnissen abzuleiten. Der Geltungsgrund jeder positiven Norm könne nur eine Norm sein. Die höchstrangige „hypothetische Grundnorm" müsse vorausgesetzt werden, da sie selbst nicht gesetzt sei, und sie ermögliche erst die Geltung des positiven Rechts.

Der international anerkannte Staatsrechtler Kelsen legte mehrere Entwürfe vor. Ihm ging es in erster Linie darum, die Kontinuität der verfassungsrechtlichen Institutionen zu erhalten, das bundesstaatliche Prinzip in das schon Bestehende und Bewährte gleichsam einzubauen und sich dabei an die schweizerische, aber mehr noch an die Weimarer Verfassung anzulehnen. Die Vorarbeiten in der Staatskanzlei begannen Anfang Mai 1919, diesen schlossen sich Verhandlungen zwischen Bund und Ländern (Länderkonferenzen) und den drei Parlamentsparteien (Christlichsoziale, Sozialdemokraten, Deutschnationale) an. Nach erzieltem Konsens mit den Ländern und unter den Regierungsparteien nahm die Konstituierende Nationalversammlung am 1. Oktober 1920 mehrheitlich in dritter Lesung die Verfassung an. Sie stellt eine reine „Spielregelverfassung" dar. Sie verfügt – anders als die als Vorbild herangezogene Weimarer Verfassung – über keine Präambel, keine Staatszielbestimmungen und keine darin eingeschlossene Grundrechte. Mangels Einigung auf einen neuen Grundrechtekatalog rezipierte man das Staatsgrundgesetz über die allgemeinen Rechte der Staatsbürger aus der Dezemberverfassung von 1867 als besonderes Verfassungsgesetz.

In der österreichischen Verfassung wurde das demokratische, republikanische, bundesstaatliche und rechtsstaatliche Prinzip verankert; Prinzipien, die nur durch ein Verfassungsgesetz und obligatorischer Volksabstimmung abgeändert werden können. Das Parlament besteht aus dem Nationalrat und dem Bundesrat, wobei Letzterem, der Länderkammer, jedoch nur beschei-

2. Staatsgründungen und Konstitutionalisierungsprozess

dene Mitwirkungsrechte zukommen. Die Bundesversammlung (Nationalrat und Bundesrat gemeinsam), und nicht das Volk wählte zunächst bis 1929 den Bundespräsidenten, der Nationalrat wählt die Bundesregierung. Diese setzt sich aus dem Bundeskanzler und den Bundesministern zusammen und ist dem Nationalrat politisch und rechtlich verantwortlich.

Die Verfassung wurde 1925 und 1929 – teils wesentlich, etwa hinsichtlich der Kompetenzartikeln, der Wahl und der Befugnisse des Bundespräsidenten – novelliert und schließlich als Folge der zunehmenden Radikalisierung der Innenpolitik durch die sogenannte Ständeverfassung im Jahr 1934 ersetzt. Sie trat 1945 wieder in Kraft und hat bis heute – mit einigen Änderungen und Ergänzungen – Geltung.

Ungarn erlangte am 31. Oktober 1918 in der vormaligen transleithanischen Reichshälfte – allerdings bei großen Gebietsverlusten – die Unabhängigkeit. Bereits am 16. November wurde die Volksrepublik ausgerufen, die aber keine sozialistische, sondern eine bürgerliche Republik war. Erster Präsident wurde Mihály Károlyi (1875–1955). Er strebte eine Verfassung an und bereitete die Wahl zur Verfassungsgebenden Versammlung vor; zu diesen Wahlen sollte es nicht mehr kommen, allerdings wurden einige Volksgesetze erlassen, darunter jenes vom 23. November 1918, das das allgemeine und gleiche Wahlrecht für Männer einführte. Bereits im März 1919 übernahmen die Kommunisten unter Béla Kun (1886–1939) die Macht und riefen die Räterepublik aus. Mittels Verordnung Nr. 26 vom 2. April 1919 verkündete die Räteregierung eine vorläufige Verfassung, am 23. Juni 1919 erging die endgültige Verfassung der „Ungarischen Sozialistischen Räterepublik". Sie war stark an die Verfassung von Russland aus dem Jahr 1918 angelehnt. Nach nur 133 Tagen brach die Räterepublik zusammen, der ehemalige k. u. k. Admiral Miklós Horthy (1868–1957) wurde Reichsverweser.

Horthy, sowohl die Volksrepublik wie auch die Räterepublik negierend, schuf nach Unterzeichnung des Friedensvertrages von Trianon mittels Gesetzesartikel 1920 eine Art Rumpfparlament. Darin wurde die Wiederherstellung der Monarchie festgeschrieben. In § 2 wurde die Nationalversammlung zur legitimen Landesversammlung erklärt, und man wollte die volle Wiederherstellung der Souveränität von Ungarn durch Übernahme der „gemeinsamen Angelegenheiten", wie sie im Ausgleich behandelt wurden. Der Gesetzesartikel sah vor, das Amt des Staatschefs zu schaffen, mit der Bezeichnung „Reichsverweser". Horthy strebte insgeheim die Übernahme des Thrones an und baute seinen Sohn als Nachfolger auf. Als Staatschef vereinte er viele Kompetenzen. Die Landesversammlung bestand bis 1926 aus nur einer Kammer, dann wurde das Oberhaus eingeführt. Allerdings auf korporativ-berufsständischer Basis nach italienischem Vorbild. Im Laufe der Zeit erfuhr der Gesetzesartikel kleine Veränderungen: Horthy baute zunehmend seine Herrschaft im autoritären Sinne aus, am Ende der 1930er Jahre führte er allmählich das Führerprinzip ein. Vor allem linke Parteien wurden verboten und Juden verfolgt. Dazu diente Gesetzesartikel 1938, der zur Entrechtung der Juden führte. Horthy wurde im März 1944 von den faschistischen Pfeilkreuzlern entmachtet und Ungarn von deutschen, ab Oktober 1944 von sowjetischen Truppen besetzt.

Am 5. November 1916 wurde mit Billigung der Mittelmächte Deutschland und Österreich-Ungarn das Königreich Polen als konstitutionelle Mo-

Gründung des polnischen Staates

VI. Die Verfassungsentwicklung während der Zwischenkriegszeit

narchie ohne Festlegung auf einen bestimmten Herrscher oder des Staatsgebietes proklamiert, Monate später, am 14. Januar 1917, ein „Staatsrat" konstituiert, der als provisorisches Repräsentativorgan fungierte. Am 27. Oktober 1917 trat als provisorisches kollektives Staatsoberhaupt ein „Regentschaftsrat" und bald darauf eine Regierung zusammen. Am 22. Juni 1918 löste ein provisorisches Parlament, der Landessejm, den Staatsrat ab. Dieser bestellte am 14. November 1918 General Józef Pilsudski (1867–1935) zum Staatschef. Zuvor proklamierte Russland bereits am 30. März 1917 einen polnischen Staat und anerkannte im Frieden von Brest-Litowsk (3. März 1918) die Unabhängigkeit Polens. Schon im August 1917 hatte die drohende Niederlage Russlands im Weltkrieg in Paris die Gründung eines „Polnischen Nationalkomitees" bewirkt, das 1918 eine „alliierte polnische Armee" aufstellte. Nach dem Ende des Weltkrieges verbanden sich beide Entwicklungen: Am 16. Januar 1919 wurde Ignacy Jan Paderevsky (1860–1941) Ministerpräsident, er gehörte dem „Polnischen Nationalkomitee" an. Am 26. Januar 1919 fanden Wahlen zum Verfassungsgebenden Nationalrat (*Sejm*) statt, jedoch nur in den ehemals russischen und preußischen Gebieten (Kongresspolen und westliches Galizien). Im ehemals österreichischen Territorium fanden keine Wahlen statt, da diese Gebiete erst im Frühjahr 1919 von Polen besetzt wurden. Diese Nationalversammlung erließ am 20. Februar 1919 die Kleine Verfassung und schließlich am 17. März 1921 die Große Verfassung.

Proklamation der Großen Verfassung am 17. März 1921

Aus dieser geht hervor, dass sich der neugegründete Staat Polen in der Tradition des untergegangenen Königreichs Polen verstand, nämlich nach der „Befreiung aus einundeinhalbhundertjähriger Knechtschaft" (...) anknüpfend an die glänzende Überlieferung der unvergesslichen Konstitution vom 3. Mai [1791]".

Die Verfassung vom 17. März 1921 folgte einem klaren Aufbau: Nach Festlegung der Staatsform in Art. 1 („Der polnische Staat ist eine Republik") und der Souveränität in Art. 2 („Die höchste Gewalt in der polnischen Republik gehört dem Volke") wurden die Kompetenzen der drei Gewalten dargelegt. Der Präsident wurde mit absoluter Stimmenmehrheit auf sieben Jahre gewählt; Präsident und *Sejm* besaßen gemeinsam das Recht der Gesetzesinitiative. Mitglieder der einzelnen Wojewodschaften wurden in den Senat gewählt. Diesem musste der *Sejm* jeden Gesetzesentwurf zur Stellungnahme überweisen. Teil V beinhaltete den Katalog der Allgemeinen Bürgerpflichten und -rechte, wobei Art. 89 bestimmte: „Erster Bürgerpflicht ist Treue gegenüber der polnischen Republik." Allgemeine und Übergangsbestimmungen bilden den Abschluss. Frauen wird das Wahlrecht zuerkannt (Art. 12).

Gründung der Tschechoslowakischen Republik am 28. Oktober 1918

Im Gegensatz etwa zu Polen vollzog sich die Staatsgründung der Tschechoslowakei ohne Rückbezug auf einen historischen Vorläufer und nicht mit, sondern gegen die Mittelmächte – hier vor allem gegen Österreich-Ungarn.

Ähnlich wie in Polen bildeten sich in Paris Anfang 1916 ein Tschechoslowakischer Nationalrat und eine tschechoslowakische Armee. Im Laufe des Jahres 1917/18 anerkannten die Alliierten diese Exilregierung. Tschechische und slowakische Exilvertreter einigten sich im Vertrag von Pittsburgh vom 30. Mai 1918, zukünftig eine gemeinsame demokratische Republik aufzubauen.

2. Staatsgründungen und Konstitutionalisierungsprozess

Die Gründung der Tschechoslowakei fand am 28. Oktober 1918 in Prag durch Verkündigung eines kurzen Gesetzes des Tschechoslowakischen Nationalausschusses statt, dessen Art. 1 besagte: „Der selbständige Tschechoslowakische Staat ist ins Leben getreten."

Kraft dieses Gesetzes übernahm man in Böhmen, Mähren und Österreichisch-Schlesien die österreichische und in der Slowakei mit Teilen der Karpato-Ukraine die ungarische Rechtsordnung und Verwaltung. Am 13. November 1918 wurde die Einstweilige Verfassung erlassen; dabei kam der Nationalversammlung das Recht zu, das Staatsoberhaupt zu wählen. Die Wahl fiel auf Tomáš G. Masaryk (1850–1937).

Erst am 29. Februar 1920 konnte die definitive Verfassung verkündet werden. Der Präambel folgte das Gesetz betreffend die Einführung der Verfassung und erst dann der Wortlaut der Verfassungsurkunde. Die gesetzgebende Gewalt kam dem Parlament (*Národní shromáždění*), bestehend aus Abgeordnetenhaus und Senat, zu. Frauen besaßen das aktive und das passive Wahlrecht. Im sechsten und letzten Hauptstück der Verfassung, „Schutz der nationalen, religiösen und Rassenminderheiten", hob man hervor: „Alle Staatsbürger der Tschechoslowakischen Republik sind vor dem Gesetze vollkommen gleich und genießen die gleichen bürgerlichen und politischen Rechte, ohne Rücksicht darauf, welcher Rasse, Sprache oder Religion sie angehören." Hinsichtlich der „Grundsätze des Sprachenrechtes" bestimmte die Verfassung, diese durch ein besonderes Gesetz regeln zu wollen. Die tschechoslowakische Verfassung erinnert hinsichtlich der Machtfülle des Präsidenten stark an die amerikanische.

Wie in der Tschechoslowakischen Republik vollzog sich die territoriale Einigung im späteren Jugoslawien bereits im Exil. Ende April 1917 bildete sich in Paris ein Südslawischer Ausschuss mit dem Ziel der Bildung eines südslawischen Staates. Das entsprach allerdings nicht dem Sinnen Serbiens, das einen großserbisch-zentralistischen Staat plante. Auf der Konferenz von Korfu im Juni/Juli 1917 kam es schließlich dahingehend zur Einigung zwischen Serben, Kroaten und Slowenen, einen gemeinsamen Staat bilden zu wollen. Fest stand damals schon, dass die serbische Königsfamilie die Regierung übernehmen sollte. Die Gründung des Nationalstaates der Slowenen, Kroaten und Serben (SHS-Staat; serbokroatisch: Država Slovenaca, Hrvata i Srba) auf dem ehemaligen Boden von Österreich-Ungarn fand am 29. Oktober 1918 in Zagreb/Agram statt; die oberste Gewalt wurde dem Nationalrat übertragen. Damit war neben Serbien und Montenegro ein Staat entstanden, dem allerdings die internationale Anerkennung versagt blieb. In Verhandlungen boten Vertreter dieses neu ausgerufenen SHS-Staates Serbien „die Vereinigung des Staates der Slowenen, Kroaten und Serben mit Serbien und Montenegro in einem einzigen Staat" an und zwar unter der „Herrschergewalt" der serbischen Königsdynastie. Der ersten Staatsgründung folgte am 1. Dezember 1918 die zweite, der neue Staat hieß jetzt Königreich der Serben, Kroaten und Slowenen (serbokroatisch: Kraljevina Srba, Hrvata i Slovenaca). Erster König wurde Alexander I. (1888–1934). Dieses „neue" Königreich SHS umfasste nun das Königreich Serbien mit dem 1912/13 erworbenen (Nord-)Mazedonien, das ehemals selbständige Fürstentum bzw. Königreich Montenegro, die bis dahin zu Ungarn gehörigen habsburgischen Kronländer Kroatien und Slawonien, die bisherigen zisleithanischen Gebiete Dalma-

Am 29. Oktober 1918 wird der Staat der Slowenen, Kroaten und Serben gegründet

115

VI. Die Verfassungsentwicklung während der Zwischenkriegszeit

tien, Krain, Küstenlande (Istrien) und die Untersteiermark sowie Bosnien und Herzegowina. Am 7. Dezember 1918 wurden eine Regierung und eine Volksvertretung gebildet.

Am 28. Juni 1921 erlässt man eine Verfassung – die Vidovdan-Verfassung

Die gewählte Konstituierende Nationalversammlung trat erst am 12. Dezember 1920 zusammen und verabschiedete am 28. Juni 1921 eine Verfassung. Der 28. Juni als Gedenktag des heiligen Veit (Vidovdan) wurde bewusst gewählt, fand doch 1389 an diesem Tag die Schlacht am Amselfeld statt, in der das Osmanische Reich den altserbischen Staat besiegte. Trotz der seinerzeitigen Niederlage gilt dieser Tag bei den Serben als Nationalfeiertag, da man damit das erste Auftreten eines serbischen Nationgefühls verbindet. Die Wahl dieses Tages bedeutete somit das Anbinden bzw. „Wiederherstellen" des historischen Serbiens, allerdings unter wesentlich geänderten geografischen Voraussetzungen. Die nur mit knapper Mehrheit beschlossene zentralistische Vidovdan-Verfassung sah trotz der erheblichen sprachlichen, ethnischen, kulturellen und wirtschaftlichen Unterschiedlichkeiten keinerlei Autonomie vor. An dieser Verfassung fällt auf, dass sie nach einer kurzen Präambel und der Darlegung der „Allgemeinen Bestimmungen" bereits im zweiten Abschnitt die bürgerlichen Grundrechte und Grundpflichten enthält. Auch werden erstmals wirtschaftliche und soziale Menschenrechte erwähnt: Der Staat sollte dafür Sorge tragen, dass alle Bürger die gleichen Möglichkeiten für den Erwerb erhalten, die Arbeitskraft stand unter dem Schutz des Staates, der Staat sollte hygienische Bestimmungen treffen, akute und chronische Infektionskrankheiten und den Missbrauch von Alkohol bekämpfen, unentgeltlichen Zugang zu ärztlicher Hilfe und Arzneien schaffen und die Ehe unter den Schutz des Staates stellen. Das Parlament (Narodna Skupština) hatte das Recht, Gesetzesanträge zu unterbreiten; Gesetzesvorlagen wurden aufgrund königlicher Ermächtigung durch den Ministerrat oder durch einzelne Minister eingebracht.

Proklamation des Königsreiches Jugoslawien im Jahr 1929

Im Jahr 1929 kam es wegen chaotischer innenpolitischer Zustände zur Aufhebung der Verfassung und zur Proklamation des Königreiches Jugoslawien (Südslawien) durch Alexander I. Eine völlig neue, keine historischen Gegebenheiten berücksichtigende Verwaltungsstruktur konnte die Opposition der ethnischen Minderheiten ebenso wenig befriedigen wie die am 3. September 1931 erlassene neue Verfassung mit einem minderheitenfeindlichen Wahlrecht. Die parlamentarische und erbliche Monarchie wurde zur erblichen, konstitutionellen Monarchie transformiert. Wenngleich der Gleichheitsgrundsatz in Teil II, Art. 4 festgelegt war, so galt dieser nicht für Frauen. Allerdings standen „Ehe, Familie und Kinder unter dem Schutz des Staates" (Art. 21). Diese Verfassung kann in einigen Bereichen im Vergleich mit anderen Verfassungen als rückschrittlich bezeichnet werden. Das Thronfolgerecht etwa basierte auf dem Salischen Erbfolgerecht. Die „Volksvertretung" mit Senat und Abgeordnetenhaus (*Skupschtina*) folgte dem Zweikammersystem. De facto blieb es aber weitgehend bei der Königsdiktatur, auch ab 1934 unter Prinzregent Paul (1893–1976) bis kurz vor dem Einmarsch der deutschen Wehrmacht (April 1941).

Um den Gebietsansprüchen von Serbien und Griechenland im Zuge des Ersten Balkankrieges zuvorzukommen, rief der Nationalkongress am 28. November 1912 die Unabhängigkeit Albaniens aus. Im Londoner Friedens-

2. Staatsgründungen und Konstitutionalisierungsprozess

vertrag vom 30. Mai 1913 garantierten die Großmächte Deutschland, Österreich-Ungarn, Italien, Frankreich, Großbritannien und Russland die Unabhängigkeit Albaniens vom Osmanischen Reich und legten die Grenzen fest. In Anlehnung daran erließen die Großmächte am 10. April 1914 ein Organisationsstatut, das aber keine Verfassung im klassischen Sinne darstellte, sondern ein Oktroi der Großmächte. Am 21. Januar 1920 erließ die Nationalversammlung ein Verfassungsprovisorium und am 7. März 1925 das Verfassungsstatut der Republik Albanien. „Das freie und unabhängige albanische Volk, stolz auf seine Vergangenheit und voll Hoffnung auf seine Zukunft, gab sich diese Verfassung. Albanien ist eine parlamentarische Republik mit einem Präsidenten an der Spitze. Die Staatsgewalt geht vom Volke aus" (Art. 1).

Die gesetzgebende Gewalt bestand aus zwei Kammern, Deputierte und Senat, diese wählten den Präsidenten. Der Präsident war in allen seinen Handlungen unverantwortlich, bedurfte aber der Gegenzeichnung durch den Ministerpräsidenten oder zuständigen Minister.

Nach dem Ende der Monarchie in Russland übernahm in Finnland der 1916 gewählte Landtag am 18. Juli 1917 vorläufig die höchste Gewalt, die äußeren Angelegenheiten und das Heerwesen hingegen verblieben vorerst bei Russland. Allerdings löste der russische Generalgouverneur diesen Landtag auf, und nach den Wahlen im Oktober 1917 erklärte sich der neugewählte Landtag als höchste Staatsgewalt, die auswärtigen Angelegenheiten und das Heerwesen einschließend. Er setzte eine Regierung ein, womit Finnland die Selbständigkeit erlangte. Bereits am 6. Dezember 1917 veröffentlichte der Landtag eine Resolution, in der förmlich die Unabhängigkeit des Landes proklamiert wurde. Im Frieden von Brest-Litowsk vom 3. März 1918 anerkannte Russland die finnische Souveränität. Allerdings hatte der junge, kurzzeitig vom Bürgerkrieg zerrüttete Staat noch keine Verfassung; man bediente sich vorübergehend der schwedischen Verfassung aus dem Jahr 1772. Aufgrund dieser Verfassung wurde am 9. Oktober 1918 Friedrich Karl von Hessen (1868–1940) als Fredrik Kaarle zum König gewählt.

Die einen Monat später erfolgte Abdankung von Kaiser Wilhelm II. in Deutschland bedeutete für viele Teile Europas auch den Zusammenbruch des monarchischen Gedankens. Deshalb verzichtete Friedrich Karl von Hessen, noch bevor er das Land betreten hatte, auf den Thron, und am 12. Dezember wählte das Parlament General Freiherr Carl Gustav Emil Mannerheim (1867–1951) zum Reichsverweser. Dieser signierte am 17. Juli 1919 die erste Verfassung des unabhängigen Finnland als souveräne Republik. Das ehemalige Großfürstentum bezeichnete seine Verfassungsurkunde als „Regierungsform" und wies in der Präambel darauf hin, „seine Verfassung durch neue Bestimmungen, denen die Kraft von Grundgesetzen zukommt, zu entwickeln und zu befestigen." Demnach lautete Art 1: „Finnland ist eine souveräne Republik, deren Verfassung durch diese Verfassungsurkunde und die übrigen Grundgesetze festgesetzt ist". Dem von Wahlmännern gewählten Präsidenten wurden quasimonarchische Rechte eingeräumt: Er übte gemeinsam mit dem gewählten Reichstag die Gesetzgebung aus, und ihm war die oberste vollziehende Gewalt übertragen. Die angeführten Grundrechte und die Unabhängigkeit der Gerichte wurden garantiert. Als Besonderheit

Gründung des Nationalkongresses, Unabhängigkeit von Albanien

Finnland wird unabhängig

Das unabhängige Finnland erhält am 17. Juli 1919 die erste Verfassung

ist die Überwachung aller Behördentätigkeiten durch einen besonderen Justizkanzler anzuführen. Nicht Mannerheim, sondern Kaarlo Juho Ståhlberg (1865–1952) wurde durch eine Volkswahl zum ersten Präsidenten von Finnland bestellt.

Entstehung der baltischen Staaten: Estland, Lettland, Litauen

Ebenfalls Bestandteil des Friedensvertrages von Brest-Litowsk war die Herauslösung der baltischen Staaten aus dem russischen Staatsgebiet. Die Gründung selbständiger Staaten auf großteils ehemals russischem Territorium vollzog sich in zeitlich unterschiedlicher Abfolge durch Wahl eines Landtages, der für sich die höchste Gewalt beanspruchte. Estland erhielt am 24. Februar 1918 die Unabhängigkeit. Die aus Wahlen hervorgegangene Konstituierende Nationalversammlung bestätigte am 19. Mai 1919 die Unabhängigkeit der demokratischen Republik in einer Unabhängigkeits- und Souveränitätserklärung. Am 15. Juni 1920 erließ sie das Grundgesetz der Republik Estland. In dieser Verfassung erfuhr der Parlamentarismus eine starke Ausprägung. Die Vertreter des Volkes wurden in die Staatsversammlung gewählt, diese erließ Gesetze, berief die Regierung der Republik ins Amt und konnte sie auch entlassen. Die Staatsversammlung konnte der Regierung ein ausdrückliches Misstrauensvotum erteilen. Häufige Regierungswechsel, verursacht durch die große Anzahl an Parlamentsparteien, sowie wirtschaftliche Ursachen führten 1933 zu einem Referendum, durch welches die bisher von der Regierung ausgeübte Vollziehungsgewalt auf dem nun vom Volk gewählten Staatsältesten übertragen wurde. Dadurch entstand eine fast absolute Präsidialverfassung.

Staatswerdungsprozess in Lettland

Ähnlich verlief der Prozess der Staatswerdung in Lettland: Hier verkündete nach einem einjährigen Intermezzo, das mit der Proklamation des selbständigen Lettlands am 17. November 1917 begann und nach dem Zwischenspiel einer deutschen Besetzung endete, am 18. November 1918 der Lettische Volksrat die Unabhängigkeit des Landes. Wie in Estland wurde nach den Wahlen zur Konstituierenden Nationalversammlung dieser der Auftrag erteilt, eine Verfassung auszuarbeiten. Am 1. Mai 1920 erklärte die Nationalversammlung Lettland zur demokratischen Republik, erließ am 27. Mai 1920 eine vorläufige Verfassung, der erst am 15. Februar 1922 die endgültige folgte. Diese Verfassung ähnelte der estnischen. Das Parlament *(Saeima)* hatte das Recht der Gesetzgebung: Das Volk nahm mittels Volksabstimmung an der Gesetzgebung teil. Alle einer Volksabstimmung unterzogenen Verfassungsänderungen erlangten dann Geltung, wenn mindestens die Hälfte aller Stimmberechtigten ihnen zustimmte. Die *Saeima* wählte den Staatspräsidenten, der Gesetzesanträge stellen und die *Saeima* auflösen konnte. Nach diesem Akt musste eine Volksabstimmung erfolgen. Auffallenderweise verfügte diese Verfassung über keinen Grundrechtekatalog und erwähnte lediglich den Gleichheitsgrundsatz „Vor Gesetz und Gericht sind alle Bürger gleich" im Zusammenhang mit der Rechtspflege.

nation-building in Litauen

In Litauen beschritt der am 13. März 1917 gebildete Nationalrat zunächst einen anderen Weg als Estland und Lettland. Er verlangte von St. Petersburg die Unabhängigkeit, die jedoch nicht zugestanden wurde. Daraufhin konstituierte sich am 22. September 1917 der teilweise gewählte Landesrat *(Taryba)* und proklamierte am 11. Dezember 1917 mittels Erklärung „die Wiederherstellung eines unabhängigen litauischen Staates". Weiters verkündete dieser ein „ewiges, festes Bundesverhältnis (…) mit dem Deutschen Reich".

2. Staatsgründungen und Konstitutionalisierungsprozess

Dies fand Ausdruck darin, dass am 2. Juli 1918 Herzog Wilhelm von Urach (1864–1928) zum König Mindaugas II. gewählt wurde. Zuvor war am 16. Februar 1918 die förmliche Unabhängigkeitserklärung erfolgt und am 4. Juni 1918 die erste Verfassung erlassen worden. König Mindaugas II. ereilte das gleiche Schicksal wie Friedrich Karl von Hessen – auch er betrat niemals das Land (Finnland), auch er wurde „Opfer" des Untergangs des monarchischen Gedankens.

Der Landesrat erließ daraufhin am 28. Oktober 1918 eine Provisorische Verfassung, führte am 14./15. April 1920 eine Wahl durch, aufgrund welcher am 15. Mai 1920 der „Gründungssejm" zusammentrat und neuerlich eine Unabhängigkeitserklärung verkündete. Am 10. Juni erließ der Gründungssejm eine zweite Provisorische Verfassung, durch die Litauen ausdrücklich als demokratische Republik konstituiert wurde. Die endgültige Verfassung stammt vom 1. August 1922. Der *Seimas* wurden ähnliche Rechte wie dem lettischen Parlament zuerkannt, so etwa die Gesetzgebung und die Wahl des Präsidenten. Separat fanden die „Rechte der nationalen Minderheiten", „die Verteidigung der Republik" oder die „Grundlagen der staatlichen Wirtschaftspolitik" Eingang in die Verfassung.

Vergleicht man die ersten Verfassungen der baltischen Staaten miteinander, finden sich auffallend viele Parallelen: Alle Verfassungen sind ähnlich lang, die estländische verfügt über 89 Paragrafen, die lettische über 88 und die Verfassung Litauens umfasst 107 Paragrafen. Das Parlament – *Staatsversammlung* (Estland), *Saeima* (Lettland) und *Seimas* (Litauen) – wählte das Staatsoberhaupt; alle drei Verfassungen verfügten über eine Präambel, mit Ausnahme der lettischen besaßen die anderen Staatsverfassungen einen Grundrechtekatalog. In allen drei Staaten herrschte der Gleichheitsgrundsatz, und mit Ausnahme von Estland wurde explizit erwähnt, dass Männer und Frauen das aktive und passive Wahlrecht besitzen. Alle drei Verfassungen enthielten Gewaltenteilung und Volkssouveränität, und die nur aus einer Kammer bestehenden Parlamente verfügten über mehr Kompetenzen als die Exekutive. Dem Volk wurde in allen drei Staaten das Recht der Volksabstimmung bzw. Volksinitiative (Estland) bzw. Gesetzesinitiative (Litauen) eingeräumt.

Im westlichen Europa entwickelte sich Irland zu einem selbständigen Staat, der seit 1801 mit Großbritannien in einer Realunion verbunden war. Es erhielt als Mitglied des United Kingdoms das *Home-Rule Statute* im Jahr 1914, das war das Recht auf Selbstverwaltung. Dagegen sprachen sich die katholisch-nationalen Republikaner in der Bewegung Sinn Féin („Wir selbst") aus, die nach Unabhängigkeit strebten. In Nordirland protestierten die anglikanisch-probritischen Unionisten. Es kam noch während des Ersten Weltkrieges zum erfolglos verlaufenen Osteraufstand 1916. Daraufhin verweigerten die Sinn-Féin-Abgeordneten ihre Teilnahme am Westminster-Parlament und konstituierten sich am 21. Januar 1919 in Dublin als eigenes gesamtirisches Parlament (*First Dáil*). Gleichzeitig begann die Irische Republikanische Armee (IRA) einen Krieg gegen die britischen Truppen, an dem Nordirland nicht teilnahm. Lösungsversuche seitens Englands wurden nur von Nordirland (Ulster) anerkannt, sodass 1922 eine Teilung der Insel erfolgte. Diese wurde nach einem Waffenstillstand im Juli 1921 verhandelt und im Irland-Vertrag besiegelt. Irland ohne Nordirland erhielt dadurch den

Osteraufstand (1916) und Konstituierung eines eigenen gesamtirischen Parlaments

1922 Teilung der Insel in Irland und Nordirland (Ulster)

VI. Die Verfassungsentwicklung während der Zwischenkriegszeit

Verfassung des Irischen Freistaates am 25. Oktober 1922

Status eines britischen Dominiums, wie zuvor Kanada. Der damalige englische König George V. (1865–1936) blieb nominelles Staatsoberhaupt und war durch einen Generalgouverneur vertreten. Basierend auf diesem Vertrag konnte daher am 25. Oktober 1922 die Verfassung des Irischen Freistaats verkündet werden. Das britische Parlament bestätigte diese am 6. Dezember 1922 und besiegelte damit die Unabhängigkeit Irlands von England. Zunächst wurde ein Gesetz erlassen, das bestimmte, dass es als *Constitution of The Irish Free Staat (Saorstát Éireann) Act* zitiert werden sollte. Art. 1 der Verfassung besagte: „Der Irische Freistaat ist ein ebenbürtiges Mitglied der Gemeinschaft der Nationen, die das British Commonwealth of Nations bilden." Darauf folgt die Nennung der Grundrechte, Frauen wurde das aktive und das passive Wahlrecht zuerkannt. Übergangsbestimmungen und der Vertragsartikel für einen Staatsvertrag zwischen Großbritannien und Irland befinden sich am Ende der Verfassung.

Der der Verfassung beigefügte Staatsvertrag vom 6. Dezember 1922 wurde im Zuge der Umsetzung des *Westminster Statute* 1931 aufgehoben und damit einige Bestimmungen wie etwa Art. 4 (Abgeordnete der Nationalversammlung müssen dem König einen Treueeid leisten), Art. 41 (Verpflichtung, Gesetzesvorlagen dem Vertreter der Krone zur Beurkundung im Namen des Königs vorzulegen) oder Art. 66 (Entscheidungen des obersten irischen Gerichtshofes konnten nur mehr durch Berufung an das britische *Privy Council* angefochten werden) aus der Verfassung gelöscht. Die endgültige Selbständigkeit auch in staats- und verfassungsrechtlicher Sicht erlangte Irland durch die republikanische Verfassung vom 1. Juli 1937, die bis heute, mit einigen Änderungen, in Kraft ist. Die irische Verfassung zählt zu den wenigen Verfassungen, in der auch heute noch in der Präambel Bezug auf Gott genommen wird. Sie wird stellvertretend etwa für jene Deutschlands, Griechenlands oder Polens zitiert:

Präambel der irischen Verfassung vom 1. Juli 1937
Aus: Gosewinkel/Masing, Verfassungen in Europa, 2032.

Im Namen der Allerheiligsten Dreifaltigkeit, von der alle Autorität kommt und auf die, als unserem letzten Ziel, alle Handlungen sowohl der Menschen wie der Staaten ausgerichtet sein müssen, anerkennen,
Wir, das Volk von Irland,
in Demut, alle unsere Verpflichtungen gegenüber unserem göttlichen Herrn, Jesus Christus, der unseren Vätern durch Jahrhunderte der Heimsuchung hindurch beigestanden hat. In dankbarer Erinnerung an ihren heldenhaften und unermüdlichen Kampf um die Wiedererlangung der rechtmäßigen Unabhängigkeit unserer Nation und in dem Bestreben, unter gebührender Beachtung von Klugheit, Gerechtigkeit und Barmherzigkeit das allgemeine Wohl zu fördern, auf dass die Würde und Freiheit des Individuums gewährleistet, eine gerechte soziale Ordnung erreicht, die Einheit unseres Landes wiederhergestellt und Eintracht mit anderen Nationen begründet werde, nehmen wir diese Verfassung an, setzen sie in Kraft und geben sie uns.

3. Der Weg vom Rechtsstaat zum Unrechtsstaat: Totalitäre und autoritäre Staaten

1920 Gründung der NSDAP in Deutschland
1921 Gründung der italienischen Partito Nazionale Fascista
1922 28. Oktober Marsch auf Rom
30. Oktober Mussolini wird Ministerpräsident
Dezember Gründung des Großen Faschistischen Rates
1924 Frühling Stalin übernimmt die Macht in der Sowjetunion
1925 29. September Verfassung der griechischen Republik
1926 22. September Verfassung der griechischen Republik
1927 21. April *Carta del Lavoro*
2. Juni Verfassung der griechischen Republik
1928 15. Mai Verfassung für Litauen
1. Dezember Grundstatut für das Königreich Albanien
1931 14. April Ausrufung der 2. Republik von Spanien
9. Dezember Verfassung der spanischen Republik
1932 15. Juli Salazar wird Premierminister von Portugal
1933 30. Januar Machtübernahme von Hitler
28. Februar Verordnung des Reichspräsidenten zum Schutz von Volk und Staat (Reichstagsbrandverordnung)
4. März Selbstausschaltung des österreichischen Parlaments
24. März Gesetz zur Behebung der Not von Volk und Reich (Ermächtigungsgesetz)
31. März Gesetz zur Gleichschaltung der Länder mit dem Reich
11. April Politische Verfassung der Portugiesischen Republik
14. Juli Gesetz gegen die Neubildung von Parteien
1934 30. Januar Gesetz über den Neuaufbau des Deutschen Reiches
24. April Verkündigung der Verfassung des Bundesstaates Österreich
1. Mai Verkündigung der Verfassung des Bundesstaates Österreich
2. August Tod von Hindenburg, Hitler wird Reichspräsident
1935 23. April Verfassungsgesetz für Polen
5. September Gesetz zum Schutz des deutschen Blutes und der deutsche Ehre
1936 1. Oktober Franco kommt in Spanien an die Macht
5. November Verfassung der Sowjetunion
1937 17. August Verfassung Estlands
1938 11. Februar Verfassung für Litauen
9. März Grundgesetz über die Arbeit in Spanien
12./13. März Anschluss Österreichs an das Deutsche Reich

Links- und rechtsradikale und nationale Bestrebungen sowie ökonomische Krisen sprengten das politische Staatensystem in Europa von innen heraus und bewirkten eine Zurückdrängung von – auch emotionalen – Bindungen an festgefügte Verfassungen, von Liberalismus, Parlamentarismus und Demokratie. Im Laufe dieser Epoche verwandelten sich Rechtsstaaten in Unrechtsstaaten, demokratische Systeme in Diktaturen und totalitäre Regime.

Die Transformation des Rechtsstaates zum Unrechtsstaat

VI. Die Verfassungsentwicklung während der Zwischenkriegszeit

Der Erste Weltkrieg und Revolutionen bewirkten radikale Veränderungen im politischen und sozialen Gefüge, diese nährten radikale ideologische Bewegungen, die zwar schon vor 1914 in Österreich oder Deutschland existierten, sich nun aber der Masse und der Anwendung von Gewalt bedienten. Diese Bewegungen bildeten die Basis für den totalitären und autoritären Unrechtsstaat, der kein Verfassungsstaat mehr war und alle Errungenschaften seit der Französischen Revolution, ob Menschenrechte, Gewaltenteilung oder Volkssouveränität, teilweise gewaltsam negierte.

Die Zwischenkriegszeit kann daher zu Recht als Epoche des Verfalls rechtsstaatlicher und konstitutionsgebundener Grundlagen des europäischen Verfassungsstaates bezeichnet werden. Sie gilt als „Zeitalter der Extreme" (Eric Hobsbawm).

Am Ende des Ersten Weltkrieges existierten in Europa 28 Staaten, wovon 1920 zwei Diktaturen waren: die Sowjetunion und Ungarn. In Italien etablierte Mussolini mit dem inszenierten „Marsch auf Rom" am 28. Oktober 1922 und der kontinuierlichen Machtübernahme die faschistische Alternative zur bolschewistischen Diktatur. In Deutschland kam es am 30. Januar 1933 zur Machtübertragung an Hitler, und in Österreich verkündete Dollfuß im Jahr 1934 den Ständestaat Österreich. Letztendlich bestanden im Jahre 1940 in Europa nur noch fünf intakte Demokratien: Großbritannien, Irland, Schweden, Finnland und die Schweiz.

Drei Wellen von **Diktaturgründungen** lassen sich in Europa nachweisen. Die erste erfolgte im Zeitraum von 1921 bis 1923: in Ungarn wurde das Horthy-Regime errichtet, in Spanien die Diktatur unter Miguel Primo de Rivera. Diese Diktaturen folgten dem Muster der konstitutionellen Diktatur; auch Mussolini kann man zumindest für die Anfangszeit in diese Epoche einreihen. Die zweite Welle ist mit 1926 anzusetzen – neben den konstitutionellen Diktaturen wie in Polen, Portugal und Jugoslawien entstanden autoritäre wie jene unter Mussolini. Die letzte Welle geht mit der Weltwirtschaftskrise einher: Deutschland, Österreich, die baltischen Staaten oder die Staaten in Süd- und Südosteuropa.

E **Diktaturen**

Demokratie steht nicht nur für Volksherrschaft, sondern diesem Begriff inhärent sind die Prinzipien der Gewaltenteilung sowie Grundrechte, Konstitutionalismus, Mehrheitsprinzip und Pluralismus. Diesbezügliche Begriffe verwenden auch Diktaturen, jedoch unter einer anderen ideologischen Sichtweise. Demokratien garantieren ein hohes Maß an Freiheit und Partizipation, Rechtsstaatlichkeit und Sicherheit; Diktaturen erbringen Entrechtung, Unterdrückung, Willkürherrschaft und Massaker. Auch Diktaturen unterscheiden sich voneinander: So bilden sich etwa autoritäre Systeme durch konservative, christlich-soziale oder nationalistische Gruppen aufgrund bestehender Verfassungen oder aber aufgrund neuer Ideologien wie Kommunismus oder Faschismus bzw. Nationalsozialismus. Diesen Bewegungen, die vor allem in den Nationalbewegungen des 19. Jahrhunderts ihre Basis fanden, sind gemeinsam: eine (vermeintlich) geschlossene Ideologie, ein festgefügter Parteiapparat, das Ziel der Herstellung eines neuen Gesellschaftssystems, keine Grundrechte und somit kein Schutz derselben, das Individuum gilt wenig oder nichts, sondern nur das Volk, das Kollektiv; das Recht dient nicht mehr dem Individuum, sondern dem Volk: „Du bist nichts – dein Volk ist alles", die Volkssouveränität wird zur Staatssouveränität, der Wille des Führers zum Willen des Volkes.

3. Der Weg vom Rechtsstaat zum Unrechtsstaat

Diktaturen können autoritär oder totalitär sein. Die Bezeichnung „totalitär" wurde Anfang der zwanziger Jahre des 20. Jahrhunderts von den Kritikern Mussolinis verwendet. Später fand sie auch Anwendung auf das nationalsozialistische Deutschland und die bolschewistische Sowjetunion. Autoritäre Diktaturen zielen in erster Linie auf den Erhalt überlieferter (konservativer) Werte und die Zementierung bestehender sozialer Strukturen. Totalitäre Diktaturen beabsichtigen durch Mobilisierung und Instrumentalisierung der Massen radikale Veränderungen.

Die Ursachen für die Entstehung von Diktaturen lagen im Ausgang des Ersten Weltkrieges und im allgemeinen Empfinden, Kriegsverlierer zu sein – dies gilt in besonderem Maße etwa für Deutschland, Österreich oder Ungarn, aber auch für Italien – weiters in der Krise der ungeübten Demokratie und in der weltweiten Wirtschaftskrise.

Der Abbau des Verfassungsstaates geschah zunächst über die Ausschaltung der Volksvertretung. Dazu bemächtigten sich die Diktatoren des Instrumentes der „außerordentlichen Gesetzgebung". Das waren Notverordnungen, die bei (angeblicher) Gefahr in Verzug seitens der Exekutive ohne Einberufung des Parlaments erlassen werden konnten. Dieses Relikt aus dem 19. Jahrhundert fand in der Zwischenkriegszeit vor allem Anwendung, um die Gewaltentrennung zu durchbrechen: Die Exekutive konnte dergestalt – ursprünglich eigentlich nur provisorische – legislative Befugnisse ausüben.

Mit Ausnahme der Sowjetunion, die 1936 eine „Scheinverfassung" erließ, verfügten das faschistische Italien wie auch das nationalsozialistische Deutschland über keine eigens geschaffenen Verfassungen; formal standen das *Statuto Albertino* bzw. die Weimarer Verfassung weiter in Geltung, allerdings als „ausgehöhlte" Verfassungen.

Den Beginn machte die „Diktatur des Proletariats", die den Führungsanspruch der kommunistischen Partei beinhaltete und sich vor allem in Russland, der späteren Sowjetunion, durchsetzte. Nach der Machtergreifung durch die Bolschewiken (Oktober 1917) erfolgte die Stabilisierung der Macht auf Basis von Gewalt und Terror. Institutionalisiert wurde der Terror durch die Errichtung einer Außerordentlichen Kommission zur Bekämpfung der Konterrevolution und Sabotage (Tscheka) im Dezember 1917. Im Juli 1918 waren alle Parteien ausgeschaltet, es verblieb lediglich die Kommunistische Partei, womit eine Einparteienherrschaft zementiert wurde. Nach dem Tod von Lenin im Jahr 1924 ging Stalin als Sieger der parteiinternen Machtkämpfe hervor. Er begann mit einer Reform der Wirtschaft, die er einer zentralen Planung unterstellte. Dies ließ sich wohl auch aufgrund der 1927/28 ausgebrochenen, durch Stalins Bodenzwangskollektivierung wesentlich mit verursachten Getreidekrise rechtfertigen. 1929 wurde der erste Fünf-Jahres-Plan eingeführt, der von Erfolg gekrönt war. Für Stalin bedeutete dieser die Chance für die Sowjetunion, in zehn Jahren das nachzuholen, wozu (West-)Europa fünfzig Jahre gebraucht hatte. Mit der Zentralplanung der Industrie – und bald der gesamten Wirtschaft – einhergehend stieg Stalin zum Diktator auf. Neben der Zwangskollektivierung (Kolchosenbildungen) kam es zur **Kulakenverfolgung** und zur Ausschaltung (partei-)politisch Andersdenkender.

„Diktatur des Proletariats" unter Stalin, Terror, Fünf-Jahresplan

Kulaken
Unter Kulaken verstand man die wohlhabenden Bauern. Stalin befahl, die „Dorfbourgeoisie als Klasse zu liquidieren"; dies geschah durch (mehrfache) Deporta-

tion in Arbeitslager, standrechtliche Erschießungen oder Umsiedlung in den Norden des Landes; der Begriff wurde später auch für Mittelbauern verwendet, ein sogenannter „Halbkulak" konnte nun jeder Missbeliebige sein, dessen Vieh oder Geräte dem Kolchos nützlich schienen.

Die ersten, jeder Rechtsstaatlichkeit hohnsprechenden, Schauprozesse begannen 1928, die „großen" folgten 1936 bis 1938. Das Volkskommissariat des Innern entwickelte sich ab 1934 zum Instrument und Exekutivorgan der Intrigen Stalins, ab 1930 wurden die Arbeitslager einer staatlichen Lagerverwaltung unterstellt, GULag (Abkürzung für Hauptverwaltung der „Besserungsarbeitslager") genannt.

Im Zuge dieser Reformen von oben, die Stalin großteils persönlich angeordnet hatte, ist auch die Verabschiedung einer Verfassung im Jahr 1936 zu sehen. Die Ausarbeitung einer neuen Verfassung erschien Stalin aufgrund der umfangreichen wirtschaftlichen und sozialen Reformen notwendig geworden, die er schließlich am 5. November 1936 als Verfassung (Grundgesetz) der Union der Sozialistischen Sowjetrepubliken verkündete.

Verkündigung der „Verfassung" der Union der Sozialistischen Sowjetrepubliken 1936

Verfassung vom 5. November 1936
Aus: Franz, Staatsverfassungen, 560–579

Art. 1 Die Union der Sozialistischen Sowjetrepubliken ist ein Sozialistischer Staat der Arbeiter und Bauern.
Art. 2 Die politische Grundlage der UdSSR bilden die Sowjets der Deputierten der Werktätigen, die dank dem Sturz der Macht der Gutsherren und Kapitalisten und der Eroberung der Diktatur des Proletariats gewachsen und erstarkt sind.
Art. 3 Alle Macht in der UdSSR gehört den Werktätigen in Stadt und Land in Gestalt der Sowjets der Deputierten der Werktätigen.
Art. 14 Zur Kompetenz der UdSSR in Gestalt ihrer höchsten Organe der Staatsgewalt und der Organe der Staatsverwaltung gehören:
a) die Vertretung der UdSSR im internationalen Verkehr, der Abschluss, die Ratifizierung und die Kündigung von Verträgen der UdSSR mit anderen Staaten; die Festlegung des allgemeinen Modus für die Beziehungen der Unionsrepubliken zu auswärtigen Staaten;
b) die Fragen von Krieg und Frieden;
c) die Aufnahme neuer Republiken in die UdSSR;
d) die Kontrolle über die Einhaltung der Verfassung der UdSSR und die Gewährleistung des Übereinstimmens der Verfassungen der Unionsrepubliken mit der Verfassung der UdSSR;
e) die Bestätigung von Änderungen der Grenzen zwischen den Unionsrepubliken;
f) die Bestätigung der Bildung neuer Autonomer Republiken und Autonomer Gebiete im Rahmen der Unionsrepubliken;
g) die Organisierung der Verteidigung der UdSSR, die Leitung aller Streitkräfte der UdSSR; die Festlegung der Grundbestimmungen für die Organisierung der Truppenformationen der Unionsrepubliken;
h) der Außenhandel auf Grundlage des Staatsmonopols;
i) der Schutz der staatlichen Sicherheit;
j) die Aufstellung der Volkswirtschaftspläne der UdSSR;
k) die Bestätigung des einheitlichen Staatshaushaltsplans der UdSSR […];
l) die Verwaltung der Unionsinstanzen unterstellten Banken, industriellen und landwirtschaftlichen Institutionen und Betriebe sowie der Handelsunternehmungen; die allgemeine Anleitung der den Unions- und Republikinstanzen unterstellten Industrie- und Bauunternehmungen;

3. Der Weg vom Rechtsstaat zum Unrechtsstaat

m) die Verwaltung des Verkehrswesens und des Post- und Fernmeldewesens, soweit ihnen Unionsbedeutung zukommt;
n) die Leitung des Währungs- und Kreditsystems;
o) die Organisierung des staatlichen Versicherungswesens;
p) die Aufnahme und Gewährung von Anleihen;
q) die Festlegung der Hauptgrundsätze der Bodennutzung sowie der Nutzung der Bodenschätze, der Waldungen und der Gewässer;
r) die Festlegung der Hauptgrundsätze auf dem Gebiet des Bildungs- und des Gesundheitswesens;
s) die Organisierung eines einheitlichen Systems der volkswirtschaftlichen Statistik;
t) die Festlegung der Grundbestimmungen für die Arbeitsgesetzgebung;
u) die Festlegung der Grundlagen für die Gesetzgebung über die Gerichtsverfassung und die Rechtspflege sowie der Grundlagen für die Zivil- und die Strafgesetzgebung;
v) die Gesetzgebung über die Unionsstaatsbürgerschaft; die Gesetzgebung über die Rechte von Ausländern;
w) die Festlegung der Grundbestimmungen für die Gesetzgebung über Ehe und Familie;
x) der Erlass von Amnestieakten für den Gesamtbereich der Union.

Art. 30 Das höchste Organ der Staatsgewalt der UdSSR ist der Oberste Sowjet der UdSSR.
Art. 31 Der Oberste Sowjet der UdSSR übt alle Rechte aus, die der UdSSR gemäß Artikel 14 der Verfassung zustehen, sofern sie nicht auf Grund der Verfassung in den Kompetenzbereich der dem Obersten Sowjet der UdSSR rechenschaftspflichtigen Organe der UdSSR gehören: des Präsidiums des Obersten Sowjets der UdSSR, des Ministerrates der UdSSR und der Ministerien der UdSSR.
Art. 32 Die gesetzgebende Gewalt der UdSSR wird ausschließlich durch den Obersten Sowjet der UdSSR ausgeübt.
Art. 33 Der Oberste Sowjet der UdSSR besteht aus zwei Kammern: dem Unionssowjet und dem Nationalitätensowjet.
Art. 118 Die Bürger der UdSSR haben das Recht auf Arbeit, das heißt das Recht auf garantierte Beschäftigung mit Entlohnung nach Quantität und Qualität ihrer Arbeit.
Art. 122 Der Frau stehen in der UdSSR auf allen Gebieten des wirtschaftlichen, staatlichen, kulturellen, gesellschaftlichen und politischen Lebens die gleichen Rechte wie dem Manne zu. (…)
Art. 124 Zum Zwecke der Gewährleistung der Gewissensfreiheit für die Bürger sind in der UdSSR die Kirche vom Staat und die Schule von der Kirche getrennt. Die Freiheit der Ausübung religiöser Kulthandlungen und die Freiheit antireligiöser Propaganda werden allen Bürgern zuerkannt.
Art. 125 In Übereinstimmung mit den Interessen der Werktätigen und zum Zwecke der Festigung des sozialistischen Systems werden den Bürgern der UdSSR durch das Gesetz garantiert: a) die Redefreiheit; b) die Pressefreiheit; c) die Kundgebungs- und Versammlungsfreiheit; d) die Freiheit der Durchführung von Straßenumzügen und -demonstrationen.

Die Wahl der Sowjets erfolgte nun direkt durch das Volk; das Zentrale Exekutivkomitee ersetzte man durch den Obersten Sowjet der UdSSR (**Verchovnyj Sovet SSSR**), das war das „höchste Organ der Staatsgewalt". Ähnlich dem Zentralen Exekutivkomitee bestand er aus zwei Kammern, dem Unionsrat und dem Nationalitätenrat. In der Verfassung wird auf den Status der Kommunistischen Partei als einzige Partei verwiesen: „(…) die aktivsten und bewußtesten Bürger aus den Reihen der Arbeiterklasse, vereinigen sich freiwillig in der Kommunistischen Partei der Sowjetunion, die der Vortrupp der Werktätigen in ihrem Kampf für den Aufbau der kommunistischen Gesellschaft ist und den leitenden Kern aller Organisationen der Werktätigen, der gesellschaftlichen sowohl wie der staatlichen, bildet. Der führende Kern aller" (Art. 136).

Verfassungswirklichkeit in den sozialistischen bzw. kommunistischen Staaten

Dem Wortlaut nach erfüllte die Verfassung von 1936 alle Wünsche nach Demokratie, Menschenrechten und sozialer Sicherheit. Allerdings wurde sie nie verwirklicht. Die Verfassungswirklichkeit in den sozialistischen bzw. kommunistischen Staaten kann nur durch die marxistische Rechtsauffassung erklärt werden: Recht wurde als Mittel der Politik gesehen, und Recht war der Politik untergeordnet. Da die Kommunistische Partei von sich behauptete, Trägerin der „richtigen Politik" zu sein, sah sie sich in ihrem Handeln nicht an das Recht gebunden. Die eigentliche Bedeutung einer Verfassung lag demnach in ihrer Propagandawirkung. In ihr wurde die Staatsideologie festgeschrieben. Außerdem blieb der kommunistische Staat dadurch gekennzeichnet, dass geschriebene Verfassung und Realverfassung weit auseinanderklafften. Wenngleich sich die Sowjetunion als eine Föderation bezeichnete, blieb der Föderalismus sehr schwach ausgeprägt – der Gedanke der Einheit der Staatsgewalt hatte oberste Priorität. Diese Einheit stellte die KP und deren Organe dar, indem sie alle staatlichen Organe besetzte und auch die Menschen mit ihrer Ideologie zu durchdringen suchte. Die parlamentarischen Versammlungen waren nach dem Rätesystem (Sowjets) zusammengesetzt; die Abgeordneten durch das sogenannte „gebundene Mandat" an den Auftrag der Wähler (recte: der Partei) gebunden. Da die Bevölkerung bis zum Obersten Sowjet ihre Delegierten wählte, erschien somit das Rätesystem basisdemokratisch und benötigte daher kein Parlament. In der Verfassung von 1936 allerdings löste das Delegationsprinzip die Direktwahl der Obersten Sowjets ab, das bedeutete das Ende der Basisdemokratie.

Faschismus und Nationalsozialismus

Die radikalste Form der Diktatur, neben der sowjetischen, stellten zweifelsohne der **Faschismus** in Italien und der **Nationalsozialismus** in Deutschland dar.

Faschismusbegriff

Der Faschismus gilt als jene Ideologie, mit der u.a. Diktaturen von Benito Mussolini (1883–1945) in Italien und Adolf Hitler (1889–1945) in Deutschland benannt werden. Dieser Begriff ist äußerst diffus. Sowohl Faschisten als auch Nationalsozialisten betonten eine ideologische Verwandtschaft, und Hitler bezeichnete vereinzelt seine Anhänger als „deutsche Faschisten". Gemeinsam sind den beiden Ideologien etwa die Organisations- und Kommunikationsformen, die Techniken der Führerschaft, Formen der Machteroberung und Machtübertragung. Allerdings gibt es erhebliche Unterschiede zwischen den beiden Ideologien, wie etwa der übersteigerte Rassismus im deutschen Fall. Auch wenn Faschismus als Gattungsbegriff und Schlüsselbegriff für ein europäisches Phänomen des 20. Jahrhunderts verstanden wird, muss dieser in seinen unterschiedlichen Ausformungen differenziert betrachtet werden. Die orthodox-marxistische Faschismustheorie gilt als ältester Erklärungsversuch des Nationalsozialismus und sieht in ihm nur eine Spielart der europäischen Faschismen.

Parteipolitisch finden beide Ideologien ihren Ausdruck in der Gründung von Parteien. So erfolgte 1921 die Gründung der Partito Nazionale Fascista (PNF) und 1920 der Deutschen Arbeiterpartei, die bald in Nationalsozialisti-

3. Der Weg vom Rechtsstaat zum Unrechtsstaat

sche Deutsche Arbeiterpartei (NSDAP) umbenannt wurde. Beiden Ideologien gemeinsam waren der extreme Nationalismus, Antibolschewismus und Totalitarismus, die Ablehnung jeder Form der Demokratie und des Pluralismus sowie die Bejahung der Gewalt als Mittel der Durchsetzung des politischen Willens. Während die Sowjetunion unter Stalin eine Verfassung verabschiedete, „regierten" sowohl Mussolini wie auch Hitler unter formaler Aufrechterhaltung der bestehenden Verfassungen. Als Rechtssetzungsinstrumente wandten sie teilweise exzessiv Notverordnungen und Ermächtigungsgesetze an. Der Normenstaat (Wahrung der Rechtsstaatlichkeit) blieb anfänglich neben dem Maßnahmen- und Willkürstaat aufrecht und diente in erster Linie der „Beruhigung" des konservativen Bürgertums. Der Jurist und Politikwissenschafter Ernst Fränkel (1898–1975) prägte dafür den Begriff des Doppelstaates, also des „Normenstaat-Maßnahmenstaates". Diese 1941 formulierte Theorie galt jedoch nur für die Anfangsphase des Nationalsozialismus. Nach dem Ausbruch des Zweiten Weltkrieges überwog der Maßnahmenstaat im Vergleich zum Normenstaat.

Der Abbau des italienischen Verfassungsstaates setzte mit der Zerstörung des Parlamentarismus, der Volksvertretung ein. Der „Marsch auf Rom" am 28. Oktober 1922 bedeutete für Italien den Anbeginn der faschistischen Epoche. Am 30. Oktober ernannte König Vittorio Emanuele III. (1869–1947) Mussolini zum Ministerpräsidenten, noch im selben Jahr gründete dieser den Großen Faschistischen Rat und erließ ein Ermächtigungsgesetz. Der Große Faschistische Rat kann als Regierung bezeichnet werden, mit Befugnissen wie etwa Wahl des Premierministers und der faschistischen Parteiabgeordneten oder Anhörung bei der Wahl des Thronfolgers. Durch Einsetzung des Großen Faschistischen Rates wurde Italien ein Einparteienstaat. Mussolini errang später außerdem vom Monarchen jene Prärogative, derzufolge er Neuwahlen einberufen konnte. Durch eine Wahlrechtsreform sicherte er der Faschistischen Partei die Mehrheit im Parlament, sukzessive wurde die Opposition ausgeschaltet, der oppositionelle sozialistische Abgeordnete Giacomo Matteotti (1885–1924) gar ermordet. Am 24. Dezember 1924 bezeichnete sich Mussolini als *Capo del Governo* (Regierungs- und Parteichef). Im Jahr darauf verkündete Mussolini das Gesetz über die Prärogative der Exekutive und des Regierungschefs. Das Gesetz über die Aufhebung der kommunalen Vertretungskörperschaften und die korporative Repräsentation aus dem Jahr 1928 wandelte de facto die parlamentarische Monarchie in eine faschistische Diktatur um. Die Verfassung, das *Statuto Albertino*, blieb unverändert, zumal dieses Verfassungsänderungen durch einfache Gesetze zuließ.

Im Jahr 1927 erging vom Großen Faschistischen Rat gemeinsam mit Mussolini ein verfassungsrechtlicher Text, die Arbeitscharta/*Carta del Lavoro*. Sie ist Ausdruck der Bemühungen von Mussolini, die Staatsnation neu zu verfassen. Den Weg sah Mussolini in der Neubelebung des Ständestaates unter den Bedingungen der Industriegesellschaft. Arbeit und Kapital sollten Stände bilden und Verfassungsrang einnehmen. Die Arbeitscharta wurde mit folgenden Worten eingeleitet: „Die italienische Nation ist ein Organismus, dessen Ziele, dessen Leben, dessen Wirkungsmittel höherwertiger sind als jene der Einzelnen oder Gruppen, die die Nation bilden. Sie ist eine sittliche, politische und wirtschaftliche Einheit, die sich vollkommen im faschis-

Marsch auf Rom und „Machtergreifung durch den Duce"

VI. Die Verfassungsentwicklung während der Zwischenkriegszeit

tischen Staate verwirklicht." Die einzelnen Arbeitenden wurden in berufsständische Korporationen nach einem vielgliedrigen System eingeteilt, gleichberechtigte Berufsstände sollten miteinander im Staat dienen. Durch die Arbeitscharta wurde das gesamte Leben der Nation als eine Arbeitsordnung angesehen. Der Staat regelte von Arbeitsverträgen bis zur Unterstützung der Arbeitslosen das gesamte Leben.

Die junge Weimarer Republik war wohl aufgrund der schweren Kriegsfolgenlast von innenpolitischer Instabilität erschüttert. Erst Gustav Stresemann (1878–1929) erreichte eine relative Stabilität, die durch seinen frühen Tod endete. Die letzten drei Regierungen in der Weimarer Republik 1930–1933 waren sogenannte Präsidialregierungen: Heinrich Brüning (1885–1970), Franz von Papen (1879–1969) und Kurt von Schleicher (1882–1934).

Der im Dezember 1932 vom Reichspräsidenten ernannte Reichskanzler Kurt von Schleicher verfügte über keine Parlamentsmehrheit, weshalb der Reichspräsident das Kabinett (Präsidialregierung) einsetzte. Kurt von Schleicher geriet in die Intrigen seines Amtsvorgängers von Papen, der aus „verletzter Eitelkeit" (Manfred Funke) Schleicher demontieren ließ und Hitler als Reichskanzler aufbaute. Von Schleicher gelang es nicht, das Vertrauen von Reichspräsident Paul von Hindenburg (1847–1934) zu erlangen. Noch bevor er größere Regierungstätigkeiten entfaltete, trat er am 28. Januar 1933 zurück. Unter dem Einfluss seiner persönlichen Umgebung ernannte Reichspräsident Paul von Hindenburg Adolf Hitler (1889–1945) am 30. Januar 1933 zum Reichskanzler. Die Machtübernahme Hitlers war verfassungskonform – im Reichstag stellte Hitlers NSDAP die stärkste parlamentarische Kraft. Nicht verfassungsrechtlich, sondern politisch bedenklich war es hingegen, dass der Reichspräsident Hitler zum Reichskanzler ernannte, dessen erklärte Absicht es war, die bestehende Verfassungsordnung zu überwinden. Hindenburg und jene Personen, die zu Hitlers Ernennung drängten, hatten die Intention, diesen politisch domestizieren zu wollen, durch die abnutzende Verantwortlichkeit der alltäglichen Regierungsgeschäfte.

„Machtübernahme" durch Adolf Hitler

Der Übergang von der Demokratie zur Diktatur verlief zunächst durch Verordnung des Reichspräsidenten zum Schutz von Volk und Staat am 28. Februar 1933, die sogenannte Reichstagsbrandverordnung, basierend auf Art. 48 der Weimarer Reichsverfassung. Als Grund für die Notverordnung wurde die Abwehr kommunistischer staatsgefährdender Gewaltakte genannt. Einen Monat später erließ der Reichstag das Ermächtigungsgesetz, das ist das Gesetz zur Behebung der Not von Volk und Reich vom 24. März 1933. Dieser Schritt war nicht neu, immerhin wurde zwischen 1920 und 1923 ebenfalls mit Ermächtigungsgesetzen regiert. Das Ermächtigungsgesetz vom 13. Oktober 1923 sah zeitlich befristet auch Abweichungen von der Reichsverfassung vor.

Verkündigung des Ermächtigungsgesetzes

Q **Ermächtigungsgesetz, 24. März 1933**
Aus: Hürten, Weimarer Republik und Drittes Reich, 163 ff.

Der Reichstag hat das folgende Gesetz beschlossen, das mit Zustimmung des Reichsrats hiermit verkündet wird, nachdem festgestellt ist, daß die Erfordernisse verfassungsändernder Gesetzgebung erfüllt sind:

3. Der Weg vom Rechtsstaat zum Unrechtsstaat

Artikel 1. Reichsgesetze können außer in dem in der Reichsverfassung vorgesehenen Verfahren auch durch die Reichsregierung beschlossen werden. Dies gilt auch für die in den Artikeln 85 Abs. 2 und 87 der Reichsverfassung bezeichneten Gesetze.
Artikel 2. Die von der Reichsregierung beschlossenen Reichsgesetze können von der Reichsverfassung abweichen, soweit sie nicht die Einrichtung des Reichstags und des Reichsrats als solche zum Gegenstand haben. Die Rechte des Reichspräsidenten bleiben unberührt.

Die Reichsregierung erhielt dadurch das Recht, verfassungsändernde Gesetze zu erlassen, bei gleichzeitigem Weiterbestand des Reichsparlaments. Damit war das Prinzip des Vorranges des Verfassungsrechts vor dem einfachen Gesetzesrecht durchbrochen.

Weitere Gesetze wie etwa das Gesetz zur Gleichschaltung der Länder mit dem Reich vom 31. März 1933 brachten die faktische Liquidierung der bundesstaatlichen Organisation. Am 30. Januar 1934 wurden mittels Gesetz über den Neuaufbau des Reiches die Landesparlamente aufgelöst. Deutschland war zu einem Zentralstaat geworden. Am selben Tag wurde ein unbegrenztes Verfassungsrecht der Regierung installiert, das als Erweiterung des Ermächtigungsgesetzes gesehen werden kann.

Der Parteienpluralismus fand sein jähes Ende, als am 22. Juni die SPD, am 14. Juli 1933 überhaupt die Neubegründung von Parteien verboten wurde. Das diesbezügliche Gesetz lautete: § 1: „In Deutschland besteht als einzige politische Partei die Nationalsozialistische Arbeiterpartei." Am 14. Februar wurde der Reichsrat aufgehoben. Als Hindenburg am 2. August 1934 starb, wurde das Amtes des Reichskanzlers mit dem des Reichspräsidenten vereinigt. Hitler hatte den demokratischen Verfassungsstaat in einen nationalsozialistischen **Führerstaat** umgebaut, mit ihm als unumschränkten Führer an der Spitze.

Führerstruktur
Träger des völkischen Willens war sein Führer, der unumschränkte Machtbefugnisse besaß. Hitler verknüpfte seine Position als Parteiführer mit den Ämtern des Reichskanzlers und Reichspräsidenten. Im Gegensatz dazu beruhte beim italienischen Duce Mussolini dessen „Führung" auf seiner Stellung als Regierungs- und Parteichef, die Position des Staatsoberhauptes (Königs) blieb unangetastet. Hitlers Stellung als Führer wurde vom deutschen Reichstag anerkannt, als dieser am 26. April 1942 das letzte Mal zusammentrat: Hitler wurde „als Führer der Nation, als Oberster Befehlshaber der Wehrmacht, als Regierungschef und oberster Inhaber der vollziehenden Gewalt, als oberster Gerichtsherr und Führer der Partei" dazu ermächtigt, seine „Pflichten" zu erfüllen, „ohne an bestehende Rechtsvorschriften gebunden zu sein".

Ein weiteres Merkmal des Nationalsozialismus waren rassistisch und politisch motivierte Verfolgungen, die sich gegen Juden, Roma und Sinti, Homosexuelle, Widerstandskämpfer, aber auch Kirchen und Religionsgemeinschaften richtete. Die Nürnberger Rassengesetze aus dem Jahr 1935 belegen diesen Rassismus.

Das Regieren mit Notverordnungen bzw. Ermächtigungsgesetzen wurde nun zu einem wichtigen Werkzeug der autoritären Regierungen. In Öster-

Rassistisch und politisch motivierte Verfolgungen von Juden, Roma, Andersdenkenden

Am 4. März 1933 erfolgte die

VI. Die Verfassungsentwicklung während der Zwischenkriegszeit

sogenannte „Selbstausschaltung" des österreichischen Parlaments

reich war es seit den 1920er Jahren zu einer Radikalisierung der Innenpolitik gekommen. Infolge einer Kampfabstimmung im österreichischen Parlament kam es am 4. März 1933 zu dessen „Selbstausschaltung". Diese Chance nutzte der auf eine geringste Mehrheit im Parlament gestützte (seit 1932) amtierende Bundeskanzler Engelbert Dollfuß (1892–1934) für sich und beschloss, „das Parlament dunsten zu lassen", um so etwa die Zustimmung zur Verfassungsreform zu erzwingen. Ab 15. März 1933 nahm die Regierung die (Not-)Gesetzgebung für sich in Anspruch und regierte mit dem Kriegswirtschaftlichen **Ermächtigungsgesetz** (KWEG).

> **E** **Das Kriegswirtschaftliche Ermächtigungsgesetz, 1917**
> Dabei handelt es sich um ein Rechtssetzungsinstrument, das aufgrund der wirtschaftlichen Notlage während des Ersten Weltkrieges gesetzesändernde Verordnungen (des Kaisers und dessen Regierung) zuließ. Die Verordnungen mussten zumindest mittelbar wirtschaftlich bedingt sein (Oskar Lehner). Es wurde durch § 7 Abs. 2 Verfassungsüberleitungsgesetz aus dem Jahr 1920 in die neue Verfassung transferiert.

Die Regierung Dollfuß erließ bis April 1934 471 Notverordnungen und demontierte so schrittweise den Verfassungsstaat. Nach Ausschaltung des Verfassungsgerichtshofes und politischer Gegner (etwa durch Verbote und Auflösung von Parteien) infolge des Österreichischen Bürgerkrieges im Februar 1934 verkündete Dollfuß auf der Basis einer KWEG-Verordnung der Bundesregierung am 24. April 1934 die Verfassung des Bundesstaates Österreich. Um nach außen hin den Schein der Rechtskontinuität und Legalität zu wahren, verlautbarte die Bundesregierung am 1. Mai 1934 ein weiteres Mal die Verfassung, wozu sie sich am Vortag eine Ermächtigung durch das extra dazu einberufene Rumpfparlament geben ließ. Dieses, zusammengesetzt aus Vertretern der Christlichsozialen Partei und des Heimatblocks, stimmte der Verabschiedung des Bundesverfassungsgesetzes über außerordentliche Maßnahmen im Bereich der Verfassung („Ermächtigungsgesetz") am 30. April 1934 zu.

Die Ständeverfassung aus dem Jahr 1934

Die neue Verfassung Österreichs bestand aus einer Präambel: „Im Namen Gottes, des Allmächtigen, von dem alles Recht ausgeht, erhält das österreichische Volk für seinen christlichen, deutschen Bundesstaat auf ständischer Grundlage diese Verfassung." Somit ging das Recht von Gott aus und nicht vom Volk.

Österreich wurde nun durch Einführung der Ständeverfassung als christlicher, deutscher und ständischer Bundesstaat verstanden. Das Grundkonzept bezog sich auf Berufsstände, und nicht auf den Geburtsstand. Der Bundesstaat sollte auf allen Ebenen berufsständisch organisiert sein, doch antidemokratisch, autoritär und durchaus auch zentralistisch. Als Gesetzgebungsorgan firmierte der Bundestag, letztlich ein Scheinparlament, stand doch das Gesetzesinitiativrecht der Bundesregierung zu; der Bundestag konnte Gesetzesvorlagen lediglich annehmen oder ablehnen. Die Bundesregierung beschloss die Gesetze größtenteils auf Grundlage des vom Rumpfnationalrat (ohne die Stimmen der Sozialdemokraten) am 30. April 1934 beschlossenen Ermächtigungsgesetzes. Dem Bundespräsidenten wurden – meist nur auf Vorschlag der Bundesregierung – weitreichende Notverordnungsrechte zugestanden.

3. Der Weg vom Rechtsstaat zum Unrechtsstaat

Die Grundrechte standen unter Gesetzesvorbehalt: Art. 16 garantierte die Gleichheit der Bundesbürger vor dem Gesetz. Eine Ungleichbehandlung war nur durch sachliche Gründe gerechtfertigt, und die Gleichheit der Frauen war unter Gesetzesvorbehalt geregelt. Die Bestimmungen der ständischen Verfassung wurden nur teilweise umgesetzt. Diese diente eher als Camouflage für eine Kanzlerdiktatur.

Die Regierungszeit von 1933 bis 1938 bis zum „Anschluss" an Deutschland (12./13. März 1938) wird häufig als **Austrofaschismus** bezeichnet.

> **Austrofaschismus**
> Die Bezeichnung „Austrofaschismus" wird als Abgrenzung zum italienischen Faschismus verwendet. Allerdings ist es wissenschaftlich strittig, wie faschistisch Österreich gewesen ist, weshalb man für diese Epoche auch Begriffe wie autoritärer Staat, autoritäres Regime oder Imitationsfaschismus verwendet. Der Begriff wurde auch zeitgenössisch benutzt, so z.B. von Heimwehrführer Ernst Rüdiger von Starhemberg (1899–1956).

Die Regierungszeit von Engelbert Dollfuß endete mit dessen Ermordung am 25. Juli 1934 im Zuge eines nationalsozialistischen Putschversuches, einem Höhenpunkt nationalsozialistischen Terrors. Ihm folgte Kurt von Schuschnigg (1897–1977) als letzter Kanzler der Ersten Republik. Er musste etwa im Juli-Abkommen 1936 Zugeständnisse gegenüber Hitler machen, indem Österreich sich dazu bekannte, ein deutscher Staat zu sein und deutschnationale Kreise in die politische Willensbildung einzubeziehen. Zwei Jahre später lud Hitler Schuschnigg am 12. Februar 1938 zu sich auf den Obersalzberg, wo Schuschnigg unter starkem Druck das Berchtesgadener Abkommen unterzeichnen musste. Wenngleich Hitler Österreichs Unabhängigkeit formell bestätigte, hatte Schuschnigg beträchtliche Eingeständnisse zu machen: So musste er den Nationalsozialisten Arthur Seyß-Inquart (1892–1946) als Innenminister einsetzen, was einer Anerkennung der bis dato in Österreich verbotenen NSDAP gleichkam. Schuschnigg versuchte mittels einer Volksbefragung für den 13. März 1938, die österreichische Bevölkerung zu einem Massenbekenntnis für ein freies und unabhängiges Österreich zu mobilisieren, doch forderte Hitler am selben Tag den Rücktritt von Schuschnigg zugunsten von Seyß-Inquart. Gleichzeitig ordnete Hitler die militärische Invasion von Österreich an. In der Nacht vom 11. auf den 12. März 1938 marschierten deutsche Truppen in Österreich ein, Seyß-Inquart wurde als Kanzler der neuen NS-Regierung eingesetzt. Mit dem von dessen Bundesregierung auf der Grundlage des Ermächtigungsgesetzes 1934 erlassenen Bundesverfassungsgesetz vom 13. März 1938 (BGBl. 75) über die „Wiedervereinigung Österreichs mit dem Deutschen Reich" wurde Österreich zu einem „Land des Deutschen Reichs". Mittels Volksabstimmung vom 10. April 1938 wurde die „Wiedervereinigung" bestätigt.

Auch in Polen erfolgte der Übergang von der Republik zur Diktatur: Die 1921 erlassene Verfassung wurde – nachdem Pilsudski durch einen Putsch im Mai 1926 bereits (wieder) an die meist über Gefolgsmänner ausgeübte Macht gekommen war – durch jene aus dem Jahr 1935 ersetzt. Dadurch etablierte man eine Präsidialmacht, die der wenige Tage nach der Beschluss-

---

Austrofaschismus

Etappen zum Anschluss Österreichs an das Deutsche Reich

Die polnische Diktatur fand ihre Manifestation in der Verfassung von 1935

VI. Die Verfassungsentwicklung während der Zwischenkriegszeit

fassung verstorbene Józef Piłsudski verkörperte: „An der Spitze des Staates steht der Staatspräsident (Presydent Rzeczypospolitej). (…) In seiner Person ist die einheitliche und unteilbare Staatsgewalt zusammengefasst" (Art. 2). Art. 3 bestimmte, dass „alle Staatsorgane unter seiner Oberhoheit stehen". Laut Art. 13 standen dem Staatspräsidenten sogenannte Prärogativen (prerogatywy) zu, wie etwa die Nachfolgeregelung des Staatspräsidenten, die Ernennung und Abberufung des Ministerpräsidenten oder Auflösung des *Sejm*. Der Staatspräsident war in der Ausübung seines Amtes nicht verantwortlich, es bestand keine Gegenzeichnungspflicht durch die Minister, und er besaß das Recht, Dekrete zu erlassen. Grundrechte wurden nicht mehr explizit angeführt, Art. 6 bestimmte etwa: „Die Bürger schulden dem Staate Treue sowie gewissenhafte Erfüllung der durch ihn auferlegten Pflichten" und Art. 8: „Die Arbeit ist die Grundlage für die Entwicklung und Macht des Staatswesens." Polen war unter Führung von Piłsudski zu einem autoritären Staat geworden, das Amt des Staatspräsidenten – bis zu Beginn des Zweiten Weltkrieges ausgeübt vom Gefolgsmann Ignacy Mościcki (1867–1946) – zeichnete sich durch eine überragende Machtfülle aus.

Die Errichtung von Diktaturen in den baltischen Staaten

Auch in den baltischen Staaten kam es zur Errichtung von Diktaturen. In Estland verkündete Staatspräsident Konstantin Päts (1874–1956) im März 1934 den Ausnahmezustand, im Oktober desselben Jahres löste man verfassungswidrig das Parlament auf, und im darauffolgenden März kam es zum Verbot von politischen Parteien. Eine auf der Basis eines Referendums einberufene Nationalversammlung arbeitete einen neuen Verfassungsentwurf aus, der am 17. August 1935 als Grundgesetz der Republik Estland proklamiert wurde. Sie wurde mit der Besatzung der Roten Armee 1940 wirkungslos.

In Lettland löste 1934 Ministerpräsident Kārlis Ulmanis (1877–1942) das Parlament auf, ohne die Verfassung zu ändern oder aufzuheben. Der Ministerpräsident vereinigte in seiner Person durch einfaches Gesetz legislative und exekutive Befugnisse mit dem Amt des Staatspräsidenten.

Im Dezember 1926 kamen in Litauen Augustinas Voldemaras (1883–1942) und Antanas Smetona (1874–1944) infolge eines Militärputsches an die Macht. Präsident Smetona ließ alle anderen Parteien verbieten und proklamierte eine neue Verfassung. Dabei handelte es sich um die Verfassung vom 15. Mai 1928. Aus der Präambel geht bereits der neue „Geist" der Verfassung hervor: „Der Präsident der Republik hat im Einverständnis mit dem gesamten Ministerkabinett (…) das am 15. Mai 1928 dem Militärfeiertag, zu einer feierlichen Sitzung zusammengetreten war, um mit Dank der durch die Nation der Litauer, und insbesondere seiner besten Söhne, die mit den Waffen die Unabhängigkeit Litauens geschützt haben und dauernd auf seiner Wache stehen, im Laufe von zehn Jahren vollbrachten Leistungen zu gedenken, beschlossen, die folgende Verfassung des Litauischen Staates zu verkünden." Ebenso wie die Verfassung von 1928 ein Oktroi darstellt, gilt dies für die Verfassung vom 11. Februar 1938. Ihr wurde u. a. ein neuer „Abschnitt V. Familie und Mutterschaft" eingefügt: „Die stabile Familie ist die Grundlage der staatlichen Stärke. Der Staat achtet, sichert und wahrt die Familie. Große Familien werden besonders gewahrt" (Art. 34).

Die Mutterschaft wird geehrt, gesichert und gewahrt. Mit dem Wahren der Mutterschaft, des Kindes und des Jugendlichen trachtet der Staat, dass

3. Der Weg vom Rechtsstaat zum Unrechtsstaat

die heranwachsende Generation körperlich gesund und festen Glaubens sein möge" (Art. 35).

Ein gewichtiger Grund für die Errichtung der autoritären Regime lag in den baltischen Staaten in der hohen Anzahl an Parlamentsparteien und dem damit einhergehenden Meinungspluralismus, was zur Destabilisierung der (jungen) Demokratien führte. Ein weiterer Grund war die schwierige wirtschaftliche Situation.

In Albanien vollzog sich die Umwandlung der Republik in eine Monarchie am 1. Dezember 1928 durch Erlass einer neuen Verfassung, das Grundstatut des Albanischen Königreiches. Die Präambel verkündete: „Die freie und stolze albanische Nation, voll Hoffnung auf Glück in der Zukunft, mit dem unerschütterlichen und lebendigen Wunsch nach ewiger Festigung seiner nationalen Einheit und nach der Sicherung der friedlichen Entwicklung des Vaterlandes und des allgemeinen Wohls des Volkes, im Respekt für die historischen Traditionen der Nation, die der kommenden Generation ohne Zweifel verdiente Erfolge garantieren, beschließt und erlässt in der zweiten Verfassungsgebenden Versammlung am 1. Dezember 1928 folgendes Statut." Albanien wurde „ein demokratisches, parlamentarisches und erbliches Königreich (Royaume)" (Art. 1). Das Zweikammersystem wurde aufgelöst und eine einzige Kammer geschaffen. Gemeinsam mit dem König stellte sie die Legislative dar. Dass es sich tatsächlich um eine Militärdiktatur handelt, wird aus Titel V ersichtlich: Die Kräfte der nationalen Verteidigung, die Nationale Armee und die Gendarmerie, werden hier explizit angeführt. Beide stehen unter dem uneingeschränkten Befehl der vollziehenden Gewalt. Art. 72 bestimmt, dass der König unverletzlich ist und nicht verantwortlich. Seine Minister hingegen sind in der Ausübung ihres Amtes der Deputiertenkammer gegenüber verantwortlich. Mittels Art. 96 steht dem albanischen König auch das Recht zu, Notverordnungen zu erlassen.

Am 1. Dezember 1928 wurde die Republik Albanien eine Militärdiktatur im Gewande einer Monarchie

Auf der Iberischen Halbinsel etablierte sich die Diktatur als Staatsform in den dreißiger Jahren. So errichtete General Miguel Primo de Rivera (1870–1930) in Spanien eine Militärdiktatur. Sie fand jedoch keinen Rückhalt in der Bevölkerung, weshalb 1930 der Sturz dieser Diktatur folgte. Der Versuch, die Monarchie wieder zu errichten, scheiterte. Nachdem König Alfons XIII. (1886–1941) das Land verlassen hatte, riefen tags darauf am 14. April 1931 die Republikaner und Sozialisten die Zweite Republik aus. Diese „demokratische Republik von Arbeitern aller Klassen" (Art. 1) erhielt bereits am 9. Dezember 1931 eine Verfassung. Aus Furcht vor einer Diktatur stattete man den Präsidenten und die Regierung mit geringen Machtbefugnissen zugunsten des Parlaments aus. Dies und auch der antiklerikale Charakter der Verfassung führte in der Bevölkerung zu Unmut und schließlich zum Scheitern der Republik. Ein weiterer wesentlicher Grund für das Scheitern der Republik und der lange währenden Instabilität der spanischen Innenpolitik lag in der schlechten wirtschaftlichen und sozialen Lage. Die Folge waren Streiks, Aufstände, Regierungsrücktritte und Regierungsumbildungen bis zum Ausbruch des mit allen Grausamkeiten geführten Spanischen Bürgerkrieges im Jahr 1936, der 1939 mit dem Sieg der Militärs endete.

General Franco

Seit 1. Oktober 1936 sollte ein Mann für Jahrzehnte alle Staatsgewalten in

133

VI. Die Verfassungsentwicklung während der Zwischenkriegszeit

seiner Hand vereinen: Francisco Franco (1892–1975) wurde an diesem Tag feierlich in sein Amt eingesetzt. Ihm waren zuvor mit Dekret vom 29. September 1936 von den aufständischen Militärs alle Gewalten übertragen worden, unter Bruch mit der republikanischen Staatsordnung. Franco wurde gleichzeitig Oberbefehlshaber, Generalísmo der Land-, Luft- und Streitmächte. Die Spanier erblickten in Generalísmo Franco den geeigneten Mann für den Aufbau des neuen Staates. Wenngleich im Dekret lediglich vom Regierungschef die Rede war, standen Franco keine rechtlichen Hindernisse im Weg, sich als Staatschef zu bezeichnen – was er auch tat. Franco galt als unumschränkter Herrscher, seine Legitimation leitete der tiefgläubige Katholik von Gott und der Kirche sowie vom Volk ab.

Francos Macht schrieb das Gesetz vom 30. Januar 1938 bzw. vom 8. August 1939 fest. Es bestimmte, dass dem „Staatschef" die höchste Rechtssetzungsinstanz zukam. Dieses Gesetz wurde sogar als Grundnorm des Franquismus bezeichnet, zumal dadurch Franco zu jeder gesetzlichen Regelung ermächtigt wurde. Im August 1939 wurde es durch ein weiteres Gesetz dahingehend erweitert, dass Franco hinsichtlich der Gesetzgebung nun nicht mehr an den Ministerrat gebunden war. Einzige Bedingung dafür blieb, dass es sich um eine dringliche Angelegenheit handelte und Franco verpflichtete, den Ministerrat darüber Bericht zu erstatten. Dieses Gesetz fügt sich in die lange Reihe der Ermächtigungsgesetze bzw. Notverordnungen der europäischen Zwischenkriegszeit.

Einzelne Grundgesetze dienen als Basis für den „neuen Staat"

Den Aufbau des neuen Staates begleitete eine Reihe von Gesetzen, die Verfassungsrecht im materiellen Sinne darstellten: Unter Franco sollte Spanien über kein einheitliches Verfassungsdokument verfügen. Insgesamt sieben über Jahrzehnte erlassene einzelne Grundgesetze bildeten die staatsrechtliche Grundlage, die auf eine Vorlage eines Verfassungsentwurfes von Miguel Primo de Rivera beruhte. Bis zum Ausbruch des Zweiten Weltkrieges wurde lediglich das Grundgesetz der Arbeit vom 9. März 1938 (*Fuero del Trabajo,* FT) erlassen. Dies geschah zu jenem Zeitpunkt des Bürgerkrieges, als die Aufständischen in Aragonien eine Offensive einleiteten und unmittelbar zuvor ihre erste offizielle Regierung einsetzten. Außergewöhnlich war nicht nur der Zeitpunkt der Erlassung dieses Grundgesetzes, sondern auch sein Inhalt: Neben grundlegenden sozialen und wirtschaftlichen Prinzipien des Regimes und allgemeinen Grundsätzen der Organisation der Arbeitswelt führte es auch Grundrechte an. Die weiteren Gesetze folgten während oder nach dem Zweiten Weltkrieg.

Franco rechtfertigte den Erlass von einzelnen Grundgesetzen anstelle einer zentralen Verfassungsurkunde damit, langsam und schrittweise eine staatliche Ordnung aufbauen und gleichzeitig Raum für die Weiterentwicklung des Systems in der Zukunft schaffen zu wollen. Ein wesentlicher Grund dürfte aber im Verständnis des Begriffes „Verfassung" seitens der neuen Diktaturen zu finden sein: Diese legten sich im Streben nach internationaler Akzeptanz einen schmückenden Mantel einer Verfassung zu. Franco war Staats- und Regierungschef, Gesetzgeber und Oberbefehlshaber aller Streitkräfte in einer Person; das Prinzip der Gewaltentrennung fehlte. Bis zu seinem Tod 1975 regierte Franco als unumschränkter Führer und Diktator in Spanien, wobei er sich vor allem auf das Militär stützte.

Ähnlich wie in Spanien verlief die Entwicklung in Portugal. Politische In-

3. Der Weg vom Rechtsstaat zum Unrechtsstaat

stabilität und die damit einhergehenden sozialen und wirtschaftlichen Probleme führten zu Aufständen und schließlich zu einem Militärputsch. Infolgedessen wurde die republikanische Verfassung aus dem Jahr 1911 durch eine neue Verfassung im Jahr 1926 ersetzt. Damit setzte auch in Portugal eine nationalistische Diktatur ein. 1928 ließ sich General António Óscar de Fragoso Carmona (1869–1951) ohne Gegenkandidat zum Präsidenten wählen und ernannte António de Oliveira Salazar (1889–1970) zu seinem Finanzminister mit – auf rasche Staatsentschuldung gerichteten – unumschränkten Vollmachten (auch Finanzdiktatur genannt). Dieser wurde 1932 Ministerpräsident des *Estado Novo* und führte Portugal bis ins Jahr 1968. Salazar erließ am 11. April 1933 die Politische Verfassung der Portugiesischen Republik. Der Präsident vereinte Rechte in seinen Händen, dessen Befugnisse, ähnlich dem polnischen Staatspräsidenten, in der Verfassung wie Prärogative aufgezählt werden.

Mit der Verfassung von 1926 erfolgte die Etablierung einer Diktatur in Portugal

So wie etwa in den Verfassungen des SHS-Staates, der baltischen Staaten oder Polen stand auch in Portugal die Familie unter dem Schutz des Staates, dies ist auch ein wesentliches Merkmal diktatorischer Verfassungen. Die Diktatur in Portugal wurde erst 1974 im Zuge der Nelkenrevolution aufgelöst.

Die Verfassungsentwicklung in Frankreich hatte mit den drei Staatsgrundgesetzen von 1875, womit die III. Republik gegründet wurde, ihren vorläufigen Abschluss gefunden. Die III. Republik wurde erst nach der Niederlage gegen Nazideutschland am 4. Juni 1940 aufgelöst. Danach war das Land in den besetzten Nordteil und den unbesetzten Südteil mit dem Regierungssitz in Vichy geteilt. Die Auflösung der III. Republik erfolgte mittels *Loi constitutionelle*, eine Art Ermächtigungsgesetz vom 10. Juni 1940. Einen Tag später wurde Marschall Philippe Pétain (1856–1951) *Chef de l'État français* mit voller exekutiver und legislativer Gewalt. Das sogenannte Vichy-Regime währte bis 1944. Am 5. September bildete Charles de Gaulle (1890–1970) eine Regierung, der auch die Aufgabe zukam, eine Verfassung auszuarbeiten. Am 27. Oktober 1946 wurde diese Verfassung der IV. Republik in Kraft gesetzt, die bis 1958 von Dauer sein sollte.

Errichtung des Vichy-Regimes unter Marshall Pétain

Bis zum Ausbruch des Zweiten Weltkrieges behielten Dänemark, Schweden und Norwegen ihre Verfassungen, die teilweise im 19. Jahrhundert entstanden waren. Dies gilt großteils auch für die Niederlande, wo das Grundgesetz aus dem Jahr 1814 am 9. Dezember 1922 und am 11. Februar 1938 revidiert wurde. In Bulgarien wurde die Verfassung von 1911 erst infolge der Besetzung durch die Rote Armee im Herbst 1944 aufgehoben. Die Verfassung von Griechenland, 1864 erlassen, wodurch der Übergang von der konstitutionellen Monarchie zur sogenannten Kronmonarchie unter einem „König der Griechen" vollzogen wurde, erfuhr eine Revision in den Jahren 1911. Hierin wurde bestimmt, dass alle Gewalt vom Volk ausgehe und die Legislative von König und Parlament ausgeübt werde. Der König trug keine Verantwortung. Am 25. März 1924 wurde mittels Referendum die Republik ausgerufen. Der von der Nationalversammlung ausgearbeitete Verfassungsentwurf von 1925 wurde in stark revidierter Form als Verfassung vom 29. September 1925 verkündet. Erst am 22. September 1926 erfolgte die Verlautbarung des Entwurfes von 1924 in der ursprünglichen Version als Verfassung.

Schweden, Norwegen und Dänemark bleiben Demokratien

135

VI. Die Verfassungsentwicklung während der Zwischenkriegszeit

Griechische Verfassung, 1925
Aus: Gosewinkel/Masing, Verfassungen in Europa, 1080

Art. 1 Der griechische Staat ist eine Republik. Alle Gewalten gehen vom Volke aus, bestehen zu seinem Wohl und werden nach den Bestimmungen der Verfassung ausgeübt.
Art. 2 Die Legislative wird vom Parlament und dem Senat ausgeübt.
Art. 3 Die Exekutive wird vom Präsidenten der Republik durch die zuständigen Minister ausgeübt.
Art. 4 Die Judikative wird von unabhängigen Gerichten ausgeübt, die nur den Gesetzen unterworfen sind. Die Gerichtsentscheidungen werden im Namen der griechischen Republik erlassen und vollstreckt.

Es ist augenscheinlich, dass dies auch die erste Verfassung Griechenlands ist, die nicht bereits im ersten Titel Bestimmungen über die Religion beinhaltete. Dieser wird erst wieder mit der Verfassung vom 2. Juni 1927 ein eigener Platz zugewiesen. Da Griechenland eine Republik wurde, musste die Königsfamilie das Land verlassen, die Anhänger der Monarchie erreichten jedoch 1935 die Rückkehr von König Georg II. (1890–1947) aus dem englischen Exil. Die Nationalversammlung ersetzte die Verfassung von 1927 beinahe vollständig durch die Verfassung von 1911. Dies geschah mittels Verfassungsgebendem Akt vom 28. Oktober 1935. Die tatsächliche Macht lag jedoch in den Händen des diktatorisch regierenden Ministerpräsidenten Ioannis Metaxas (1871–1941). Durch einen Staatsstreich setzte er Parlament und Verfassung außer Funktion. Die italienisch-deutsch-bulgarische Besetzung von Griechenland im Jahr 1941 beendete vorerst die weitere griechische Verfassungsentwicklung.

Griechenland wird Militärdiktatur

VII. Zusammenfassung

Verfassungen stellen im Sinne von Niklas Luhmann ein Produkt der Verschmelzung aus Politik und Recht dar. Erste Ansätze dieser Verschmelzung findet man im Verhältnis zwischen Krone und Untertanen in England bereits im 17. Jahrhundert. Im Zuge der Glorreichen Revolution im Jahr 1688 erlangte das Parlament gegenüber der Krone eine gleichberechtigte Position. In Kontinentaleuropa änderte sich das Beziehungsgeflecht zwischen „absolutem" Herrscher und untergebenen Ständen erst durch den Umweg über den US-amerikanischen Unabhängigkeitskrieg, der 1775 ausbrach. Erstmals fand in der „neuen Welt" aufklärerisches Gedankengut der Europäer Montesquieu oder Rousseau seine Verwirklichung. Dies führte schließlich zur Verabschiedung der ersten Verfassung auf der Welt im modernen Sinne: Amerika, du hast es besser! – Europa, du musst aber warten!

Europa leitete erst über die Revolution, die 1789 in Paris ausbrach, im Soge des amerikanischen Unabhängigkeitskrieges den Konstitutionalisierungsprozess ein. Stand dort die Staaten- und Staatsbildung im Vordergrund, so ging es in Europa vornehmlich darum, sich der unumschränkten Macht des Königs zu entledigen und das politische System grundlegend zu ändern – der französische Staat gebar eine französische Nation, die ihre Rechte zunächst in der *Déclaration des Droits de l'Homme et du Citoyen* niederschrieb. Nach amerikanischem Vorbild schritt man am 3. September 1791 zur Verabschiedung der ersten modernen Verfassung auf europäischem Boden, sieht man von der polnischen Verfassung, die vier Monate zuvor erlassen wurde, ab. Die Vorgänge in Frankreich sollten für Kontinentaleuropa nicht nur aus verfassungsrechtlicher Sicht nachhaltige Wirkung erzeugen. Es zeichnete sich ab, dass Verfassungen eher durch revolutionäre Akte zustande kamen, wenn auch manche später evolutionär entstehen sollten! Fest stand auch, dass Verfassungen nicht nur die konstitutionelle Monarchie als Staatsform begründen konnten, sondern auch einen republikanischen Staat.

Frankreich war der Ausgangspunkt für den Konstitutionalisierungsprozess, der sich bald wellenhaft über Kontinentaleuropa ergießen sollte. Frankreich kam dabei die Rolle eines Laboratoriums zu, in dem mit Verfassungen und Staatsformen experimentiert wurde. Die Souveränität des Herrschers wurde zur Souveränität des Volkes transformiert, mündete in die Ausrufung der ersten Republik, aber schon bald darauf im *Terreur*-Regime der Jakobiner. Die folgende Direktorialverfassung war derart vorsichtig formuliert, dass ein Regieren auf ihrer Basis unmöglich wurde. Auf die Republik folgte die Errichtung des Ersten Kaiserreichs unter Napoleon. Spätestens seit dem Senatsbeschluss aus dem Jahr 1802 hatte Napoleon den Konstitutionalismus für sich persönlich instrumentalisiert und diesen ad absurdum geführt – die verfassungsähnlichen Senatsbeschlüsse führten zum Scheinkonstitutionalismus. Die Verfassungen um 1814 bedeuteten einen Rückschlag, nicht zuletzt da das monarchische Prinzip zuungunsten der Volkssouveränität wiederum gestärkt wurde.

Die Verfassungsexperimente trachteten auch danach, ein Austarieren der Macht der Volksvertretungen in den Formen des Dreikammer-, Zweikam-

> Verfassungen sind das Produkt der Verschmelzung von Politik und Recht

> Frankreich als Motor des Konstitutionalisierungsprozesses in Europa

VII. Zusammenfassung

mer- oder eines Einkammersystems zu erreichen. Experimente bezüglich des Menschenrechtskataloges stellte man an, indem man diesen einfach nicht als Teil einer Verfassung oder bereits in anderen Rechtsbereichen (z. B. im Privatrecht) geregelt sah.

Den Gedanken des „formellen" Verfassungsstaates exportierte Napoleon in die von ihm beherrschten Territorien, allerdings setzte er dort Familienmitglieder als – von ihm abhängige, nach innen hin faktisch absolutistische – Staatsoberhäupter ein. Diese mussten legitimiert werden, wofür die jeweilige Verfassung zu dienen hatte; schließlich und endlich waren die Bonapartes Usurpatoren und keine Herrscher aus traditionellen Herrscherfamilien. Ihre Herrschaft leitete sich nicht von Gott ab, weshalb es der Legitimation durch das moderne Instrument „Verfassung" bedurfte. Napoleon legte sogar selbst Hand an, um etwa der Schweiz (Helvetische Republik) eine den Schweizerbürgern „gemäße" Verfassung zu geben.

Zäsuren der Verfassungsrechtsentwicklung

Wesentliche Zäsuren in der Verfassungsrechtsentwicklung des 19. Jahrhunderts stellten die Jahre 1814/15 (Wiener Kongress), 1830 („Zwischenrevolutionen"), 1848 (Revolutionen) sowie 1878 (Berliner Kongress) für die europäischen Staaten dar.

Zunächst ging es in der frühkonstitutionellen Phase darum, mittels Verfassung eine innere Struktur des Staates zu schaffen und dadurch die Hegemonie des Herrschers zu festigen, ihn aber auch mittels Verfassung zu binden. Seit der US-Verfassung und der französischen Verfassung wird diese vom Verfassungskonvent oder von der konstituierenden Nationalversammlung erlassen. Der Präsident bzw. König muss einen feierlichen Eid auf die Verfassung ablegen, wodurch er an diese gebunden wird. Verfassungen wurden „modern", es lag nun durchaus auch im Sinne des Monarchen, von sich aus eine Verfassung zu erlassen, sie zu oktroyieren. Wenngleich die Gewaltenteilung einen wesentlichen Bestandteil der Verfassungen ausmacht und der Herrscher durch diese in seiner Machtausübung eingeschränkt wird, kennzeichnen frühkonstitutionelle Verfassungen eine relative Machtkonzentration zugunsten der Exekutive. Grundrechte, als Abwehrkräfte der einzelnen Individuen begriffen, boten dahingehend einen gewissen Schutz der „Bürger" gegenüber der Exekutive, dem Monarchen.

Wiener Kongress bewirkte eine Restaurationsphase

Der Wiener Kongress, die 100-Tage-Herrschaft Napoleons und die Wiedererrichtung eines bourbonischen Königtums in Frankreich im Jahr 1814/1815 leiteten die Epoche der Restauration und die nächste Welle des Konstitutionalisierungsprozesses ein. Der Gedanke einer Balance zwischen Monarch und dem politisch immer einflussreicher werdenden Bürgertum war angedacht, es bedurfte lediglich eines Funken. Der Funke brach 1830 in Form einer Revolution in Paris aus und bedeutete eine Wende in der Verfassungsfrage. Erneut zeigte sich die Korrelation zwischen Politik und Recht – etwa in Belgien. Dieses löste sich revolutionär aus dem artifiziellen Wiener-Kongress-Konstrukt „Vereinigtes Königreich der Niederlande" und konstituierte sich als ein selbständiges Königreich Belgien durch Verabschiedung einer liberalen Verfassung. Die belgische Verfassung ersetzte ob ihrer Ausgewogenheit künftig die französische *Charte constitutionelle* aus dem Jahr 1814 hinsichtlich deren Vorbildwirkung.

Erst das Jahr 1848 bewirkte den endgültigen Schub für das gesamte Kontinentaleuropa: Die Staaten des Deutschen Bundes, inklusive des Kaisertums

Zusammenfassung

Österreich, konnten nicht länger dem europaweiten Konstitutionalisierungsprozess standhalten. 1848 führte in den Ländern des Deutschen Bundes zur Thematisierung der Verfassungsfrage und darüber hinaus zum Versuch, eine Verfassung für ein Deutsches Reich, für ein Gesamtdeutschland zu schaffen, das es zu diesem Zeitpunkt ja noch gar nicht gab. Die – mit Zustimmung der Monarchen – gewählte Deutsche Nationalversammlung, die in der Frankfurter Paulskirche zusammentrat, arbeitete erstmals eine Reichsverfassung aus, erlitt damit aber vorerst Schiffbruch. Zu sehr haftete dieser Verfassung das Odium des Revolutionären an – der preußische König wollte die ihm angebotene Kaiserwürde eben auch aus diesem Grunde nicht annehmen. In Österreich erließ man die Pillersdorfsche Verfassung ebenfalls nur halbherzig – hier sollte sich die Entwicklung zur konstitutionellen Monarchie bis ins Jahr 1867 ziehen, einschließlich einer Restaurationsphase, die man als neoabsolutistische Epoche (1849–1866) bezeichnet.

1848 als endgültiger Schub für Kontinentaleuropa

1848 wirkte aber weiter – in Italien wurde das *Statuto Albertino* für das Königreich Sardinien-Piemont erlassen. Dieses sollte schließlich die Verfassung des mit Hilfe Napoleons III. errichteten Königreiches Italien im Jahr 1861 werden. Mittlerweile vollzog sich in Frankreich eine Wende von der Republik zum Zweiten Kaiserreich. Napoleon III. kopierte mit anfänglichem Erfolg seinen Onkel Napoleon und rief 1852 das Zweite Kaiserreich aus.

Wie erwähnt, bildete die Existenz eines Staates die Voraussetzung für eine Verfassung. So verwundert es nicht, dass in der Zeit ab 1848 Staatsgründungen den Konstitutionalisierungsprozess stark beeinflussten. Etwa – wie eben gezeigt – in Italien, 1866 in Rumänien, 1871 im deutschen Kaiserreich, 1879 in Bulgarien. Sie alle erhielten nun eine Verfassung, in der die staatliche Souveränität auf nationalistischer Basis festgesetzt wurde.

Die Staatsgründungen gingen oftmals aus Befreiungskämpfen hervor, entfacht durch den Nationalismus, der im Zuge der napoleonischen Herrschaft entstanden war, wie etwa in Spanien. Ersten Widerstand gegen die osmanische Herrschaft entwickelten die Griechen im 1821 begonnenen Befreiungskampfes. Das nationale Selbstbewusstsein – und damit eng verknüpft – der Territorialanspruch sowie eine staatliche Souveränität wurden einige Monate nach Beginn des Unabhängigkeitskrieges in der Verkündigung einer Verfassung ausgedrückt. Obschon Griechenland aus diesem Krieg im Jahr 1830 als souveräner Staat hervorgegangen war, mussten die Griechen bis 1843 warten, um eine Verfassung zu bekommen. 1848 fand in Griechenland so gesehen schon im Jahr 1843 statt. Die Konstitutionalisierungswelle bewegte sich nun auf Südosteuropa zu, Rumänien und Bulgarien entstanden und erließen Verfassungen nach belgischem Vorbild. Die Verfassung erhielt eine weitere Dimension, sie wurde als nationales Integrationsmittel gesehen. Darüber hinaus kam ihr nun die Bedeutung der Identifikation für jene Staaten zu, „modern" und „europäisch" zu sein. Verfassung bedeutete auch Abgrenzung zum veralteten, absolutistischen Osmanischen Reich, zum Orient.

Verfassungen als Ausdruck territorialen Selbstbewusstseins neugegründeter Staaten

Nicht in allen Staaten Europas verlief der Konstitutionalisierungsprozess linear: Verfassungen waren oftmals das Spiegelbild der sozialen und wirtschaftlichen (In-)Stabilität von Staaten; Regierungsneubildungen bedeuteten nicht selten auch den Erlass neuer Verfassungen oder den Rückgriff auf ehemalige Verfassungen. So etwa in Spanien und Portugal. Die nordischen Staaten verfügten hingegen über eine gewisse verfassungsrechtliche Stabilität.

VII. Zusammenfassung

Demokratisierungstendenzen am Ende des 19. Jahrhunderts

Im letzten Drittel des 19. Jahrhunderts galten die meisten europäischen Staaten verfassungsrechtlich als saturiert. Allmählich begann sich eine Verfassungs- und Verwaltungsgerichtsbarkeit zu entwickeln, und es zeigten sich Tendenzen zur Demokratisierung: Diese manifestierten sich etwa in der Ausweitung der Parlamentsvertretung und des Wahlrechts, aber auch in einer – vollständigen oder doch verstärkten – Trennung von Staat und (katholischer) Kirche, wo nicht nationales (protestantisches oder orthodoxes) Staatskirchentum herrschte! Das Grundrecht des Vereins- und Versammlungsrechts begünstigte die Entstehung politischer Parteien gegen Ende des 19. Jahrhunderts. Somit schien der Weg in einen demokratischen Verfassungsstaat am Vorabend des Ersten Weltkrieges geebnet. Dessen Ausgang veränderte die politische Staatenwelt Europas: Neue Staaten entstanden auf dem Boden ehemaliger Großreiche: Estland, Lettland, Litauen und Finnland auf dem Boden des Zarenreiches, Ungarn und die Tschechoslowakei auf ehemals österreichisch-ungarischem Boden oder Polen auf den Territorien des ehemaligen Deutschen, Russischen und Österreichischen (Kaiser-)Reiches. Als Kaiser Wilhelm II. am 9. November 1918 ins Exil ging, bedeutete dies gleichzeitig das Ende der konstitutionellen Monarchie als dominante Staatsform in Mitteleuropa. 1918 entstanden überwiegend, meist demokratisch orientierte, Republiken.

Die nach dem Ende des Ersten Weltkrieges neugegründeten Staaten waren republikanisch und demokratisch

Alle neuentstandenen Staaten verfügten über republikanische, demokratische Verfassungen. Diese Verfassungen stellten eine Kompilation von Verfassungselementen der amerikanischen, belgischen und französischen Charte dar. Großteils beinhalteten nun alle Verfassungen den Grundsatz der Gleichheit aller vor dem Gesetz, unabhängig vom Stand, der „Rasse" (Nationalität) und des Geschlechts. Frauenwahlrecht, Schutz der Familie und Ehe bildeten fixe Bestandteile der meisten Verfassungen, die nach 1918 erlassen wurden.

Prozess der Demontage des Verfassungsstaates

Doch wurden sehr bald Mängel in den Verfassungen und den politischen Systemen sichtbar: Das Ende des Ersten Weltkrieges leitete nicht nur die Phase des europäischen Staatensystems von Versailles ein, sondern bewirkte die angesprochene Neustrukturierung der europäischen Verfassungswelt. Wenngleich Wilson dafür plädierte, in Europa die konstitutionellen Monarchien in Demokratien umzuwandeln, fand dieses Plädoyer nicht vollends Umsetzung. Konstitutionelle Monarchien blieben bestehen, viele Republiken entstanden und als neues Staatensystem Räterepubliken – das Gegenmodell der Sowjetunion zur westlichen Demokratie. Mit diesen linksgerichteten Diktaturen, denen bald rechtsgerichtete folgen sollten, war ein Prozess angebrochen, der zur Demontage der Demokratie führen sollte. Schließlich brachte er dann den Verfassungsstaat, dessen Aufbau seit 1791 in Europa kontinuierlich erfolgte, zu Fall. Dieser Transformationsprozess vom Rechtsstaat zum Unrechtsstaat vollzog sich schrittweise durch Abbau des Parlamentarismus, d.h. durch Entdemokratisierung, etwa durch Beseitigung des Parteienpluralismus und verordnete Einheitsparteienherrschaft. Grundrechte wurden unterlaufen, suspendiert und verworfen, nicht selten auf Basis (ehemals) konstitutioneller Verfassungsermächtigungen. Verfassungen wurden inhaltlich, materiellrechtlich obsolet, regiert wurde mittels außerordentlicher Gesetzgebung, den sogenannten Notverordnungen oder Ermächtigungsgesetzen. Das waren Instrumente, die – als gesetzgeberische Ausnahmen – bereits in den Verfassungen des 19. Jahrhunderts verankert waren.

Zusammenfassung

VII.

Europa war 1918 in revisionistische Staaten (etwa Deutschland, Österreich, Ungarn, Italien) und nichtrevisionistische Staaten zergliedert, die sogenannten Friedensverträge wurden als Schandfriede, Diktatfriede oder verstümmelter Friede angesehen. Diese politische, aber auch die wirtschaftliche Lage nach dem Krieg begünstigte den Aufstieg des Duce und des Führers, die ihre Ideologien als einziges Abwehrinstrument gegenüber der bolschewistischen Sowjetunion begriffen und vermeinten, damit der kommunistischen Weltrevolution eine Phalanx entgegensetzen zu müssen. So verließen sie allmählich den rechtsstaatlichen Weg, zunächst jedoch unter exzessiver Auslegung formell bestehen bleibender Verfassungsbestimmungen. Gemeint ist hier vor allem das Notverordnungsrecht etwa in Art. 48 Weimarer Reichsverfassung oder Art. 18 österreichische Bundesverfassung. Der Duce ließ sich die königliche Prärogative Wahlen auszuschreiben übertragen, um so die Parlamentsmehrheit für die faschistische Partei zu erhalten. Die Aushöhlung des Rechtsstaates fand also über den Weg der außerordentlichen Gesetzgebung statt, die Transformation des Rechtsstaates hin zu einem Unrechtsstaat hatte eingesetzt. Im Jahr 1940 bestanden in den 28 europäischen Staaten nur mehr fünf Demokratien. Die Zwischenkriegszeit war somit eine Zeit der Spannungen extremer Weltanschauungs- und Parteiengegensätze und letztendlich auch ein Laboratorium verschiedenster Staatsformen. Die Krise des von vielen Seiten skeptisch betrachteten Parlamentarismus führte direkt in die Diktaturen.

System von Versailles begünstigte den Aufstieg des autoritären und totalitären Staates

Der Ausbruch des Zweiten Weltkrieges am 1. September 1939 bedeutete das vorläufige Ende des europäischen Konstitutionalisierungsprozesses. Erst nach dem Ende des Zweiten Weltkrieges konnte schließlich der Gedanke des Verfassungsstaates wieder erwachen. Allerdings in einem Europa, das seit 1948 durch den *iron curtain* in Ost- und Westeuropa geteilt war, was für die ostmitteleuropäischen Staaten letztlich Verfassungen mit Einparteienherrschaft nach sowjetischem Vorbild zur Folge hatte. Viele Staaten erhielten ihren territorialen *Status quo ante* wieder, manche Staaten mussten aber um die Anerkennung ihrer vollständigen Souveränität kämpfen, wie etwa Österreich, das diese erst 1955 durch den Staatsvertrag erlangte. Deutschland entwickelte sich aus der Bizone (englische und amerikanische Besatzungszonen) bzw. Trizone (Erweiterung der englischen und amerikanischen Besatzungszone um die französische) zur Bundesrepublik Deutschland mit dem Bonner Grundgesetz vom 8./23. Mai 1949 als Verfassung. Im Oktober desselben Jahres erfolgte am 7. Oktober in der sowjetischen Besatzungszone die Gründung der Deutschen Demokratischen Republik, der DDR, als Volksrepublik marxistisch-stalinistischer Prägung. Erst nach dem Zusammenbruch des kommunistischen Systems im Ostblock (1989) konnte durch den Zwei-plus-Vier-Vertrag 1990 die staatliche Einheit Deutschlands wieder hergestellt werden. Art. 23 des Bonner Grundgesetzes war somit obsolet geworden, das Grundgesetz wurde als gemeinsame Verfassung aller – der alten und neuen – Bundesländer Deutschlands anerkannt.

Kriegsausbruch am 1. September 1939 beendete den Konstitutionalisierungsprozess, der 1791 begann

Der Siegeszug der Demokratie, wie Woodrow Wilson sich es für die Zeit nach dem Ende des Ersten Weltkrieges vorgestellt hatte, setzte also erst nach 1945 ein. Die letzten Diktaturen, Relikte der Zwischenkriegszeit, fielen in Portugal 1974 sowie in Spanien und Griechenland 1975.

Der Siegeszug der Demokratie begann mit dem Ende des Zweiten Weltkrieges

Die demokratischen Staaten Westeuropas unternahmen die ersten Schritte

141

VII. Zusammenfassung

zu einer staatsübergreifenden, gemeinsamen europäischen (Wirtschafts-) Entwicklung, mit durchaus jeweils verfassungsrelevanten, Souveränitätsrechte abtretenden neuen supranationalen (überstaatlichen) Strukturen, etwa der Montanunion oder der Europäischen Wirtschaftsgemeinschaft. Der Verfall der letzten Diktaturen und der von demokratischen Bewegungen getragene Zusammenbruch der kommunistischen Staaten ermöglichten letztlich den Aufbau und die Ausweitung der Europäischen Union mit einer eigenen, nach wie vor fortschreitenden „Verfassungsentwicklung" *sui generis*.

Auswahlbibliographie

Quellen

ADAMS, Angela / ADAMS, Willi (Hg.): Die Entstehung der Vereinigten Staaten von Amerika und ihre Verfassung. Dokumente 1754–1791, Münster 1995

Allgemeines Landrecht für die Preußischen Staaten von 1794, mit einer Einführung von Hans Hattenhauer, Frankfurt/Main 1970

ARISTOTELES: Politik, eingeleitet, übersetzt und kommentiert von Olof Gideon, Zürich 1955

BRAND, Jürgen / HATTENHAUER, Hans (Hg.): Der Europäische Rechtsstaat. 200 Zeugnisse seiner Geschichte, Heidelberg 1994

BRAUNEDER, Wilhelm: Quellebuch zur österreichschen Verfassungsge-schichte, Wien 2012

BRUCH, Rüdiger vom / HOFMEISTER Björn (Hg.), Kaiserreich und Erster Weltkrieg 1871–1918, Stuttgart 2010 (Deutsche Geschichte in Quellen und Darstellung 8)

DENNEWITZ, Bodo (Hg.): Die Verfassungen der modernen Staaten. Eine Dokumentensammlung, 1. Band 1947, 2. Band 1948

DEMEL, Walter / PUSCHNER, Uwe (Hg.): Von der Französischen Revolution bis zum Wiener Kongress 1789–1815, Stuttgart 2008 (Deutsche Geschichte in Quellen und Darstellung 6)

DIPPEL, Horst (Hg.) Constitutions of the world 1850 to the present/Verfassungen der Welt 1850 bis Gegenwart, 7 Bände München 2002–1004 (Microfiche Edition)

ENGELHARD, Georg Heinrich (Hg.): Die Verfassungen der Vereinigten Staaten Nordamerikas. Erster Theil, Unabhängigkeits-Erklärung, Bundesvertrag, Verfassung der Vereinigten Staaten, Maine, Massachusetts, New-Hampshire, Vermont, Rhode-Island, Connecticut, Neu-York, Neu-Jersey, Pennsylvanien, Delaware, Maryland, Frankfurt/Main 1834

ERBE, Michael (Hg.): Vom Konsulat zum Empire liberal. Ausgewählte Texte zur französischen Verfassungsgeschichte 1799–1870, Darmstadt 1985

FRANZ, Günther: Staatsverfassungen. Eine Sammlung wichtiger Verfassungen der Vergangenheit und Gegenwart in Urtext und Übersetzung, München 1964, 2. Auflage

GOSEWINKEL, Dieter / MASING, Johannes (Hg.): Die Verfassungen von Europa 1789–1949: Wissenschaftliche Textedition unter Einschluss sämtlicher Änderungen und Ergänzungen sowie mit Dokumenten aus der englischen und amerikanischen Verfassungsgeschichte, München 2006

GÜNTHER, Franz (Hg.): Staatsverfassungen. Eine Sammlung wichtiger Verfassungen der Vergangenheit und Gegenwart in Urtext und Übersetzung, 2. Auflage, München 1975

HARTWIG, Wolfgang / HINTZE, Helmut: Vom Deutschen Bund zum Kaiserreich 1815–1871, Stuttgart 2011 (Deutsche Geschichte in Quellen und Darstellung 7)

HOKE, Rudolf, REITER, Ilse (Hg.): Quellensammlung zur österreichischen und deutschen Rechtsgeschichte, Wien 1993

HUBER, Ernst Rudolf, Dokumente zur deutschen Verfassungsgeschichte, 5 Bände, Berlin-Köln 1978–1997, 3. Auflage

HÜRTEN, Heinz (Hg.): Weimarer Republik und Drittes Reich 1918–1945, Stuttgart 2012 (Deutsche Geschichte in Quellen und Darstellung 9)

DIPPEL, Horst (Hg.): Constitutions of the World from the late 18th Century to the Middle of the 19th Century. Verfassung der Welt vom späten 18. Jahrhundert bis zur Mitte des 19. Jahrhunderts, 11 Bände, München 2008

KÖLZ, Alfred (Hg.): Quellenbuch zur Neueren Schweizerischen Verfas-sungsgeschichte. Vom Ende der Alten Eidgenossenschaft bis 1848, Bern 1992

KOTULLA, Michael (Hg.): Deutsches Verfassungsrecht 1806–1918. Eine Dokumentensammlung nebst Einführungen, 3 Bände, Heidelberg 2005–1010

MAJER, Dietmut: Frauen – Revolution – Recht. Die grossen Europäischen Revolutionen in Frankreich, Deutschland und Österreich 1789 bis 1918 und die Rechtsstellung der Frauen. Unter Einbezug von England, Russland, der USA und der Schweiz, Zürich/St. Gallen 2008

MAJER, Diemut / HUNZIGER, Margarete: Verfassungsstrukturen, Freiheits- und Gleichheitsrechte in Europa seit 1789. Eine Sammlung ausgewählter Verfassungstexte, Karlsruhe 2009

MAYER-TASCH, Peter Cornelius: Die Verfassungen der nicht-kommunistischen Staaten Europas, München 1975

POSENER, Paul: Die Staatsverfassungen des Erdballs, Charlottenburg 1905

PÖLITZ, Karl Heinrich Ludwig: Die europäischen Verfassungen seit dem Jahre 1789 bis auf die neueste Zeit mit geschichtlichen Erläuterungen und Einleitungen. Die Verfassungen Polens, der freien Stadt Cracau, der Königreiche Galizien und Lodomerien, Schwedens, Norwegens, der Schweiz und

Griechenland enthaltend, 4 Bände, Olms 1999, 2. Auflage

REITER, Ilse / CIEGER, András / VOGT, Paul: Verfassungsdokumente Öster-reichs, Ungarns und Liechtensteins 1791–1849, 2 Bände, München 2005 (= Verfassungen der Welt vom späten 18. Jahrhundert bis Mitte des 19. Jahrhunderts, Quellen zur Herausbildung des modernen Konstitutionalismus)

SCHRÖDER, Hannelore: Die Frau ist frei geboren. Texte zur Frauenemanzipation Band I: 1789–1870, München 1979

SCHULZE, Hagen / PAUL, Ina Ulrike (Hg.): Europäische Geschichte. Quellen und Materialien, München 1994

Einführung/Überblicksdarstellungen/ Bibliografien/Lexika

BAUER, Hartmut / HUBER, Peter / SOMMERMANN, Karl-Peter (Hg.): Demokratie in Europa, Tübingen 2005

BAUERKÄMPER, Arnd: Der Faschismus in Europa 1918–1945, Stuttgart 2006

BEYME, Klaus von: Die parlamentarischen Regierungssysteme in Europa, München 1970

BÖCKENFÖRDE, Ernst-Wolfgang: Geschichtliche Entwicklung und Bedeutungswandel der Verfassung, in: BUSCHMANN, Arno (Hg.): Festschrift für Rudolf Gmür zum 70. Geburtstag, Bielefeld 1983, S. 7–11

BOLDT, Hans: Probleme des verfassungsgeschichtlichen Vergleichs: Das Beispiel Italiens und Deutschlands im 19. Jahrhundert, in: MAZZACANE, Aldo / SCHULZE Reiner (Hg.): Die deutsche und talienische Rechtskultur im „Zeitalter der Vergleichung", Berlin 1995 (Schriften zur Europäische Rechts- und Verfassungsgeschichte 15), S. 63–75

BORGSTEDT, Angela: Das Zeitalter der Aufklärung, Darmstadt 2004

BRAUNEDER, Wilhelm: England als Vorbild in der österreichischen Verfassungsentwicklung des 19. Jahrhunderts, in: Staat – Souveränität – Verfassung, Berlin 2000 (Schriften zum öffentlichen Recht), S. 511–526

BRAUNEDER, Wilhelm (Hg.): Grundlagen transatlantischer Rechtsbeziehungen im 18. und 19. Jahrhundert, Frankfurt/Main 1991 (Rechts- und Sozialwissenschaftliche Reihe 1)

BROMME, Traugott: Die Verfassungen der Vereinigten Staaten von Nord-Amerika, der Freistaaten Pennsylvania und Texas, der Königreiche Belgien und Norwegen, die Bundesverfassung der Schweiz und die englische Staatsverfassung. Zur Beantwortung der Frage: Ob Republik, ob konstitutionelle Monarchie? Stuttgart 1848

BRORSEN, Werner: Die Verfassungen der Erde in deutscher Sprache nach dem jeweiligen neuesten Stande, 2 Bände, Tübingen 1950/1951

DAUM, Werner (Hg.) unter Mitwirkung von BRANDT, Peter / KIRSCH, Martin / SCHLEGELMILCH, Arthur (Hg.): Handbuch der europäischen Verfassungsgeschichte im 19. Jahrhundert. Institutionen und Rechtspraxis im gesellschaftlichen Wandel, 1. Bd.: Um 1800, Bonn 2006

DAUM, Werner (Hg.) unter Mitwirkung von BRANDT, Peter / KIRSCH, Martin / SCHLEGELMILCH, Arthur (Hg.): Handbuch der europäischen Verfassungsgeschichte im 19. Jahrhundert. Institutionen und Rechtspraxis im gesellschaftlichen Wandel, 2. Band: 1815–1847, Bonn 2012

DEMEL, Walter / THAMER Hans-Ulrich (Hg.): WBG Weltgeschichte, Eine globale Geschichte von den Anfängen bis ins 21. Jahrhundert. Band V: Entstehung der Moderne 1700 bis 1914, Darmstadt 2010

DOEHRING, Karl: Allgemeine Staatslehre. Eine systematische Darstellung, Heidelberg 2004, 3. Auflage

DUCHHARDT, Heinz: Europa am Vorabend der Moderne 1650–1800 (Handbuch der Geschichte Europas 6), Stuttgart 2003

EICHLER, Hermann: Verfassungsbewegungen in Amerika und Europa. Frankfurt/Main 1985 (Rechtshistorische Reihe 41)

ERLER, Adalbert Erler / KAUFMANN, Ekkehard / WERK-MÜLLER, Dieter (Hg.): Handwörterbuch zur deutschen Rechtsgeschichte (HRG), V. Band, Berlin 1998

FENSKE, Hans: Der moderne Verfassungsstaat. Eine vergleichende Geschichte von der Entstehung bis zum 20. Jahrhundert, Paderborn 2001

FENSKE, Hans: Staatsformen im Zeitalter der Revolutionen, in: GALLUS, Andreas / ECKHARD, Jesse (Hg.): Staatsformen von der Antike bis zur Gegenwart, Köln / Weimar / Wien 2007, 2. Auflage, S. 153–185

FROTSCHER, Werner: Regierung als Rechtsbegriff. Verfassungsrechtliche u. staatstheoretische Grundlagen unter Berücksichtigung der englischen und französischen Verfassungsentwicklung, Berlin 1975

GALLUS, Andreas / JESSE, Eckhard (Hg.): Staatsformen von der Antike bis zur Gegenwart, Köln / Weimar / Wien 2007, 2. Auflage

GEHLER, Michael / VIETTA, Silvio (Hg.): Europa – Europäisierung – Europäistik. Neue wissenschaftliche Ansätze, Methoden und Inhalte, Wien 2010 (Institut für Geschichte der Universität Hildesheim. Arbeitskreis für Europäische Integration Historische Forschungen Veröffentlichungen 7).

HATTENHAUER, Hans: Europäische Rechtsgeschichte, Heidelberg 2004, 4. Auflage

Auswahlbibliographie

HOBSBAWM, Eric: Das Zeitalter der Extreme. Weltgeschichte des 20. Jahrhunderts, München 1995

HÖSCH, Edgar / NEHRING, Karl / SUNDHAUSSEN, Holm (Hg.): Lexikon zur Geschichte Südosteuropas, Stuttgart 2004

JELLINEK, Georg: Allgemeine Staatslehre, Bad Homburg 1966, 3. Auflage.

KIRSCH, Martin: Monarch und Parlament im 19. Jahrhundert. Der monarchische Konstitutionalismus als europäischer Verfassungstyp – Frankreich im Vergleich, Göttingen 1999

KLEY, Andreas: Verfassungsgeschichte der Neuzeit. Großbritannien, die USA, Frankreich, Deutschland und die Schweiz, Bern 2008, 2. Auflage

KÖBLER, Gerhard: Zielwörterbuch europäischer Rechtsgeschichte, Gießen 2007, 4. Auflage

LEPSIUS, Oliver: Gab es ein Staatsrecht des Nationalsozialismus? in: ZNR 26, 2004, S. 102–116

LIEDTKE, Rainer: Geschichte Europas. Von 1815 bis zur Gegenwart, Paderborn 2010

LUHMANN, Niklas: Verfassung als evolutionäre Errungenschaft, in: Rechtshistorisches Journal 9, 1990, S. 176–120

MÖLLER, Horst: Europa zwischen den Weltkriegen, München 1998 (Oldenbourg Grundriss der Geschichte 21)

MOHNHAUPT, Heinz / GRIMM, Dieter: Verfassung. Zur Geschichte des Begriffs von der Antike bis zur Gegenwart (Schriften zur Verfassungsgeschichte 47), Berlin 1995

OLECHOWSKI Thomas: Rechtsgeschichte. Materialien und Übersichten, Wien 2009, 5. Auflage

OLECHOWSKI, Thomas / GAMAUF, Richard (Hg.): Rechtsgeschichte Römisches Recht. Studienwörterbuch, Wien 2010, 2. Auflage.

PFAHL-TRAUGHBER, Armin: Staatsformen im 20. Jahrhundert I: Diktatori-sche Systeme, in: GALLUS, Andreas / JESSE, Eckhard (Hg.): Staatsformen von der Antike bis zur Gegenwart, Köln / Weimar / Wien 2007, 2. Auflage, S. 223–180

REINHARD, Wolfgang: Geschichte der Staatsgewalt. Eine vergleichende Verfassungsgeschichte Europas von den Anfängen bis zur Gegenwart, München 1999

REINHARD, Wolfgang: Geschichte des modernen Staates, München 2007

RÜCKERT, Joachim: Zeitgeschichte des Rechts. Aufgaben und Leistungen zwischen Geschichte, Rechtswissenschaft, Sozialwissenschaften und Soziologie, in: ZRG, 115, 1998, S. 1–85

SCHLOTTMANN, Rudolf: Die Verfassungen Englands, Nordamerikas, Frankreichs, der Schweiz, Deutschlands in objektiver Darstellung, deutscher Verfassungstexten und ausländischer Kritik, Berlin 1931

SCHLÜCHTER, Anita: Recht und Moral. Argumente und Debatten „zur Verteidigung des Rechts" an der Wende vom 19. zum 20. Jahrhundert in Russland, Zürich 2008 (Basler Studien zur Kulturgeschichte Osteuropas 15)

SCHMALE Wolfgang, Europäische Geschichte als historische Disziplin. Überlegungen zu einer „Europäistik", in: Zeitschrift für Geschichtswissenschaft 46 (1998), S. 389–105.

SCHMIECHEN-ACKERMANN, Detlef, Diktaturen im Vergleich, Darmstadt 2006, 2. Auflage

SCHMOECKEL, Mathias: Auf der Suche nach der verlorenen Ordnung. 2000 Jahre Recht in Europa. Ein Überblick, Köln 2005

SCHULZE, Reiner: Europäische Rechts- und Verfassungsgeschichte. Ergebnisse und Perspektiven der Forschung, Berlin 1991 (Schriften zur Europäischen Rechts- und Verfassungsgeschichte 3)

SEIF, Ulrike: Der mißverstandene Montesquieu: Gewaltenbalance, nicht Gewaltentrennung, in: ZNR 22, 2000, S. 149–166

STAMMEN, Theo / RIESCHER, Gisela / HOFMANN, Wilhelm (Hg.): Haupt-werke der politischen Theorie, Stuttgart 1997

STOLLEIS, Michael, Juristen. Ein biographisches Lexikon. Von der Antike bis zum 20. Jahrhundert, München 1995

THAMER, Hans-Ulrich (Hg.), WBG Weltgeschichte. Eine globale Geschichte von den Anfängen bis ins 21. Jahrhundert, Band VI: Globalisierung 1880 bis heute, Darmstadt 2010

UNRUH, Georg-Christoph von: Der Staat. Betrachtungen über Grundlagen und Grenzen der hoheitlichen Gewalt, Wien 1985

VOIGT, Rüdiger / WEIß Ulrich (Hg.): Handbuch Staatsdenker, Stuttgart 2010

VORLÄNDER, Hans: Die Verfassung. Idee und Geschichte, München 1999

WEBER, Albrecht: Europäische Verfassungsvergleichung, München 2010

WEIS, Eberhard: Der Durchbruch des Bürgertums 1776–1847. Propyläen Geschichte Europas, Band 4, Frankfurt/Main 1982

WESEL, Uwe: Geschichte des Rechts in Europa. Von den Griechen bis zum Vertrag von Lissabon, München 2010

WIESER, Bernd, Vergleichendes Verfassungsrecht, Wien 2005

WILLOWEIT, Dietmar / SEIF Ulrike: Europäische Verfassungsgeschichte, München 2003

ZIEGLER, Karl-Heinz: Völkerrechtsgeschichte, München 1994

ZURCHER, Arnold: Verfassungen nach dem Zweiten Weltkrieg, Meisenheim/Glan 1956

Auswahlbibliographie

Einzelne Länder und Staaten

Balkanstaaten

HÖSCH Edgar: Geschichte der Balkanländer. Von der Frühzeit bis zur Gegenwart, München 1999
JELAVICH, Barbara: History of the Balkans, 2 Bände, Cambridge 1983
KRUSE, Hugo: Die Verfassung des Königreichs Serbien vom 6. April 1901, Berlin 1902
KÜPPER, Herbert: Die ungarische Verfassung nach zwei Jahrzehnten des Übergangs, Frankfurt/Main 2007 (Studien des Instituts für Ostrecht München, Band 56)
STIH, Peter / SIMONITI, Vasko / VODOPIVEC, Peter: Slowenische Geschichte. Gesellschaft – Politik – Kultur, Graz 2008

Baltische Staaten

CSEKEY, István: Die Verfassungsentwicklung Estlands 1918–1928, in: Das öffentliche Recht der Gegenwart, Tübingen 1928, Band 16.

Beneluxstaaten

ERBE, Michael: Belgien, Niederlande, Luxemburg. Geschichte des nieder-ländischen Raumes, Stuttgart 1993
GILISSEN, John: Die belgische Verfassung von 1831 – ihr Ursprung und ihr Einfluß. In: CONZE, Werner (Hg.): Beiträge zur deutschen und belgischen Verfassungsgeschichte im 19. Jahrhundert, Stuttgart 1967, S. 38–69
KOLL, Johannes (Hg.): Belgien. Geschichte, Politik, Kultur, Wirtschaft. Münster 2007
LEFEBVRE, Edwige: The Belgian Constitution of 1831: The Citizen Burgher, Bremen 1997
SAP, John W.: The Netherlands Constitution, 1848–1998. Historical Reflections, Nijmegen 2000

Deutscher Bund, Deutsches Reich, Weimarer Republik

ANGELOW, Jürgen: Der Deutsche Bund, Darmstadt 2003
BOLDT, Hans; Deutsche Verfassungsgeschichte. Politische Strukturen und ihr Wandel, Band 2: Von 1806 bis zur Gegenwart, München 1990
GUSY, Christoph: Die Weimarer Reichsverfassung, Tübingen 1997
GUSY, Christoph: Vom Deutschen Reich zur Weimarer Republik, in: JZ 15/16, 1999, S. 158–173
HATTENHAUER, Hans: Die geistesgeschichtlichen Grundlagen des deutschen Rechts, Heidelberg 1983
HILDEBRANDT, Horst (Hg): Die deutschen Verfassungen des 19. und 20. Jahrhunderts, Paderborn 1992, 14. Auflage
HUBER, Ernst Rudolf, Deutsche Verfassungsgeschichte seit 1789, 8 Bände, Stuttgart 1957–1991
KLEBEL, Ernst: Probleme der bayrischen Verfassungsgeschichte, München 1957 (Schriftenreihe zur bayrischen Landesgeschichte 57)
KOTULLA, Michael: Deutsche Verfassungsgeschichte. Vom Alten Reich bis Weimar (1495–1934), Berlin 2008
ZIPPELIUS, Reinhold: Kleine deutsche Verfassungsgeschichte. Vom frühen Mittelalter bis zur Gegenwart, München 1996, 3. Auflage

Frankreich

AULARD, Alphonse: Politische Geschichte der Französischen Revolution. Entstehung und Entwicklung der Demokratie und der Republik 1789–1804, 2 Bände, München/Leipzig 1924
HARTMANN, Peter Claus: Französische Verfassungsgeschichte der Neuzeit (1450–1002). Ein Überblick, Berlin 2003, 2. Auflage
KAISER, Simon: Französische Verfassungsgeschichte von 1789–1852 in ihrer historischen Aufeinanderfolge und systematischen Entwicklung, Leipzig 1852
KIRSCH, Martin: Monarch und Parlament im 19. Jahrhundert. Der monarchische Konstitutionalismus als europäischer Verfassungstyp – Frankreich im Vergleich, Göttingen 1999
KUHN Axel: Die Französische Revolution, Stuttgart 1999
THAMER, Ulrich: Die Französische Revolution, München 2004

Großbritannien, Irland

KEIR, David Lindsay: The Constitutional History of Modern Britain since 1484, London 1968, 9. Auflage
KLUXEN, Kurt: Englische Verfassungsgeschichte. Von den Anfängen bis zur Gegenwart, Darmstadt 1987
KLUXEN, Kurt: Geschichte Englands, Stuttgart 1991, 4. Auflage
KLUXEN, Kurt (Hg.), Parlamentarismus, Königstein 1980, 5. Auflage
LEPSIUS, Oliver: Die Begründung der Verfassungsrechtsgeschichte in Großbritannien durch A.C. Dicey, in; ZNR 29, 2007, S. 47–59
ELVERT, Jürgen: Geschichte Irlands, München 2003, 4. Auflage
ITTON, Frank (Hrsg.): The constitution of Ireland

1937–1987 Dublin 1987 (Institute of Public Administration, (Administration; Vol. 35, No. 4. Special issue)

NOETZEL, Thomas, Geschichte Irlands. Vom Erstarken der englischen Herrschaft bis heute, Darmstadt 2003

Italien

DAUM, Werner / SOFIA, Francesca: Italien, in: BRANDT, Peter / KIRSCH, Martin / SCHLEGELMILCH, Arthur (Hg.): Handbuch der europäischen Verfassungsgeschichte im 19. Jahrhundert. Institutionen und Rechtspraxis im gesellschaftlichen Wandel, 2. Band: 1815–1847, Bonn 2012, S. 341–132

FEIL, Karin: Die Einigung Italiens und des Statuto Albertino. Ein Beitrag zur österreichisch-italienischen Verfassungsgeschichte, Dipl. Arbeit, Graz 2004

SCHIDOR, Dieter: Entwicklung und Bedeutung des Statuto Albertino in der italienischen Verfassungsgeschichte, iur. Diss. Univ. Mainz 1997

SINGER, Kerstin: Konstitutionalismus auf Italiensch. Italiens politische und soziale Führungsschichten und die oktroyierten Verfassungen von 1848, Tübingen 2008

SPÄTH, Jens: Revolutionen in Europa 1820–13. Verfassung und Verfassungskultur in den Königreichen Spanien, beider Sizilien und Sardinien-Piemont, Köln 2012

Österreich

BALTL, Hermann / KOCHER, Gernot: Österreichische Rechtsgeschichte Graz 1995

BERCHTOLD, Klaus: Verfassungsentwicklung seit 1945, in: 75 Jahre Bundesverfassung, Wien 1995, S. 139–166

BERCHTOLD, Klaus: Verfassungsgeschichte der Republik Österreich 1918–1933, Wien 1998

BRAUNEDER, Wilhelm: Österreichische Verfassungsgeschichte, Wien 2009, 11. Auflage

BRAUNEDER, Wilhelm: Staatsgründungen 1918 (Rechts- und Sozialwissenschaftliche Reihe 24), Frankfurt/Main 1999

BRAUNEDER, Wilhelm: Verfassungsentwicklung 1848–1918, in: 75 Jahre Bundesverfassung, Wien 1995, S. 19–52

BUSCH, Jürgen / EHS Tamara: Nachwort: Europa als Rechtsgemeinschaft, in; EHS, Tamara (Hg.): Hans Kelsen und die Europäische Union, Baden-Baden 2008, S. 95–114

ERMACORA, Felix: Österreichische Verfassungslehre. Grundriß eines Studienbuches, Wien 1980 (Studienreihe zum öffentlichen Recht und zu den politischen. Wissenschaften Band 5)

LEHNER, Oskar: Österreichische Verfassungs- und Verwaltungsgeschichte mit Grundzügen der Wirtschafts- und Sozialgeschichte, Linz 2007, 4. Auflage

MALACKA, Michal: Selected aspects of Austrian constitutional justice, in: Contemporary Administrative Law Studies, 2007/2, S. 134–159

NESCHWARA, Christian: Verfassungsentwicklung 1920–1938, in: 75 Jahre Bundesverfassung, Wien 1995, S. 109–138

SCHEFBECK, Günther: Verfassungsentwicklung 1918–1920, in: 75 Jahre Bundesverfassung, Wien 1995, S. 53–107

Polen

GRODZISKI, Stanislaw: Die Verfassung vom 3. Mai 1971 – das erste polnische Grundgesetz, in: Politik und Zeitgeschichte 30/31, 1987, S. 40–16

UNRUH, Georg-Christoph von: Die polnische Konstitution vom 3. Mai 1791 im Rahmen der Verfassungsentwicklung der europäischen Staaten, in: Der Staat, 13, Berlin 1974, S. 185–108

THOMSEN, Martina: Polen, in: BRANDT, Peter / KIRSCH, Martin / SCHLEELMILCH, Arthur (Hg.): Handbuch der europäischen Verfassungsgeschichte im 19. Jahrhundert. Institutionen und Rechtspraxis im gesellschaftlichen Wandel, 2. Band: 1815–1847, Bonn 2012, S. 663–718

Russland/Sowjetunion

ANDREEVA, Andrea: Russlands langer Weg in den Rechtsstaat. Verfassung und Gesetzgebung (Forschung Politikwissenschaft 166), Opladen 2002

FINCKE, Martin: Handbuch der Sowjetverfassung, Band 1, Berlin 1983

HAUMANN, Heiko: Geschichte Russlands, München 1996

HILDERMEIER, Manfred: Die Sowjetunion 1917–1991, München 2007 (Oldenbourg Grundriss der Geschichte 31), 2. Auflage

HILDEMEIER, Manfred: Russische Revolution, Frankfurt/Main 2004

HÖSCH, Edgar: Geschichte Russlands. Vom Kiever Reich bis zum Zerfall des Sowjetimperiums, Stuttgart 1996

PIPES, Richard: Russland vor der Revolution. Staat und Gesellschaft im Zarenreich, München 1977

SCHEIBERT, Peter (Hg.), Die russischen politischen Parteien von 1905 bis 1917. Ein Dokumentationsband, Darmstadt 1972

SCHULTZ, Lothar: Russische Rechtsgeschichte, Lahr 1951

Auswahlbibliographie

Spanien, Portugal

BERNECKER, Walther L.: Der Spanische Bürgerkrieg. Materialien und Quellen, Frankfurt/Main 1986

BERNECKER, Walther L. / PIETSCHMANN, Horst: Geschichte Spaniens. Von der frühen Neuzeit bis zur Gegenwart, Stuttgart etc. 1993

BERNECKER, Walther L.: Spanien-Handbuch. Geschichte und Gegenwart, Stuttgart 2006

HERMENS, Ferdinand / KÖPPINGER, Peter-Hugo: Von der Diktatur zur Demokratie: Das Beispiel Spaniens und Portugals (Verfassung und Verfassungswirklichkeit, The Living Constitution, Band 10), Berlin 1976

HESPANHA, António Manuel: Portugal, in: BRANDT, Peter / KIRSCH, Martin / SCHLEGELMILCH, Arthur (Hg.): Handbuch der europäischen Verfassungsgeschichte im 19. Jahrhundert. Institutionen und Rechtspraxis im gesellschaftlichen Wandel, 2. Band: 1815–1847, Bonn 2012, S. 1433–1480

MARTIN, Claude, Franco. Eine Biographie, Graz 1995

SCHLEIFER, Wolfgang: Die Verfassungsentwicklung Spaniens unter Franco von 1936 bis 1975, Graz 2006

SPÄTH, Jens: Revolutionen in Europa 1820–13. Verfassung und Verfassungskultur in den Königreichen Spanien, beider Sizilien und Sardinien-Piemont, Köln 2012

Skandinavische Staaten

ERICH, Rafael: Die Verfassungsentwicklung in Finnland bis Ende 1931, in: Jahrbuch des öffentlichen Rechts der Gegenwart, Tübingen 1932, Band 20

FINDEISEN, Jörg-Peter: Dänemark, Regensburg 1999

FINDEISEN, Jörg-Peter: Schweden, Regensburg 1997

HERLITZ, Nils: Grundzüge der schwedischen Verfassungsgeschichte, Rostock 1939

KIRBY, David: A Concise History of Finland, Cambridge 2008, 3. Auflage

NESEMANN, Frank: Ein Staat, kein Gouvernement. Die Entstehung und Entwicklung der Autonomie Finnlands im russischen Zarenreich, 1808–1826, Frankfurt/Main 2003

Schweiz

HEUSLER, Andreas: Schweizerische Verfassungsgeschichte, Basel 1968

KÖLZ, Alfred: Neuere schweizerische Verfassungsgeschichte. Ihre Grundlinien in Bund und Kantonen seit 1848, Bern 2004

SCHWEIZER, Paul: Geschichte der Schweizerischen Neutralität, Frauenfeld 1895

SENN, Marcel: Rechtsgeschichte – ein kulturhistorischer Grundriss, Zürich 2007, 4. Auflage

STADLER, Peter: Epochen der Schweizergeschichte, Zürich 2003

Vereinigte Staaten von Amerika

ADAMS, Angela / ADAMS, Willi Paul (Hg.): Die Amerikanische Revolution und die Verfassung 1754–1791, München 1987

ADAMS, Willi Paul: Die USA vor 1900, München 2000

ADAMS, Willi Paul (Hg.): Die Vereinigten Staaten von Amerika, Frankfurt/Main 1977.

ADAMS, Willi Paul: Republikanische Verfassung und bürgerliche Freiheit. Die Verfassungen und politischen Ideen der amerikanischen Revolution, Darmstadt 1973 (Politica. Abhandlungen und Texte zur politischen Wissenschaft 37)

SAUTTER Udo: Geschichte der Vereinigten Staaten von Amerika, Stuttgart 1994, 5. Auflage

Personenregister

Adams Abigail Smith 37
Adams John 26, 37
Alexander I., Zar, 49, 51, 115, 116
Alexander II., Zar 92
Alfons XII., König von Spanien 90
Alfons XIII., König von Spanien 133
Amadeus I., König von Spanien 90
Andreas II. von Ungarn 7
Aristoteles 6, 13
Auber Daniel-François-Esprit 67

Barras, Vicomte Paul-Francois de 41
Battenberg Alexander, Fürst von Rumänien 92
Bernadotte Jean Baptiste, König von Schweden 49
Bismarck Otto von 84, 85, 86, 92, 96
Blackstone William 38
Bodin Jean E. 12, 18, 33
Brandl Franz 110
Brüning Heinrich 128
Burke Edmund 26

Carlos, Karl von Spanien 89
Christian August von Augustenburg, König von Schweden 48
Clemenceau Georg 99
Coke Edward 8
Condorcet Marie Jean Antoine Marquis 39
Cromwell Oliver 17

Dahlmann Friedrich Christoph 69
De Gaulle Charles 135
De Gouges Olympe 36
De Mac-Mahon Patrice 83, 84
De Rivera Miguel Primo 91, 122, 133, 134
De Talleyrand Charles-Maurice 33
De la Fayette Marquis 32, 33
Del Castillo Antonio Cánovas 90
Descartes René 18
Dollfuß Engelbert 122, 130, 131
Du Motier Marie-Josephe 32

Ebert Friedrich 2, 106, 107
Ernst August 69
Erzherzog Johann 75
Espartero Baldomero 71, 90
Ewald Heinrich 69

Ferdinand, Kaiser von Österreich 61, 77, 92
Ferdinand I. von Sachsen-Coburg 92
Ferdinand II., König beider Sizilien 78

Ferdinand VII., König von Spanien 46, 47, 63, 70, 89
Fragoso Carmona António Óscar, de 135
Franco Francisco 134
Franklin Benjamin 25
Franz I., Kaiser von Österreich 19, 44, 51, 60, 61
Franz Joseph, Kaiser von Österreich 75, 87
Franz II., Kaiser des Heiligen Römischen Reiches deutscher Nation 43, 44
Friedrich II., König von Preußen 17
Friedrich August von Sachsen 39
Friedrich Karl von Hessen 117, 119
Friedrich Wilhelm III., König von Preußen 51

Gentz Friedrich 59
Georg I., König von Griechenland 72
Georg II., König von Griechenland 136
Georg III., König von England 26
George V., König von England 120
Gervinius Georg Gottfried 69
Goethe Johann Wolfgang von 32
Grimm Jacob 69
Grimm Wilhelm 69
Grotius Hugo 12, 13, 16
Gustav III., König von Schweden 47, 48
Gustav IV. Adolf, König von Schweden 48

Hamilton Alexander 27, 28
Hardenberg Karl August, Freiherr von 59
Hegel Georg Friedrich Wilhelm 11, 37
Hindenburg Paul von 121, 128, 129
Hitler Adolf 121, 122, 126, 127, 128, 129, 131
Hobbes Thomas 13
Hobsbawm Eric 122
Hohenzollern-Sigmaringen Leopold 57, 90, 91
Horthy Miklós 113, 122

Isabella II., Königin von Spanien 71, 89, 90

Jakob II., König von England 17
Jefferson Thomas 26
Jellinek Georg 3, 9, 10, 11
João VI., König von Brasilien und Portugal 63, 64
Joseph I., Kaiser des Heiligen Römischen Reiches deutscher Nation 88
Joseph I. Bonaparte 46
Joseph II., Kaiser des Heiligen Römischen Reiches deutscher Nation 17

Kaarle Fredrik 117

Personenregister

Kant Immanuel 17
Kapodistrias Ioannis 63
Karl Albert, König von Sardinien 78
Karl Ludwig von Haller 51
Karl, Kaiser von Österreich 97, 109, 110, 111
Karl I., König von England 17, 39
Karl/Karol I., Fürst, König von Rumänien 91
Karl II., König von England 17
Karl II., Herzog von Braunschweig 68
Karl VI., Kaiser des Heiligen Römischen Reiches deutscher Nation 88
Karl X., König von Frankreich 66
Karl XIII., König von Schweden 48
Karl XIV. Johann, König von Schweden 49
Károlyi Mihály 113
Katharina die Große von Russland 17, 38
Kelsen Hans 112
Kerenskij Aleksandr 103
Kotzebue August von 58
Kun Béla 113

Lenin (Uljanow Wladimir Iljitsch) 103, 104, 105, 123, 103
Leopold I. von Toskana 16
Liebknecht Karl 97, 106
Locke John 13, 14, 18, 22
Loris-Melikow Michail Tarielowitsch 92
Louis Bonaparte, König der Batavischen Republik 45
Louis-Napoléon Bonaparte 74
Louis-Philippe, König von Frankreich 66, 73
Ludwig I., König von Bayern 63, 77
Ludwig XVI., König von Frankreich 24, 32, 39, 50
Ludwig XVIII., König von Frankreich 50, 55, 66
Luxemburg Rosa 106
Lykurg 6

Madison James 8, 25, 28
Mannerheim Freiherr Carl Gustav Emil 117, 118
Maria I., Königin von Portugal 64
Maria II., Königin von Portugal 64, 70
Maria Cristina, Königin von Spanien 63, 70, 71
Maria Theresia, Erzherzogin von Österreich, Königin von Ungarn und Böhmen 17, 19
Marie Antoinette 36
Marx Karl 105
Masaryk Tomáš 115
Mason George 27
Matteotti Giacomo 127
Méndez José Canalejas 91
Metaxas Ioannis 136
Metternich, Klemens Wenzel Lothar Fürst von 59, 61, 77
Miguel, Prinz von Spanien 64, 70
Mindaugas II., König von Litauen 119
Montesquieu 14, 15, 18, 22, 28, 29, 37, 38, 137

Mościcki Ignacy 132
Mounier Jean-Joseph 33
Müller Adam 51
Mussolini Benito 100, 121, 122, 123, 126, 127, 129

Napoleon Bonaparte 24, 25, 39, 41, 42, 43, 44, 45, 46, 47, 49, 50, 52, 53, 54, 55, 62, 74, 82, 137, 138, 139
Napoleon III. 74, 82, 83, 85, 90, 139
Narváez Ramón María 71
Nikolaus I., Zar 11, 70
Nikolaus II. Zar 93, 97, 102

Otto, König von Griechenland 63, 72, 84

Paderevsky Ignacy Jan 114
Päts Konstantin 132
Paine Thomas 18, 26, 28, 39
Papen Franz von 128
Papst Pius IX. 78
Pedro IV., König von Portugal 64
Pétain Philippe 135
Pillersdorf Franz von 77
Pilsudski Jozef 114, 131, 132
Platon 6
Preuß Hugo 107, 108
Prinz Max von Baden 106

Renner Karl 112
Robespierre Maximilien 41
Rousseau Jean-Jacques 2, 15, 18, 22, 28, 33, 38, 137

Salazar António 135
Sand Karl Ludwig 58
Scheidemann Philipp 97, 106
Schleicher Kurt von 128
Schuschnigg Kurt von 131
Schwarzenberg Felix, Fürst zu 75, 78
Serrano y Domínguez Francisco 90
Seyss-Inquart Arthur 131
Sieyès Emmanuel Joseph 32
Smetona Antanas 132
Speranskij Michailowitsch Michail 49
Spinoza Baruch 16
Ståhlberg Kaarlo Juho 118
Stalin (Wissarionowitsch Dschugaschwili Iossif) 104, 121, 123, 124, 127
Starhemberg Ernst Rüdiger von 131
Stresemann Gustav 128
Svarez Carl Gottlieb 19

Thiers Louis Adolphe 81, 83

Ulmanis Kārlis 132

150

Personenregister

Vattel Emmerich von 18
Vicomte de Chateaubriand Francois-René 54
Viktor Emanuel II., König von Italien 79
Vittorio Emanuele III., König von Italien 127
Voldemaras Augustinas 132

Washington George 26, 31
Weber Wilhelm 69

Wilhelm, Herzog von Braunschweig 68
Wilhelm, Herzog von Urach 119
Wilhelm I., König von Preußen 84, 86
Wilhelm II., Kaiser von Deutschland 97, 106, 117, 140
Wilhelm IV., König von Preußen 76, 84
Wilson Woodrow 97, 98, 99, 101, 107, 140, 141
Wolff Christian 19